21世纪高等教育规划教材

新兴互动式教学教材

高效能
团队建设

张周圆/编著

HIGHLY EFFECTIVE
TEAM BUILDING

经济管理出版社

ECONOMY & MANAGEMENT PUBLISHING HOUSE

前 言

在全球一体化、组织扁平化的大背景下，社会的方方面面正悄然发生着变化。互联网、数字通信等科技条件的发展，不但为这些变革推波助澜，而且为组织实施变革直接创造了条件。在这种形势下，合作已经成为时代的主旋律，应运而生的"团队"更成为现代社会各类组织的高效能组织模式。

可以说，"团队建设"是所有政治、经济、社会等各类组织近年来共同面对的具有巨大现实意义与深远历史意义的课题，也是现代组织经营管理的核心任务。它是人本管理的实现措施，是现代社会任何组织有效运行的必要条件。

然而，对于市场经济发育中的我国诸多管理者，特别是对于一大批在特殊机遇中获得改革开放红利的民营企业经营管理者而言，他们所能想到的团队管理，依然是简单的换个方法"管人"。尽管他们也知道"管人"是一门大学问，但对于其中的理论逻辑却知之甚少。因此，"团队建设"犹如佛龛上的供神，虽然被很多人叩拜，但它真正的精髓却很少深入人心。以事实为证：

许多创业者在开创事业的过程中都曾产生过这样的困惑——为什么所招聘的人在面试的时候看起来十分优秀，但招至麾下后却屡屡表现失当，不能按照职务的要求完成工作？

许多职业经理人在经营管理活动中也曾有过这样的困惑——为什么为某个员工加了薪升了职，他却依然拂袖而去，甚至毅然倒戈投向本来的竞争对手？

许多项目投资人在投资授权过程中甚至曾有过这样的困惑——为什么把企业或重要项目全权交给某个人才管理，而对方却不能全心全意共同创业，反而另起炉灶？

……

于是，一些饱受市场经济浸染的理论工作者开始关注这一市场现象，把"团队管理"视为时髦，开始在各类讲坛故弄玄虚——有把过去中国人为人之道牵强附会成所谓"中国式团队管理"的，有连"团队"的实质都没有考究明白而将生活中兄弟关系玩弄噱头取悦学员的……殊不知公鸡要教母鸡下蛋，终究洋相百出——他们越是深入，自己反倒越是迷惑不解，以至于最终只是把玩文字游戏。同时，现实中的高校教材，也是处于两个极端——或是欠缺实用性的纯理论探索，或是欠缺原理性的励志观念。

凡此种种，是为呼唤那些具有企业家与大学教师双重背景的教研人员担当起时代责任，凭良心开发"真经"，以正视听。

因此，本书一改过去"团队管理"称谓，取而代之以"团队建设"。这绝不是单单变换一个名字，而是我们认为："管"、"理"在现实中的功能已经越来越苍白无力，需要"建设"来适应时代需求取而代之——"建设"是一种动态性的管理，是一种发展性的创造。

本书之所以全称为"高效能团队建设"，旨在希望人们在团队建设中，不再单纯注重效率或效益、效果，更要注重效能。效率一般指单位时间完成的工作量，即时间与工作量的比例关系，其方向至关重要。如果方向一错，效率越高，可能越是事与愿违，且破坏性越大。效益仅仅是效果与利益的比较，一般指投入与产出之间的比较，它与时期的长短有关。短时间的高效益可能是竭泽而渔、杀鸡取卵的结果。比较而言，效能是能够创造有用价值的机能，即效率、效益及其发展后劲处于有机统一状态的可持续创造效益的能力。

另外，本书还改变了现行《个人与团队管理》教材其内容"小而全"，各专题仅仅是蜻蜓点水，与教学目标相去甚远的状态及其中的"个人管理"单元与目前已有的个人素养通识课程严重重复现象，而是专注于"团队建设"这一主题。

大学生是社会的未来，"团队建设"既是他们作为现代人才的基本技能，也是他们作为有文化的劳动者的基本素养。这是因为，以团队为基础的工作模式能够拥有更高的绩效——与其他工作方式相比，团队能把互补的技能和经验汇聚到一起，并能够获得更多、更有效的信息。所以作为一个现代管理者，必须懂得团队建设。

事实上，团队建设早已被列为国家人力资源和社会保障部职业技能鉴定中心规划的"通用管理能力认证体系"的重要组成部分，也早已是现代高等院校管理类各专业的专业核心课程、新时代军队战斗单位的训练科目，以及诸如肯德基等企业的管理干部培训必修课程。

《高效能团队建设》大胆尝试互动性教学特点，充分体现任务引领、实践导向的设计思路，力求通过案例启智、项目牵引、游戏感悟、理论升华、知识拓展、技能练习等多种手段，始终围绕素质目标、知识目标、能力目标三大教学目标，使学生通过相应教学活动而获得专业认知和职业技能。

本书与同类书籍的区别在于：以支实招、成实事、创实效为指导方针，理论与实践紧密结合，艺术性与科学性高度统一，注重案例引导、理论升华，坚决杜绝玩噱头而取悦读者的功利做法，十分注重科学性、系统性。

本书提纲由张贵平先生拟定，文字撰写工作由张周圆先生承担。在本书形成过程中，张贵平先生贡献了曾任国企和私企法人代表、高管，以及预备役学校校长等长期从事团队建设的实践经验，而且直接贡献了担任中国教育学会"十一五"重点课题——钱学森大成智慧教育思想研究与实践之商务职业技能实战教育系统（俗称"商战特训"）课题组长的研究成果，以及长期主讲"领导力与团队建设"MBA课程和"团队管理"大学课程的教案和讲义，从而保证了《高效能团队建设》一书在理论和实践两方面的先进性。

在写作过程中，作者得到解放军总后勤部司令部李昌平大校和北京吉利学院管理学院任广新院长等无微不至的关怀；得到军事经济学院博士生导师罗敏教授和北京国经管联管理咨询中心多位咨询师的系统指导；得到江西人本科技公司董事长吴发明老师和行政总监邹筱兰老师的访谈帮助；得到吉利集团北京铭福科技公司周亚塑老师在文字处理、事务办理等方面的倾情援助，在此诚表感谢！同时，对于中国人民解放军军事经济学院的相关领导、教员、同学，以及济南军区20军某旅"前锋"团队战友们的支持、帮助，在此一并感谢！

作 者

2015 年 3 月 8 日

目 录

第一章

高效能团队精神建设

"人心齐，泰山移"可能是世人再熟悉不过的箴言锦句，意思就是只要人们心向一处，共同努力，就能发挥出巨大力量，从而克服任何困难。事实上，在各种重大事件中，"众志成城"的事例不胜枚举。

一滴水只有放进大海里才永远不会干涸；一个人只有把自己和集体融合在一起才有力量。

第一节　入胜测试

团队是人的集合体，任何一个人的思想观念、全局意识，都将对团队的生存与发展产生影响。正所谓：一丝微笑可以带来一片阳光；一丝"臭肉"可能坏了一锅鲜汤。如果人人都能献出一份爱，则团队就会变成个人价值实现的乐园。

当我是小组成员时

以下每一项都陈述了一种团队行为，根据自己作为小组成员所表现的某种行为的频率打分：总是这样（5分），经常这样（4分），有时这样（3分），很少这样（2分），从不这样（1分）。

（一）测试题目

1. 我提供事实和表达自己的观点、意见、感受和信息，以帮助小组讨论。

2. 我从其他小组成员那里征求事实、信息、观点、意见和感受，以帮助小组讨论。

3. 我提出小组未来的工作计划，并会不断提醒大家注意所要完成的任务，以此把握小组的方向。我向小组成员分配不同的任务。

4. 我集中小组成员所提出的相关观点或建议，并总结复述小组所讨论的主要论点。

5. 我鼓励小组成员努力工作，带给小组活力，以共同完成我们的目标。

6. 我要求他人对小组讨论的内容进行总结，以确保他们理解小组的决策，并了解小组正在讨论的材料。

7. 我热情鼓励所有成员参与小组集体活动，愿意听取他们的观点，让他们知道我珍视他们对群体的贡献。

8. 我利用良好的沟通技巧帮助小组成员加强交流，以保证每个小组成员明白他人的发言。

9. 我会讲笑话，并会建议以有趣的方式工作，借以减轻小组中的紧张感，并增加大家一同工作的乐趣。

10. 我观察小组的工作方式，利用我的观察去帮助大家讨论小组如何更好地工作。

11. 我促成有分歧的小组成员进行公开讨论，以协调思想、增强相互信任、增进小组凝聚力。当成员们似乎不能直接解决冲突时，我会进行调停。

12. 我乐于向其他成员表达支持、接受和喜爱等观点，当其他成员在小组中表现出建设性行为时，我会给予适当的赞扬。

（二）检验标准

以上 1~6 题为一组，分别对应"提供信息和观点者"、"寻求信息和观点者"、"方向和角色定义者"、"总结者"、"鼓舞者"、"理解情况检查者"不同角色；7~12 题为一组，分别对应"参与鼓励者"、"促进交流者"、"释放压力者"、"进程观察者"、"人际问题解决者"、"支持者和表扬者"不同角色。尽管现实中团队角色远远不止于此，但我们仍希望借此窥一斑而知全豹。

（三）结果分析

将两组的得分分别相加，对照下列解释检查你自己的团队精神：

（6，6）只为完成工作付出最小的努力，总体上与其他小组成员十分疏远，在小组中不活跃，对其他人几乎没有任何影响。

（6，30）你十分注重与小组保持良好的关系，能为其他成员着想，能帮助创造舒适友好的工作气氛，但很少关注如何完成任务。

（30，6）你着重于完成工作，却忽略了维护关系。

（18，18）你努力协调团队的任务与人际关系，终于达到了平衡。你应继续努力，创造性地协调好团队任务与人际关系之间的关系，以促成最优生产力。

（30，30）祝贺你，你是一位优秀的团队合作者，并能高效能领导一个团队。当然，一个团队的顺利运行除了团队任务与人际关系两种行为倾向外，还需要许多别的技巧，但这两种行为倾向是最基本的，且较易掌握。

第二节　启智案例

象形字的"人"字有两笔，形象理解：其中一笔是自己，而另外一笔则是身边的人。一个人的成功，除了自身的努力外，更离不开周围人的支持、帮助和辅佐。

从历史上看，无论哪一代君主成就伟业，都无不有一群人在其身边支持、辅佐；从我们身边的事来看，一个部门主管，其政绩的取得绝对离不开下属默默无闻的努力付出。对于现实中的个人而言，也正是因为有了亲友默默地支持与帮助，才能安心地投入工作，进而实现个人理想。

一、皇帝企鹅的生存法则

皇帝企鹅（Aptenodytes Forsteri）是企鹅家族中体型最大的属种，它们高达100~130厘米，重达20~46千克。它们是群居性动物，每当恶劣的气候来临，大家就会挤在一起防风御寒。

冬天，企鹅对生活环境的选择十分有限：一边是北部，这里有广阔的海洋和相对温暖的生存环境、充足的食物来源；一边是南部，终年寒冷、冰雪覆盖，但环境相对稳定。为了使即将出生的小企鹅避免气候突变所带来的危险，皇帝企鹅

毅然选择离开安逸的北部而踏上长达几百公里、危险频频的旅程前往寒冷的南部，以在那里产卵、孵卵，直到春回大地。

可南极是弥漫着冷酷无情味道的白色荒漠——零下 80 度的平均气温，比 12 级台风还要强 10 倍的暴风雪，这对一切生命都是可怕的威胁。然而，皇帝企鹅这个族群却在每年夏天离开温暖的海洋来到冰雪的国度，开始繁衍后代的艰苦历程，传承那延续了千百年的生命传奇。

在这种对于可以改造自然的人类来说都是生命禁区的极度恶劣的环境里，经过漫长的期待，皇帝企鹅族群新的生命萌芽了。这些还躺在蛋壳里的小生命，是那么的脆弱，它们只有依靠父母腹部的温暖才能活下来。为了守住这些新生命，企鹅群体蹲守在冰冷的冰原上。雪是它们唯一的食物，饥饿、疲惫和寒冷，吞噬着它们的意志和躯体。在一望无际的白色荒漠里，它们是那么渺小，又表现得那么伟大——它们就这样站在铺天盖地的冰雪中，站在肆意呼号的狂风里，以无声而坚定的身躯，挑战肆虐的寒冬。

60 天过去了，企鹅们的任性和勇气，激怒了寒风——酷寒就像一把把利刃划过冰冷的空气向企鹅群进攻。皇帝企鹅们知道仅仅依靠自己的力量绝对无法保护怀里脆弱的生命，于是它们就团结起来，共同加入到伙伴当中，紧紧依偎在一起相互取暖。它们还自觉轮流站到队伍的最外层，为里圈的伙伴挡住刺骨的寒风。在漫长的黑夜里，在冰冷的狂风中，他们懂得唯有助人，才能自助。就这样，它们相互在团队中感受着来自伙伴的温暖和鼓励，体会着彼此生命的力量。

120 天过去了，4 个月来一直与饥饿、寒冬抗争的企鹅们已经筋疲力尽。可是即便只剩下最后一丝气力，它们仍然坚守着生命的承诺。

新的生命开始破壳而出了，春光也渐渐在南极展开。皇帝企鹅们脚下的大地之冰，似乎也在哼唱着不朽的旋律。酷寒的洗礼，让它们成为当之无愧的"皇帝"企鹅；群体的坚守成就了这个南极冰原上的伟大族群。前赴后继的皇帝企鹅们用生命奇迹宣告：困难与挫折，风雪与阴霾，在所有生命体物种中都同样存在，只要大家齐心协力、携手并进地坚守承诺，相互帮助，就可以也才可以度过生命中每个荒芜的寒冬。

"再坚硬的冰层也会有消融的一天，我们只要团结一心，就能在春暖花开的季节里拥抱美好的未来！"皇帝企鹅如此告诉世界，也告诉我们人类。

分析

中国有句古话："千人同心，则得千人之力；万人异心，则无一人之用。"这句话的意思是说，如果一千个人同心同德，就可以发挥超过一千人的力量；如果一万个人离心离德，恐怕连一个人的力量也比不上！

这就是合作的力量，这就是团队的力量，这就是我们需要的团队精神。

皇帝企鹅在严酷的冰雪风暴侵袭下，它们举步维艰地在广阔的冰面上产蛋。在它们的周围，白茫茫一片，四处都是浮冰，但勇敢的企鹅们从不屈服，在如此恶劣的困境下傲然生存。在那片没有其他生物胆敢涉足的生命禁区，皇帝企鹅仍旧持续它们浪漫的约会。随着冬季来临的群体迁徙，它们给我们讲述了一个传奇的族类，描绘了一种神奇、特别而又富有感情的动物，展现给我们一个充满勇气、幽默和神秘的故事。唯有助人才能自助、才能生存；唯有合作，才能实现大家共同的追求。

白色的荒漠中，它们显得那么的渺小；面对狂风，面对一切的恶劣条件，它们的坚韧却显得那么伟大。无论条件多么险恶，它们仍然坚守它们的承诺。

团结友爱、与人真诚交往是人类优良品质和健康心理素质的具体表现。未来社会对人才的需求，是多方面的综合素质，尤其是与人合作的意识尤为重要。团结友爱，互相协作，不仅是人们生存和发展的条件，也是现代社会发展对人们的要求。随着科学技术的高速发展，仅靠一个人"闭门造车"式的创造已不可能，而是需要人们学会与他人合作、共处。一次游戏，一次集体活动，一次打扫卫生，一次发明，一次创造，都离不开你、我、他的共同协作。协作得越好，完成的质量、效率就越高，反之则不然。

我们只有养成与人合作的意识和习惯，才能成为一个善于团结别人、善于理解别人、善于交往与合作的人。

事实上，我们任何人在这个世界上都不是孤立存在的，都要和周围的人发生各种各样的关系。你是学生，要和同学一起学习，一起游戏，共同完成学业；你是工人，要和同事一起做工，共同完成企业的生产任务；你是军人，要和战友一起生活，一起训练，共同履行保家卫国的神圣使命……总之，不论你从事什么职业，也不论你在何时何地，都离不开与别人的合作。

合作就是互相配合，共同把事情做好！

世界上有许多事情，只有通过人与人之间的相互合作才能完成。所以人们常说：小合作有小成就，大合作有大成就，不合作则很难有成就。这是非常宝贵的人生道理！人学会了合作，就等于获得了打开成功之门的金钥匙！

当然，如果你的才华是成功的种子，那么你的合作就是成功的土壤，或是浇灌的水——唯有合作，你的成功才能长成一棵参天大树。我们要明白：鲜花虽好看，也需要点缀。所以，合作就是成功的秘诀！

　　现代社会是一个充满竞争的社会，但同时也是一个更加需要合作的社会。作为一个现代人，只有学会与别人合作，才能取得更大的成功。

　　苦难的洗礼铸就了当之无愧的皇帝企鹅，全体的合作与坚守，成就了南极冰面上的伟大族群。

　　从皇帝企鹅的生命奇迹引申到我们人类：苦难与挫折将在我们人生中存在，只有我们齐心协力、携手并肩为我们的目标和承诺共同努力，才能抵御和度过我们生命中的每一个寒冬，进而收获自己美好的春天。

　　只要团结，我们将像皇帝企鹅一样，在春暖花开的季节里拥抱美好的未来!!

二、惨败的湖人队

　　2004 年 6 月，拥有 NBA 历史上最强大阵容的湖人队在总决赛中的对手是 14 年来第一次闯入总决赛的东部球队——活塞队。赛前，很少有人会相信活塞队能够坚持到第 7 场。

　　湖人队是一个由巨星组成的"超级团队"，从球队的人员构成来看，不仅科比、奥尼尔、马龙、佩顿等名字如雷贯耳，而且每一个位置上的成员几乎都是全联盟最优秀的，再加上由传奇教练菲尔·杰克逊对团队的巧妙组织，在许多人眼中，这几乎就是最强大的、不可战胜的一支球队。要在总决赛中将其战胜，只存在理论上的可能性，更何况对手是一支缺乏大牌明星的平民球队。

　　然而，最终的结果却出乎所有人的意料：湖人队几乎没有做多少抵抗便以 1∶4 败下阵来。

　　分析

　　湖人的失败有其理由：强强组合相互争风吃醋，都觉得自己才是球队的领袖，在比赛中单打独斗，全然没有配合；马龙和佩顿更是只冲着总冠军戒指而来，根本无法融入整个团队，也无法完全发挥其作用。缺乏凝聚力的团队如同一盘散沙，其战斗力自然也就大打折扣。

　　现实中，明星员工的内耗和冲突往往会使整个团队变得平庸，在这种情况下，1+1 的结果不仅不会大于或等于 2，甚至还会小于 2。所以在工作团队的组建过程中，管理层不要单纯致力于在每个工作岗位上都安排最优秀的员工，以期望能够通过团队的整合来实现个人能力叠加，这是不可能实现的。要知道，在实际的操作过程中，众多的精英分子共处于一个团队之中，往往会产生太多的冲突和内耗，最终的效果甚至还不如个人的单打独斗。

通常情况下，团队工作的绩效往往大于个人的绩效，但这仅仅是正常情况下的正常现象，而例外现象也频频发生。这取决于团队工作的协作水平：如果团队的任务是要搬运一件重物，单凭其中一个成员的力量绝对搬不动，必须要更多的成员才能够搬动，这时团队的绩效要大于个人绩效，1+1的结果会大于或等于2；如果换成是体操比赛之类的团体项目，最后的成绩往往会因为某位成员的失误而名落孙山，这时，团队的绩效还不如其中优秀成员的个人成绩，即1+1的结果反而小于2。

第三节　应用演练

人的一生要经历依赖、独立、互赖三个阶段，从依赖到独立是人成熟的表现，而从独立到互赖（在获取他人价值的同时为他人创造价值）是人生成功的必经之路。

策划团队文化中的"理念"要点

团队是为社会创造价值的平台，也是团队成员互赖的平台。它就像一艘航行中的船舰，只有大家同舟共济、齐心协力，才能让每一个人快速到达成功的彼岸。

（一）综合项目

虚拟一个项目（如创建"高效能团队建设研习所"）或确定某个真实项目（如自己所在的班级）作为实训项目。

（二）单元任务

根据项目特点，策划该项目团队文化中的"理念"要点，并详细提出团队成员思想观念方面的基本要求。

（三）演练目标

素质目标：认识团队于个人的意义，培育个人的大局意识、集体意识、服从意识、贡献意识。

知识目标：了解团队精神的实质；理解团队精神的作用；掌握团队精神的内容；明确团队精神的要点。

能力目标：建设或管理团队之前，懂得先行确立团队的灵魂，能熟练策划团队的理念文化，以形成团队规范，进而统领团队成员的价值观、人生观、世界观，并发展成为指导团队成员日常行为的方针与标准。

（四）演练形式

全体参与，单个策划或分组合作策划。提倡在保证全体参与的前提下，以小组为单位调动组员个人积极性，充分发挥各自特长，实现分工协作。

第四节　理论升华

人是群居动物，从原始社会开始，人就是在相互合作中不断进化和发展。德国政治经济学家、社会学家，被公认为现代社会学和公共行政学最重要创始人之一的马克斯·韦伯（Max Weber）曾说过：人是社会性的动物，只有在集体中才能更好地体现出人的价值，脱离了群体的人是没有任何社会意义的。

所以，一个没有团队精神的组织，将是一盘散沙；一个没有团队精神的民族，将难以强大。在 21 世纪这样一个"扁平"的世界，时代舞台上虽然少了战场上的硝烟，却多了商场上的竞争，并同时造就了一个追求个人价值实现与团队绩效双赢的新时代。个人单打独斗的时代已经远去，团队合作的时代已然到来。由此，时代呼唤团队精神。

一、高效能观念

社会生活中，人们从事任何活动，一般都喜欢用效益来衡量意义的大小。效益，即是人们一般理解的效果与利益。

狭义上的效益是一个经济概念，在经济学上解释为：效益是指劳动（包括物化劳动与活劳动）占用、劳动消耗与获得的劳动成果之间的比较。劳动成果的价值超过了劳动占用和劳动消耗的代价，即产出多于投入，其差额就是正效益；反之，则为负效益。用同样多的劳动占用、劳动消耗获得更多更好的劳动成果，效益就高；反之，效益就低。

从广义上来看，"效益"是投入与产出的比较。它表示一种结果，而且这种结果是在特定时间段所产生的。

《上海会计》1988 年第 9 期刊登过作者为"德平"标题为《不能"富了和尚穷了庙"》的一篇文章，文章反映了在 20 世纪 80 年代我国改革开放初期，一些国有企业实行"经营承包责任制"的改革措施，在单纯经济利益机制的驱动下，企业经济迅速发展，企业效益显著提高。但是，在这些虚假繁荣景象的背后，承包经营者及其所经营的企业恶意拼设备、拼资源，甚至想方设法掏空国家资财，只管自己在短期承包期间的经济指标，不顾及企业的长期经营和持续发展，结果承包期一满，企业几乎丧失了再生产能力，完全变成了一副"烂摊子"。文章称："有些工厂领导和会计人员，置国家的财经纪律和财会制度于不顾，出现了名目繁多的滥发、滥用企业资金的现象。这样一来，使'大头'（国家得大头）、'中头'（集体得中头）、'小头'（个人得小头）三者的比例失去了平衡，结果是'富了和尚穷了庙'。相应地，也导致了某些人在生活上崇尚超前消费，铺张浪费，产生了不正常的社会效果。"

这种现象从特定时间段考察，其效益是好的，而在几十年后的今天结合长远发展能力反观，这种做法显然牺牲了持续产生效益的后劲，因而是无益的。

效能是什么，人们对该词的解释五花八门：有解释为效力、贡献才能的；有解释为效率、创造效益的；有解释为功效、发挥作用的；还有解释为：效能主要指办事的效率和工作的能力。《现代汉语词典》的解释是：事物所蕴藏的有利的作用。

事实上，平时人们一般只熟悉、只关心效率和效益。然而，效率一般指单位时间内完成的工作量，即时间与工作量的比例关系，其方向至关重要——如果方向一错，而效率越高，可能越事与愿违，且破坏性越大；效益则是效果与利益的比较，一般指投入与产出之间的比较，它与时期的长短有关——短时间的高效益可能是竭泽而渔、杀鸡取卵的结果。比较而言，效能是能够创造有用价值的机能，即效率、效益及其发展后劲处于有机统一状态的可持续创造效益的能力。

综合各种观点，我们不妨作这样的理解：效能是衡量创造能力的尺度，是产出与产能有机统一基础上形成的效益，是具有持续创造效率、效果、效益能力的效益。我们这里探讨的高效能团队，就是一种具有可持续、可稳定创造社会价值，并具有强大发展后劲和竞争力的有长远贡献能力的团队。

有人为效能做了个公式：效能＝效率×目标，其意思在于：一个人或组织不能片面地追求效率——效率高不代表目的就可以实现，有了目标再乘以效率才是达到目的的方法。

政治经济学家、伟大的领袖马克思曾经有过这样的论述：劳动生产力是由多种情况决定的。其中包括：工人的平均熟练程度；科学的发展水平和在工艺上的应用程度；生产过程的社会结合；生产资料的规模和效能以及自然条件。这里说的"效能"指生产资料可持续稳定地生产产品进而创造经济效益的能力。

可见，效能是具有创造工作效率的能力的，是衡量工作现实结果及未来收益的尺度。而效率、效果、效益则是衡量效能的依据。

史蒂芬·柯维（Stephen R. Covey）是影响人类思想的新智慧学家，他是美国学界的"思想巨匠"，曾入选"影响美国历史进程的25位人物"，被《时代周刊》评为"人类潜能的导师"，得到美国总统奥巴马的特别接见，是前总统克林顿倚重的顾问。史蒂芬·柯维博士在《高效能人士的7个习惯》书中如此解释"效能"："产出与产能必须平衡"（P/PC Balance）。

伊索寓言中有则鹅生金蛋的故事，足以说明这个常遭人忽视的原则。这则故事说，一个农夫无意间发现一只会生金蛋的鹅，不久便成了富翁。可是财富却使他变得更贪婪、更急躁，每天一个金蛋已无法满足他。于是农夫异想天开地把鹅宰杀了，企图将鹅肚子里的金蛋全部取出来。谁知打开一看，鹅肚子里并没有金蛋。鹅死了，农夫从此再也不能收获金蛋。

这则寓言是效能观念一个很好的例证。一般人往往从"金蛋"的角度来衡量效率，也就是产品愈多，效能愈高。可是上面的故事却告诉我们，效能包括两个要素，一是"产出"（Production），即金蛋，是人们希望获得的结果；二是"产能"（Production Capability），即鹅，是人们借以达到目标的资产或本领。

仅重视"金蛋"，无视"鹅"的人，结果会连产金蛋的资产本身都保不住；反之，重"鹅"轻"蛋"的人，最后可能养不活自己，更不用说鹅了。因此，产出与产能必须平衡才能达到真正的高效能。

现实中，人类所拥有的"鹅"——资产，基本上可分为人力、物力及财力三大类。

数年前，有人曾经买过一项物质资产——电动割草机。他经常使用，却从不保养。前两季还没有问题，到第三季就出故障了。这时才着手维修，可是已经太迟，引擎只剩下不到一半的马力，可以说成了一堆废铁。

如果及早开始保养这项资产，那么现在也许还能享受它的产出——修剪平整的草皮。可如今则必须花费更多时间与金钱更换一部新机器，这显然不符合效能原则。

由此可见，急功近利反而会破坏珍贵的资产——或许是一辆汽车、一部电脑，也可能是自己的身体或自然环境。

同样的情形也适用于金融资产。举例来说，本金与利息相当于产能与产出。如果为了改善生活而重用本金，利息收入就会减少，财产总值自然随之缩水，最后连起码的生活都无法维持。

对人力资产而言，产出与产能之间的平衡尤为重要。因为物质与金融资产可为人所控制，人力资产则不能。

比方说，团队中各成员都汲汲营营于获得"金蛋"，亦即享受合作的好处，却忽略了维护彼此的感情，最后就会变得冷淡而疏远。因为团队成员相互之间如果只急于耍手段、操纵对方以满足自己的需要，或是忙着为自己辩护与挑剔对方的缺点，合作的感觉及亲密的关系自然会衰退，这就好比"鹅"的病情一天比一天恶化。领导与被领导关系更加如此：团队成员或员工在基层职位时，必须完全听命于上级，缺乏自主能力。这时候上级很容易忘却培养、沟通、倾听与感情交流——即忽视上下关系的产能的重要性，上级往往因过于重视产出而高高在上地颐指气使，或者纵容与迁就员工有违社会公德的行为。长此以往，团队的向心力或形象逐渐败坏，团队发展则失去人际与社会基础。同时，许多团队成员明哲保身，"不在其位不谋其政"，只乐于讨好、取悦领导，明知不对也认为少说为佳，结果团队不能形成合力。这些都是高效能团队应避免的现象。

二、高效能团队与高效能团队精神

团队是由致力于实现共同目标而相互分工协作、人人承担一定职责、在技能方面互补的个体所组成的特殊群体。它是群体的一种形式，只不过在这种群体中，个体一般不能单独实现目标，只有通过互补性合作，目标才能完成。所以，其工作成果往往不是简单的个体成果的叠加，换句话说，"1＋1＞2"是团队的典型特征。

组织行为学权威、美国著名的管理学教授、曾就职于壳牌石油公司和雷诺金属公司的斯蒂芬·罗宾斯（Stephen P. Robbins）博士认为：团队是指为了实现某一目标而由相互协作的个体所组成的正式群体。基于这种基本认识，罗宾斯结合自己亲历的管理实践，在理论上为"高效能团队"描述了以下八个基本特征：一是明确的目标，即团队成员清楚地了解所要达到的目标，以及目标所包含的重大现实意义；二是相关的技能，即团队成员具备实现目标所需要的基本技能，并能够良好合作；三是相互间信任，即每个人对团队内其他人的品行和能力都确信不疑；四是共同的诺言，这是团队成员对完成目标的奉献精神；五是良好的沟通，即团队成员间拥有畅通的信息交流；六是谈判的技能，即高效的团队内部成员间角色是经常发生变化的，这要求团队成员具有充分的谈判技能；七是合适的领导，即高效能团队的领导往往担任的是教练或具有后盾的作用，他们对团队提供指导和支持，而不是试图去控制下属；八是内部与外部的支持，这既包括内部合理的基础结构，也包括外部给予必要的资源条件。

据前所述，效能是衡量创造能力的尺度，是在产出与产能有机统一基础上形成的效益，是具有持续创造效率、效果、效益能力的效益。由此推论，高效能团队是由具有远见的个体所组成的特殊群体，他们共同致力于实现能够持续发展的目标，自觉发挥各自的比较优势，主动承担有利于团队目标实现的不同职责，各自贡献着自己的力量，推动团队良性循环发展。

所谓团队精神，是指团队成员为了实现团队利益和目标而互相协作，尽心尽力的意愿和作风。它是团队成员为了团队的利益与目标，以大局为重和热心奉献、乐于合作的观念意识、指导思想，是相互协作的作风，是具有高度向心力和凝聚力的风貌。大局意识、协作意识、奉献意识、服务意识是团队精神的集中体现，其基础是充分尊重个人的兴趣和成就；核心是协同、合作；最高境界是全体成员的向心力、凝聚力；反映的是个体利益和整体利益的有机统一，并进而保证组织的高效率运转。

高效能团队精神是高效能团队的灵魂，它是指经过精心培养而逐步形成的，为团队所有成员认同的思想境界、价值取向和主导意识。它反映了团队成员对本团队的特征、地位、形象和风气的理解和认同，也蕴含着团队成员对本团队的发展、命运和未来所抱有的理想与希望。它折射出一个团队的整体素质和精神风格，成为凝聚团队成员无形的共同信念和精神力量。

团队精神包含三个层面的内容：

一是团队的凝聚力。团队的凝聚力是针对团队和成员之间的关系而言的。团队精神表现为团队成员强烈的归属感和一体性，每个团队成员都能感受到自己是团队当中的一分子，把个人工作和团队目标联系在一起，对团队忠诚，对团队的成功感到自豪，对团队的困境感到忧虑。

二是团队的合作意识。团队的合作意识是指团队和团队成员表现为协作和共为一体的特点。团队成员间相互依存、同舟共济、互相敬重、彼此宽容和尊重个性的差异；彼此间形成一种信任的关系，待人真诚、遵守承诺；相互帮助和共同提高；共享利益和成就，也共担责任。

三是团队士气。团队士气是团队精神的一个重要方面。拿破仑曾说过："一支军队实力的四分之三靠的是士气。"如果将这句话的含义延伸到现代团队管理，同样可以说：一个团队的工作绩效在很大程度上取决于团队其成员为团队目标而奋斗的精神状态。正所谓：面向太阳阴影则永远在背后；狭路相逢勇者胜。

再结合前述"效能是具有持续创造效率、效果、效益的能力"这一内涵，我们不难进一步做出这样的理解：高效能团队精神是具有发展眼光的、能自觉把自己置身于社会发展趋势中的大集体主义精神，以及将涓涓溪水汇聚成江海式的个人高度的事业感、责任感、自觉性、主动性。

值得说明的是，团队精神是明确的协作意愿所产生的真正内心动力，但其形成并不要求团队成员牺牲自我，相反，挥洒个性、发挥特长才能保证"高效能"目标的实现。

三、团队精神的意义与功能

为了帮助大家深入浅出地认识团队精神的意义与作用，在此借用一个古老的故事作引子。虽然这是一个典型的虚构的故事，但对于帮助人们形象理解团队精神的意义与作用却大有裨益。

有一个人想知道天堂和地狱究竟有什么区别，于是他找到了上帝，请求上帝能带自己分别去天堂和地狱考察考察。

上帝欣然答应了。他们首先来到了地狱，看到的是这样一幅景象：一群饥饿不堪的人们正拿着一把长勺拼命、努力地往自己嘴巴里送东西，但是由于那把长勺实在太长了，比他们自己的手臂还要长，所以他们无论如何也无法弯曲自己的手臂把食物送进自己的嘴巴。有的人手臂甚至弯曲得变形了，但还是没有吃到一星半点食物。其实，地狱的伙食标准并不差，甚至可以说应有尽有，但生活在地狱中的却是一个个饿鬼。整个地狱到处都是瘦骨嶙峋的、一副副活生生的惨相。

之后，他们又来到了天堂。在天堂，参观者简直被自己眼前所看到的情景惊呆了——天堂里的伙食与地狱完全一样，进食工具也完全相同，但与地狱中到处都是瘦骨嶙峋的饿鬼相比，这里的人们个个红光满面、身体健壮、精神焕发、谈笑风生；大家也是拿着一根同样比他们自己的手臂还要长的长勺，当然如果仅仅凭借弯曲自己的手臂肯定同样无法把食物送进自己的嘴巴里。但不同的是，这里的每个人都把获取的食物舀给了坐在他对面的那个人吃，而不是拼命地往自己嘴巴里送，如此每个人都这样相互喂食对方，因此所有的人就都吃到了食物。

至此，参观者深有感触，恍然大悟：帮助别人其实就是在帮助自己！帮助人的生活方式就是天堂的生活方式！

回归现实，个人在人生过程中基本有快乐、进步、财富，这三点是至关重要的，而满足这至关重要的三点就有必要让自己融入团队中，并为之而努力工作。

快乐：追求快乐和逃避痛苦几乎可以说是人与生俱来的生存本能；而快乐的本质是人的感受，是心态。在团队中贡献个人能力的过程，同时也是实现个人价值的过程。比如名利这类快乐感，其实就是个人与他人比较所获得的感受，当然也是通过奋斗获得而优于他人的产物。个人贡献过程所带来的个人实现感，是人精神层面的内在需要。

进步：人一生都是在不断追求进步的，没有人甘愿落后和甘愿平庸。尽管有时天不遂人愿，但人们依然奋力力争。在追求进步的过程中，人总是不断借鉴前人的成果与经验，因此每个人都有学习的欲望，或许是生活带来的无可奈何，或许是个人求胜的自强不息。

财富：财富是人的物质基础，甚至是人安全感的基础。当今是市场经济社会，赚钱是获得财富的基本形式，因此会不会赚钱和能不能赚钱也是一种社会价值的标准，是经济社会对个人价值的衡量标准。对自然人如此，对法人也是如此——我们在衡量一个公司的价值时，往往是通过经济指标进行判断的。而一个人没有钱，就没有面包、面子、车子、房子，甚至不可能有长期和稳固的爱情、婚姻、家庭。

由上可见，个人与团队息息相关。据此进一步观察，我们不难发现：既然团队于人如此重要，那么团队精神于人，则相依相伴不可或缺。

团队精神主要是团队成员在团队活动中的意识、观念、指导思想，这些意识、观念、指导思想对于团队建设的意义，突出表现在三方面：

（1）团队精神能推动团队运作和发展。在团队精神的作用下，团队成员能产生互相关心、互相帮助的交互行为，会显示出关心团队的主人翁责任感，并努力自觉地维护团队的集体荣誉，自觉地以团队的整体声誉为重而约束自己的行为，从而使团队精神成为团队全面发展的动力。

（2）团队精神能培养团队成员之间的亲和力。一个具有团队精神的集体，能使每个团队成员显示高涨的士气，有利于激发成员工作的主动性，由此形成浓厚的集体意识、共同的价值观、高涨的士气、团结友爱的气氛。在这种文化氛围下，团队成员会自愿地将自己的聪明才智贡献给团队这一共同的集体，同时也使自己得到更全面的发展。

（3）团队精神有利于提高组织整体效能。传统组织中，人们总是过多地把时间花在怎样界定责任、应该找谁处理，甚至用心于争功诿过等"组织政治"上。如此一来，客户、员工在"踢皮球"中常常被弄得团团转，这样直接损害了组织成员的亲和力，损伤了组织的凝聚力。通过正确发扬团队精神及加强团队精神建设，就能减少内讧、内耗，进而提升组织成员的亲和力和组织、团队的凝聚力。

事实上，这个世界上任何个人的力量终归总是渺小的。有道是：团结就是力量！团队精神就是要通过团结，形成个人无以至极的力量。总结社会生活实践，团队精神的功能集中表现在四大方面：

（1）导向功能。团队精神能够使团队成员齐心协力，拧成一股绳，朝着一个目标努力。特别是对于团队的成员来说，因为团队是自己认可的集体，由此团队要达到的目标，即是自己必须努力的方向。在这种思想意识的作用和指导下，团队成员在行动中会自觉地、积极地、主动地将团队的整体目标分解成各个小目标，并在每个队员身上体现且落实。

（2）凝聚功能。任何组织群体都需要一种凝聚力，但传统的管理方法是通过组织系统自上而下地以行政指令布置，因而淡化了个人感情和社会心理等方面的需求。团队精神则不同，它通过对群体意识的培养，通过成员在长期的实践中形成的习惯、信仰、动机、兴趣等文化心理来沟通人们的思想，引导人们产生共同的使命感、归属感和认同感，如此逐渐强化团队精神，从而产生一种强大的凝聚力。

（3）激励功能。团队精神以贡献为荣，以索取为耻，因此，每一个成员都能自觉地向团队中最优秀的榜样看齐，并通过队员之间正常的竞赛来实现相互激励的目的。这种激励初始不是建立于唯利是图的单纯的物质基础之上，而是一种非功利性的奉献精神和高尚情操，并且这种奉献精神和高尚情操能得到团队集体的认可，获得团队中其他成员的认可。

（4）控制功能。在团队里，不仅队员的个体行为需要控制，群体行为也需要协调。团队精神所产生的控制功能，是通过团队内部所形成的一种观念的力量、氛围的影响，去约束、规范、控制团队的个体行为。这种控制不是依赖自上而下的硬性强制力量，而是依靠思想观念等精神的内化所形成的行为规范。这是由硬性控制转向软性控制的人性化控制；是由控制个人行为转向控制个人的意识与观念；是由控制个人的短期行为转向对其价值观和长期目标的控制。由此可见，这种控制更为持久，更有意义，而且更容易深入人心。

四、团队精神的培育内容

团队精神培育是团队培育的重要方面。一个团队之所以被称之为团队，是因为它有其核心的价值观"协同合作"。而"协同合作"的基础来自于团队的凝聚力、团队全体成员的向心力。所以，团队精神的培育，有必要强化以下内容。

（1）团队凝聚力的提升。在组建团队时，团队发起人或领导人要明确表明个人参与的重要性，致力将个人的利益与团队目标联系起来，使团队目标更有吸引力和号召力，使团队成员之间的合作性更强。当团队遇到外部障碍和阻挠时，团队领导要鼓励成员团结一致，共同对抗外界障碍和阻挠，以此增强团队的凝聚力。当团队表现出色时，要注重集体奖励，使成员意识到个人利益与团队的紧密性，培养集体荣誉感，以此激发团队成员的向心力。

作为团队的领导，还应当采取积极民主的领导方式，让团队成员能自愿表达自己的意见和看法，并且参与团队决策，这样不但能有效调动团队成员的积极性，同时也能提升团队的凝聚力。为了保持和增强团队凝聚力，团队领导也要适当考虑团队的规模，因为团队成员太多，更容易出现意见分歧。

（2）团队互助协同精神的培养。团队的发起人或领导人，要倡导团队相互合作，鼓励团队成员之间相互支持，消除不必要的工作界限，避免团队成员热衷于竞争而妒忌其他成员的业绩。要让大家明白，每一个人在团队中都只是一个部件，整体任务的完成离不开别人的协作。同时，自己在团队中的存在价值在于自己能弥补他人的不足。所以，每个人要感恩同事：正是因为他们的帮助才使自己能完成职责；也正是因为他们的不足才使自己的能力或价值得以体现。在培养团队互助协同精神的过程中，团队领导人必须制定一个普遍认同的合作规范，确保团队分工明确和均衡。要通过创建持续长久的互动机会，让团队成员融为一体。例如让团队成员一起参加培训，或经常组织团队成员一起座谈等。

（3）团队信心的树立。作为团队的领导人，要经常与团队成员分享团队的愿景，对既定目标展示信心。要让团队成员清楚地知道上级领导者关心、支持团队建设，尊重团队的决策和大家达成一致的决议，并让团队成员毫无顾虑于自己的目标。当然，要为失败做好准备。要考虑可能的障碍和失败，并制订好应付突发事件的计划和预案，避免团队成员因为偶然失利而倍感沮丧。要使团队成员在困难的时候看到成绩，看到光明，看到希望。即使遭遇特殊困难，也要找出希望的星火，并让大家坚信星星之火可以燎原，哪怕选择其他预备途径也要不断继续前进。当出现失败时，要让大家理解这种失败只是发现了不合适的成功方法，只是暂时停止成功。当然，要检讨工作方法，继续寻求成功之道。要避免让成员认为失败完全是他们的错误，或者认为是不可抗力的因素阻碍了他们，从而放弃了进一步努力的机会。

（4）团队士气的提升。组建团队时，团队发起人或领导人要确保团队成员对团队目标的认同，并使个人目标与团队目标保持高度一致，使团队每一个成员都认可和赞同团队目标，感受他们的要求和意愿在团队目标中充分体现，以此提升团队士气。在培养团队士气时，团队领导必须首先使自己具有和保持高昂的精气神和高度的主动性，时时、事事、处处展现乐观、热情、积极、向上的精神风貌。即使事情进行得不顺利，也尽量不要对下属隐瞒。当然，万万不要传播悲观的情绪或显现意志消沉。在利益、机会分配时，领导者要确保利益均分、机会均等——每个团队成员的工作和利益有关，发展与机会有关，只有在公平、合理、同工同酬、论功行赏的机制下，人们的积极性才会提升，士气才会高昂。同时，团队领导要引导大家认识合作的功效，让大家树立"排除万难去争取胜利"的决心，这样团队的士气就会提升。

（5）团队价值观标准的确立。团队发起人或领导人，可以从团队成员的价值观入手，了解每一个人心目中什么最重要，然后把情况记录下来，再与大家一起进行讨论。要在个别了解的基础上，找出共性，并把这些内容一一列举出来。一段时期之后，可以回顾一下最初各自提出的价值观标准，然后将其与共同价值观进行比较，看看哪些观点能被多数团队成员接受和采纳，以进一步确立团队的价值观。一方面，要帮助员工接受并最终赞同既定的团队、组织的价值观，另一方面，应避免强迫成员接受，或强烈暗示成员顺从的现象。一定要对照团队成员大多数人的价值观与团队的价值观，找出个人、团队价值观标准中相关一致的核心部分，从而正确确定出团队的价值观。要对既定的团队、组织价值观进行宣传、教育，将团队共同的价值观标准贯彻到团队每一天的活动和团队成员每一个行为之中。

五、团队精神建设的操作要点

团队精神不是口号，不是制度，而是所有团队成员内化的行为指南和工作动力。因此，团队精神建设有必要致力于以下要点：

（1）确立共同使命。共同的使命、共同的期望是形成一个团队的首要条件，也是达成人们对一个团队、一个组织忠诚的重要方式。使命是团队成功的基石，而使命也使得团队具有存在的价值。因此要有导向明确、科学合理的使命宣言。如某民营企业"要让中国的汽车走遍全世界，而不是让全世界的汽车走遍全中国"这一使命宣言，就曾激励其企业各个团队及其成员共同努力，创造了一个又一个以小胜大、以弱胜强，变不可能为可能的商业神话。可见，共同使命能使全体成员出于使命感而凝聚在一起，形成坚强的团队，团结协作，矢志奋斗。

（2）教育利他习惯。只有我为人人，才能人人为我。事实上，即使在组织内部，部门之间、上下级之间、前后工序之间的关系也都是供给链的联结，只有通过相互协作、群策群力才能圆满完成。一个好的组织、好的团队往往是通过自我调节把摩擦、问题降到最低点。对一些处于边界的问题，要避免"踢皮球"、"守球门"的态度。要识大体，顾大局，遇到困难和问题要尽量在内部加以解决，为其他部门、上下级、上下道工序创造好的工作条件。

（3）培养责任意识。团队兴亡，匹夫有责，团队的作用在于相互补台，正所谓：相互补台才能好戏连台。日常工作中，许多事不能十全十美，而一些细节又往往决定成败。这要求人们发扬团队精神，自觉以是否有利于团队的发展作为团队成员一切行为的衡量标准与准则。每一个团队成员要尽心尽力弥补同事的不足，为团队排忧解难，帮助完善团队的各个细节，使团队处于领先地位。

（4）强化领导影响力。领导是团队的核心，作为领导者，应了解和理解团队成员的心理，尊重他们的要求，以服务、治理心态，而不是监管、控制心态，通过自己的组织协调能力以及令人拥戴的领袖魅力去影响和引导团队成员按既定的方向去完成组织目标。领导者要注重倾听不同声音，要注重接受不同的意见和观点，并加以重视和思考，求同存异，保留不同的思想，利用好团队的合力。这样不但有利于防范决策风险，更能赢得下属的尊敬。

（5）创建科学机制。设再多的"减速提醒"不如设一条"减速线"更能让司机踩刹车；定再多的"规章制度"不如定一种"机制"更能让下属执行到位！"机制"就像"分田到户"使"要我做"变成"我要做"；如在超市购物的老太太手中的购物车，让力气不能及的事情变得容易而轻松。所以，要建立系统科学的治理制度，使治理工作和人的行为制度化、规范化、程序化，保证团队协调、有序、高效运行。

（6）倡导沟通协调。沟通是为了思想上的一致，协调是为了取得行动上的一致，两者都是形成集体的必要条件。沟通协调与团队精神养成之间存在着因果关系——良好的沟通是建立在双方相互了解和理解的基础之上的，因此要多了解和理解沟通对象，积极地向别人表达自己的主张，认真地倾听别人所提出的与自己不同的意见和主张，用"多赢"的沟通方式去求同存异，以达到良好的沟通目的；当出现行为不一致时，要加强协调，及时纠偏，保证步调一致才能取得胜利。

（7）善用激励手段。激励可以激发人的动机，使其内心渴求成功，朝着团队期望的目标不断努力。在团队精神建设中，要善用激励手段激励团队成员，特别是善用精神激励措施引导团队精神建设，比如为员工提供一份具有挑战性的工作，为员工提供学习新技能的机会，以及确保员工得到相应的工作条件，等等。此外，领导者给予成员充分的尊重，遇事与大家商量，甚至认真听取大家的意见也能获得较好的激励效果。当然，成员的晋升、晋级也是激励的最好方式之一。要以工作业绩为主，制定一整套内部晋升标准和利益分享制度，激励员工有更多的贡献。

（8）引导群策群力。要让团队成员了解团队的发展目标，吸引每一个成员都能直接参与各种治理活动，这样可以使全体员工不仅贡献劳动，而且贡献才智，直接为团队发展服务。团队成员的群策群力，其实体现的是团队成员对团队集体的爱，这种爱其实就是团队精神的最佳体现。

六、团队精神培育的注意事项

团队精神的培育与团队建设中的其他各项工作一样，是一项系统工程，因而有必要从四方面加以注意。

（1）要注意营造相互信任的组织氛围。实践中，人们可以体会到相互信任对于组织中每个成员的影响，尤其会增加团队成员对团队的情感认可。从情感上相互信任，是一个团队最坚实的合作基础，能给成员一种安全感，如此成员才可能真正认同团队，把团队当成自己发展的舞台。

（2）要客观认识到态度并不能决定一切。认为态度决定一切的管理者，首先要反思一下自己的用人态度，在评估一个人的能力时，是不是仅仅考虑了自己的情感需要而没有顾及雇员的需要？是不是觉得自己的权威受到了人才的挑战而不能从内心接受？

（3）要注意在团队内慎用惩罚。从心理学的角度看，如果要改变一个人的行为，有两种手段：正强化和负强化，或者通俗地理解为给人快乐或给人痛苦。惩罚导致行为退缩，是消极的，被动的。法律的内在机制就是惩罚。激励是积极的、主动的，能持续提高效率。适度的惩罚有积极意义，过度惩罚是无效的，滥

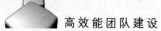

用惩罚的团队是不能发展的。高效能团队精神建设要慎用惩罚。

（4）要注意建立有效的沟通机制。大多数矛盾是由于误会而引起，而大多数的误会又是由于沟通不良而产生。理解与信任不是一句空话，往往一个小误会反而给管理带来无尽的麻烦。所以，建立有效的沟通机制尤为重要。关于沟通这个问题，我们将在以后作为专题进行介绍与讨论。

第五节　游戏感悟

团队精神作为人们的观念、意识和指导思想，像空气一样弥漫在我们生活、工作之中。在此，我们可以用"人椅"小游戏，来现实地感悟团队精神对于每一个人的生活价值。

人　椅

形式：全体学员一起参加。

时间：5分钟。

场地：空地。

目的：让学员体会到团队的协作及个人在团队中的重要性，令课程进入高潮。

（一）规则和程序

1. 全体学员围成一圈；

2. 每位学员将双手放在前面一位学员的双肩上；

3. 每位学员听从教师的指令，缓缓地坐在身后同学的大腿上；

4. 坐下后，教师再给予指令，让学员叫出响应的口号（例如：齐心协力、勇往直前）；

5. 最后以小组竞赛的形式，看看哪个小组可以坚持最长时间。

（二）相关讨论

1. 在游戏过程中，自己的精神状态是否发生变化？身体和声音是否也相继发生变化？

2. 在发现自己出现以上变化时，是否及时加以调整？

3. 是否有依赖思想,认为自己松懈对团队影响不大? 最后出现什么情况?

4. 要想在竞争中取得胜利,什么是相当重要的?

(三) 总结

1. 千万别以为这么多人,只有你一人松懈一下没关系,若是所有人都有这样的想法,那你就休想舒服地坐着,结果只能是被重重地压在地上。

2. 要想坐得长久,坐得舒服,坐得安全,每个人就应该先当好一把椅子。

3. 如果离开这个团队,你的这种"马步"姿势不但会让你孤立无援、很累,而且还形同僵尸、空乏无意义。

......

第六节　知识扩展

团队需要团队精神,但团队精神需要的是团队成员的奉献精神而不是消灭成员的个体精神。

团队精神建设的四大误区

当前,越来越多的组织强调团队建设,但效果不佳。究其原因,常见于以下四大误区。

(一) 团队利益高于一切

团队首先是一个集体,由"集体利益高于一切"这个被普遍认可的价值取向,自然而然地可以衍生出"团队利益高于一切"的论断。但是,在一个团队里过分推崇和强调"团队利益高于一切",可能会导致两方面的弊端。

(1) 极易滋生小团体主义。团队利益对其成员而言是整体利益,而对整个组织来说又是局部利益。过分强调团队利益,处处从维护团队自身利益的角度出发,常常会打破组织内部固有的利益均衡,侵害其他团队乃至组织整体、社会整体的利益,从而造成团队与团队、团队与组织、团队与社会之间的价值目标错位,最终影响到组织战略目标的实现。

比如说,一个企业内部各团队都有相应的任务考核指标,出于小团体利益的考虑，某个团队采取了挖兄弟团队墙脚等不正当的手段完成自己的考核指标，而当这种做法又没有及时得到纠正时，其他团队也会因利益驱动而群起效仿。届时，一场内部混战也就不可避免，而企业却要为此支付大量额外成本，造成资源严重浪费。此外，小团体主义往往在组织上还有一种游离于组织之外的迹象，或另立山头或架空母体。

（2）过分强调团队利益容易导致个体的应得利益被忽视和践踏。如果一味只强调团队利益，就会出现"借维护团队利益之名，行损害个体利益之实"的情况。目前不可否认的是，在团队内部，利益驱动仍是推动团队运转的一种重要机制。作为团队的组成部分，如果个体的应得利益长期被漠视甚至被侵害，那么他们的积极性和创造性无疑会遭受重创，从而最终影响到整个团队的竞争力和战斗力的发挥，团队的总体利益也会因此受损。并且，团队的价值是由团队全体成员共同创造的，由此，团队个体的应得利益应该也必须得到维护，否则团队原有的凝聚力就会分化成离心力。所以，不恰当地过分强调团队利益，反而会导致团队利益的完全丧失或效能受损。

（二）团队内部只要和谐不要竞争

团队精神在很大程度上是为了适应竞争的需要而出现并不断强化的。这里提及的竞争，往往很自然地被我们理解为与外部的竞争。事实上，团队内部同样也需要有竞争。

在团队内部引入竞争机制，有利于打破另一种形式的"大锅饭"。如果一个团队内部没有竞争，在开始的时候，团队成员也许会凭着一股激情努力工作，但时间一长，他发现无论干多干少，干好干坏，结果都是一样的。每一个成员都享受同等的待遇，那么他的热情就会减退，在失望、消沉后最终也会选择"做一天和尚撞一天钟"的方式混日子，这其实就是一种披上团队外衣的"大锅饭"。通过引入竞争机制，实行赏勤罚懒，赏优罚劣，打破这种看似平等实为压制的利益格局，团队成员的主动性、创造性才会得到充分的发挥，团队才能长期保持活力。

在团队内部引入竞争机制，有利于团队结构的进一步优化。团队在组建之初，对其成员的特长优势未必完全了解，分配任务时自然也就不可能做到才尽其用。引入竞争机制，一方面可以在内部形成"比、学、赶、超"的积极氛围，推动每个成员不断自我提高；另一方面，通过竞争的筛选，可以发现哪些人更能适应某项工作，保留最好的，剔除最弱的，从而实现团队结构的最优配置，激发出团队的最大潜能。

（三）团队内部皆兄弟

不少组织在团队建设过程中，过于追求团队的亲和力和人情味，认为"团队之内皆兄弟"，因此需要绝对信任，需要义气，甚至认为严明的团队纪律是"有碍团结的"。这实际上直接否定了制度的作用，在如此指导思想作用下，必然制造出这样一些结果：管理制度的不完善，或虽有制度但执行不力、形同虚设。

纪律是胜利的保证，只有做到令行禁止，团队才会战无不胜，否则充其量只是一群乌合之众，稍有挫折就会作鸟兽散。南宋初年的岳家军之所以能成为一支抗金主力，与其一直执行严明的军纪密不可分，以至于在金军中流传着这样一句话：撼山易，撼岳家军难。另外一个典型的例子就是三国时期的诸葛亮挥泪斩马谡的故事：马谡与诸葛亮于公于私关系都很好，但马谡丢失了战略要地街亭，诸葛亮最后还是按律将其斩首，如此才维护了军心的稳定。

严明的纪律不仅是维护团队整体利益的需要，在保护团队成员的根本利益方面也有着积极的意义。比如说，某个成员未能按期保质地完成某项工作或者是违反了某项具体的规定，但他并没有受到相应的处罚，或是处罚根本无关痛痒。从表面上看，这个团队非常具有亲和力，而事实上，对问题的纵容或施之以宽会使这个成员产生一种"其实也没有什么大不了"的错觉，久而久之，遗患无穷。如果他从一开始就受到严明纪律的约束，及时纠正错误的认识，那么对团队对他个人都是有益的。美国通用电气公司（GE）的前 CEO 杰克·韦尔奇（Jack Welch）有这样一个观点：指出谁是团队里最差的成员并不残忍，真正残忍的是对成员存在的问题视而不见，文过饰非，一味充当老好人。可见，宽是害，严是爱！对于这一点，每一个时刻直面竞争的团队都要有足够清醒的认识。

（四）牺牲"小我"才能换取"大我"

很多组织认为，培育团队精神，是要求团队的每个成员都要牺牲"小我"、换取"大我"，放弃个性、追求趋同，否则就有违团队精神，是个人主义在作祟。

诚然，团队精神的核心在于协同合作。我们强调团队合力，注重整体优势，远离个人英雄主义，但并不单纯追求趋同——追求趋同的结果其代价可能是团队成员的个性创造和个性发挥被扭曲和被湮没。没有个性，意味着没有创造，这样的团队只有简单复制功能，充其量只有再造能力而不具备持续创新能力。其实，团队不仅仅是人的集合，更是能量的结合。团队精神的实质不是要求团队成员牺牲自我去完成一项工作，而是要充分利用和发挥团队所有成员的个体优势去做好这项工作。

战国时期，招揽门客、扩大家族势力的做法在豪门望族中十分流行。很多人

第一章　高效能团队精神建设

第一章　高效能团队精神建设

在对门客的录用上采取了一定准入标准，因此招揽的人才其特长基本上都差不多。而齐国的孟尝君则不同：凡有一技之长的，他都一律以礼相待，于是投奔他的门客特别多。后来他在秦国担任宰相时，秦昭王因听信谗言要杀他。他的一个门客用"狗盗"之术潜入皇宫，盗取已献给昭王的白狐裘，贿送给昭王宠姬，才得以逃脱。等到他与门客日夜兼程来到函谷关时，城门已经关闭了，必须等到鸡叫之后才能开门。这时又有一个门客模仿鸡叫，引得城内的公鸡一齐叫起来，终于骗开城门脱险出关。虽然鸡鸣狗盗之徒在当时非常不入流，甚至至今我们仍不提倡，但从团队成员能力的角度试想一下，如果当初孟尝君在招揽门客时也像其他贵族一样坚持非饱读诗书、出身高贵的门客不要的话，那么他后来就不得不冤死他乡。

因此，团队的综合竞争力来自于对团队成员专长的合理配置。只有营造一种适宜的氛围——不断地鼓励和刺激团队成员充分展现自我，最大限度地发挥个体潜能，团队才会迸发出如原子裂变般的能量。

团队建设是一项控制难度很大、实践性很强的工作，出现这样那样的偏差在所难免，但只要坚持以人为本的原则，勤于探索，注重实效，大胆创新，就一定能够走出各种形式的误区，从而真正培养出团队的凝聚力和向心力，形成团队独有的核心竞争优势。

课外练习

1. 结合应用演练项目试述团队精神的作用。

2. 以应用演练项目为基础，联系实际试述团队精神的培育内容。

3. 结合应用演练项目，简述团队精神培育与团队制度建设的关系。

第二章

高效能团队组织建设

团队战斗力之强大是不争的事实，但其又并非是各路英雄好汉或各行各业精英人才能力的简单叠加。相反，团队成员个人能力常常平凡无奇。之所以在某些组织中会出现"一个人是一条虫，三个人则成一条龙"，或相反的"一个人是一条龙，三个人则成一条虫"现象，完全在于其内部结构。所以从某种角度考察，团队组织建设的活动与过程，就是将沙子变成石头的活动与过程。

第一节　入胜测试

团队集体由团队个体组合而成，其不同角色决定分工合作的必要及其具体个人在团队中的存在价值。团队及其成员对于某个个人的依赖性越大，或者说具体的个人对于团队及其他成员的重要性、稀缺性、不可替代性越大，其个人在团队中的价值就越大。

贝尔宾团队角色测试

贝尔宾团队角色理论由英国剑桥大学雷蒙德·梅瑞狄斯·贝尔宾（Dr. Raymond Meredith Belbin）博士提出，用以描述各具特征的团队成员角色，借此让人们对团队成员的行为产生更为深刻的认识。该角色模型通过对团队成员所表现出来的角色特征进行判分，从而以9种角色辨识每一个团队的成功潜能。

说明：对下列问题的回答，可能在不同程度上描绘了您的行为。每题有8句话，请将总分10分分配给每题的8个句子；可以出现0.5分。分配的原则是：最体现您行为的句子分最高，以此类推。最极端的情况也可能是10分全部分配给其中的某一句话。请根据您的实际情况选择分数。

（一）测试题目

1. 我认为我所能贡献给团队的是：

（1）我能够迅速看到并且利用机会。

（2）我非常善于同各种类型的人一起工作。

（3）我认为贡献思想、产生主意是我的一大天赋。

（4）我的能力在于：不管什么时候，只要我觉得谁具备一定价值，我就能说服他为团队的目标做贡献。

（5）我认为善于跟进和落实，是我个人在团队中的最大成就。

（6）如果最终能有好的结果，我准备接受暂时的孤立。

（7）我经常能感觉出来什么是现实的和可行的。

（8）我善于在不带偏见的情况下，提出新的替代方案。

2. 如果我在团队合作方面有什么缺陷的话，我认为可能是：

（1）开会时，如果会议没有完整的议程，进程没有严密的控制，我会感到不安。

（2）对那些持有正确看法，却没有受到适当对待的人，我往往过于宽厚。

（3）每当团队讨论新想法时，我往往说得太多。

（4）我对目标的看法阻碍我满怀热情地与同事们相处。

（5）在必须做某件事时，人们有时会认为我比较强制和专断。

（6）我发现自己不太容易在前面带领别人，可能是因为太在意团队气氛了。

（7）我太容易被各种主意所吸引，却忘记了眼下应该做什么。

（8）同事们认为我没有必要那么担心细节，也不必那么担心事情会出错。

3. 在与别人合作，共同完成一个项目时：

（1）我的态度会影响别人，不需要动用压力。

（2）对细节的关注使我避免粗心和疏忽。

（3）需要时，我会敦促人们采取行动，确保会议没有浪费。

（4）人们指望我贡献创意。

（5）我随时准备支持对大家都有好处的建议。

（6）我总是热切寻找新的思想和新的发展机会。

（7）我相信自己的判断力有助于形成正确的决策。

（8）在确保所有必需的工作都得到精心组织方面，我不负众望。

4. 在对待团队工作方面，我的特点是：

（1）我真诚地渴望深入了解同事们。

（2）我不怕挑战其他人的观点，也不怕成为少数派。

（3）我经常能找出一大串论点来拒绝没有道理的建议。

（4）我认为一旦计划要实施，我的才能在于让计划变成现实。

（5）我有一个倾向：避免一清二楚的东西，追求未知。

（6）对待任何承担的工作，我都抱着追求完美的态度。

（7）我乐于动用团队以外的关系。

（8）一方面我对所有主意都有兴趣，另一方面在必须下决心时我绝不犹豫。

5. 我在工作中的满足感来自：

（1）我热衷于分析情况，然后权衡所有可能的选择。

（2）我对找出解决问题的方法特别有兴趣。

（3）我喜欢看到自己正在工作中培植良好的人际关系。

（4）我对决策有很大的影响力。

（5）我能结识能够提供新东西的人。

（6）我能让人们同意行动路线。

（7）我能看到工作在我手中最后完成。

（8）我喜欢找一个能挑战想象力的领域。

6. 突然接受一个困难的任务且时间紧张、人员又不熟悉时：

（1）我想缩到角落里先想出一个走出僵局的思路，然后再制订行动方案。

（2）我很乐意与那个能够给我最正面方法的人合作。

（3）通过确定不同的人最适合做什么，我想办法把任务化小。

（4）我的紧迫感将有助于我们确保不延误工期。

（5）我相信自己应该保持冷静，发挥自己敏锐的思考能力。

（6）即使在压力面前我也坚持明确的目的性。

（7）如果觉得团队没有进展，我愿意积极地发挥领导作用。

（8）我会展开讨论，激发新的想法，推动事情开始启动。

7. 在遇到问题时：

（1）对那些阻碍进展的人，我容易表现出不耐烦的态度。

（2）其他人可能会批评我做了太多的分析，缺少直觉。

（3）要求做工作应该有条不紊，这一点有可能阻碍工作进程。

（4）我很容易厌倦，常常依赖一两个团队成员激发我的热情。

（5）我如果觉得目标不清楚，便很难启动。

（6）有时候我很难把复杂的问题对其他人解释清楚。

（7）我知道别人在向我求助一些我自己也不会做的事情。

（8）当遇到强烈的反对时，我不太愿意表达自己的看法。

（二）评分规则

请把每道题中各句分数分别填入表 2-1。每行代表题号，然后按照列的方向汇总分数。

表 2-1　汇总

大题号	CO	SH	PL	RI	ME	TW	FI	IM
1	7	4	6	3	1	8	2	5
2	1	2	5	7	3	4	6	8
3	8	1	3	4	6	7	5	2
4	4	8	2	5	7	3	1	6
5	2	6	4	8	5	1	3	7
6	6	3	7	1	8	5	2	4
7	5	7	1	6	4	2	8	3
总计								

（三）结果分析

表 2-2　结果分析

类型	典型特征	积极特性	能容忍的弱点
实干者（IM）	保守顺从；务实可靠；计划性强	有组织能力和实践经验；工作勤奋；有自我约束力；相信一分耕耘一分收获；立足于本职	不灵活；对没把握的主意不感兴趣；变革发生时易紧张

类型	典型特征	积极特性	能容忍的弱点
协调者 (CO)	沉着；自信；有抑制力；属众星捧月型，可以称得上是公众领导人	对各种有价值的意见不带偏见地兼容并蓄，甚为客观；个人魅力极强；有时可以解决组织内解决不了的问题	在智能及创造力方面并非超常；不依靠权力；有时会认为团队贡献自己最大
推进者 (SH)	思维敏捷；开朗；主动探索；属新事物的倡导者	有干劲，随时准备向传统和低效率，以及自满自足挑战；说干就干；受领导赏识；说到做到	好激起争端，爱冲动，易急躁；注意准确性
创新者 (PL)	有个性（内向）；思想深刻；不拘一格；属于点子型人才	才华横溢；富有想象力；智慧；知识渊博；组织创建初期和需要变革时最需要	高高在上；不重细节；不拘礼仪；与群体距离远；不喜欢条条框框
信息者 (RI)	性格外倾；热情；好奇；联系广泛；消息灵通；是做规划时不可少的人	有广泛联系人的能力，不断探索新的事物，勇于迎接新的挑战；手机随时响；下班通常不直接回家	事过境迁，兴趣马上转移；喜新厌旧
监督者 (ME)	清醒；理智；谨慎；最高决策层不可少的人	判断力、分辨力强；讲求实际；站在很远处观察；善于权衡利弊	缺乏鼓动力和激发人的能力；对任何事顶多说"还行"；挑剔别人
凝聚者 (TW)	擅长人际交往；温和；敏感；牺牲自己照亮别人；不过分强调自己	有适应周围环境及人的能力；能促进团队的合作；是团队中的"润滑剂"	在危急时刻优柔寡断；考虑人际关系过多；太在意"和"为贵
完善者 (FI)	勤奋有序；认真；有紧迫感；追求卓越；精益求精；注意细节	持之以恒；理想主义；追求完美；不会做没把握的事；120%成功；专家型人物；要求别人和他一样好	常拘泥于细节，不洒脱；自己累，手下人更累；成长快，可以学到很多技巧；过于注重小事；多授权

说明：后来，团队角色中还增加了"专业师"（SP，Specialist）。其典型特质：专心致志，主动自觉，全情投入。积极特性：能够提供不易掌握的专门知识和技能。能容忍的弱点：只能在有限范围内作出贡献，沉迷于个人专门兴趣。

现实中，很少有人只有一种特性，大多数人都是同时具有多种特性，但一般在两到三种特性方面表现突出。

第二节　启智案例

团队是一种组织形式，需要不同的人充当不同的角色，如此有分工方能有协作。"西天取经"团队正因为有唐僧这个团队领导（协调）者、有孙悟空这个技术

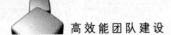

专业师、有猪八戒这个关系凝聚者、有沙和尚这个实干者，最后才除罢艰险取得真经。

某医药公司人力资源管理团队建设

北京某医药科技股份有限公司，由某研究所附属实验制药厂联合五家企业共同发起设立。公司设有人力资源部、资金财务部、市场营销部、生产管理部、技术质量部 5 个部门；员工队伍 500 余人，其中大专以上学历者60%；专业结构以医学、药学为主，兼有市场营销、企业管理、财务管理等专业；中层以上管理人员中，大学本科以上学历者占 94.4%。

目前，公司存在人力资源总监工作过于烦琐，具体的工作无法在基层人事工作人员那里得到落实，不同层次人事管理人员的工作权责不明确等问题。人力资源总监常常困在基础的人事事务中，总是疲于奔命于"刚刚从生产部做绩效考核回来，明天还得负责将考核结果汇总报给财务部……"之类的琐事中；而处在基层的人事专员却抱怨"上级布置的绩效指标，考核起来太困难。我们公司人力资源管理的绩效考核指标应该彻底改革一下……"

案例分析

该公司的人力资源总监本应充当团队的凝聚者和协调者，制定公司的人力资源管理战略，为公司的整体发展和业务领域的发展提供人力资源支持，但现实他却被困在基本的人事绩效考核事务中；反之，人事专员作为一线管理人员，本应担当事务实干者角色，但他们不落实上级的工作部署，还一味抱怨工作难以开展。如此一来，人力资源总监被人事专员"反授权"，导致基础工作无法落实，同时，自己应该去规划的公司总体人力资源管理战略却又因难以脱身而无所作为。

一般说来，基层工作难落实，高层管理受牵制，团队目标难实现，组织战略受影响等问题，主要是由于团队中不同管理层工作人员的角色不明、职责不清、权责混乱等导致。具体可能是职务说明书不完善、职责描述不规范或不准确、不全面、有重复、有交叉，以及职位目标权限描述不准确、不全面，有下属越俎代庖和上级因小失大等现象，甚至由于职位任职条件过于宽松，造成人事管理的基层工作者能力不够等原因造成。解决方案：考虑到人力资源管理团队在组织战略管理中的特殊地位，需要从上至下将所有人事管理人员的职务、责任和内容全面重新明确，特别是将工作职责包干到人头，使不同层次的工作都得到贯彻和落实。

当然，为了避免团队职责不充分、不完全的问题，制作职务说明书前期必须对部门所有职位职责进行汇总合并，并与部门职责对比，然后明确责任职位，进行填充。

首先，对团队职责进行划分，由于不同层级的职位可能担负的责任不一样，因而必须进行分级详细的描述。如果是"总监"或主管等干部，则需添加、补充相关专业战略实施的内容。

其次，对于职责描述不规范、不准确、不全面，有重复、会交叉现象，制定职务说明书时，要统一按照"内容＋目标＋负责程度＋衡量标准"的模式，进行规范、准确、全面的描述，做到无重复、无交叉，以利于体现职位价值和提取绩能衡量指标。

最后，针对岗位的目标权责描述不准确、不全面的问题，主要应该将团队的总体战略目标进行纵向排列，再将每一个岗位的工作职责进行横向整理，形成所有目标与职责的"十字交叉"，这是各工作岗位的目标与权责。至于底层管理者能力无法胜任这种问题，在制定岗位任职条件时，要进一步严格任职资格的标准和考核要求。

第三节　应用演练

社会资源犹如建筑材料，不同的组织方式建造出的可能是不同的建筑物。建筑物的美丽与否、效用如何，材料相异不大，组织方式至关重要。

策划项目组织形式与关键岗位职责

团队组织建设是要根据项目使命、目标、任务的需要，确定核心岗位，明确岗位职责，进而提出角色需求，并将合适的角色人选通过高效能的组织形式组织起来，形成强有力的战略集体。

（一）综合项目

继续将第一章虚拟的项目（如创建"高效能团队建设研习所"）或确定

的某个真实项目（如自己所在的班级）作为实训项目。

（二）单元任务

根据项目特点，策划该项目组织形式、关键岗位职责，并详细提出团队成员的基本要求。

（三）演练目标

素质目标：理解团队"组织"的特殊作用与意义，培育个人的组织观念、组织思维、创造意识和创新意识。

知识目标：了解团队组织建设的基本要点和经典形式；辩证理解不同团队组织形式的利弊得失；掌握团队组织建设的理论原理与实践步骤。

能力目标：能理性根据项目使命、目标、任务的需要，确定核心岗位并明确岗位职责，进而提出角色需求，并将合适的角色人选通过高效能的组织形式组织起来，形成强有力的战略集体。

（四）演练形式

全体参与，单个策划或分组合作策划。提倡在保证全体参与的前提下，以小组为单位调动组员个人积极性，充分发挥各自特长，实现分工协作。

第四节　理论升华

团队组织建设是指为了实现团队绩效及产出最大化而进行的一系列结构设计及人员激励等团队优化行为。贝尔宾的团队角色理论给予我们如下启示：①团队成员角色分工适当，是团队整体战斗力的保障；②领导者要用人之长，容人之短；③尊重角色差异，发挥个性特征，找到与角色特征相契合的工作；④主动补齐角色中的"短板"。

一、团队与群体、人群的异同

两个以上相互作用又相互依赖的个体，为了实现某些特定目标而结合在一起，即构成群体。一般来说，群体是人们通过某种社会关系联结起来，进行共同活动和感情交流的集体。它既同社会和个人相区别，又介于社会和个人之间，并且是联结二者的中介。

群体大致有以下特征：①有一定数量的社会成员；②有一定的为群体成员所接受的目标；③有明确的成员关系，并形成归属感；④有一定的行为准则；⑤时间上具有一定的持续性。

从群体的界定可以看到，群体和我们一般所讲的人群是不同的概念。在社会学研究中，人群通常是指那些偶发聚集体，也就是偶然地在同一时间同一地方临时聚集起来的一群人。比如搭乘公共汽车的乘客；商店里购物的顾客；电影院里观看电影的观众；酒店里就餐的食客；等等。这些人群的成员之间并不发生具有意义的社会互动，也没有共同的归属感，聚合的时间也十分短暂。

需要指出的是，即使是松散的人群，在一定条件下也可能转化为我们所说的群体。比方说，公共汽车上突然有乘客晕倒，这时乘客们就可能会彼此交换意见，讨论救助的办法。这时，这群人就有了一定的目标，出现了朝向这个目标的社会互动，于是形成实际的群体。

团队是指一些才能互补、团结和谐并为负有共同责任的统一目标和标准而奉献的一群人。团队不仅强调个人的工作成果，更强调团队的整体业绩。团队所依赖的不仅是集体讨论和决策，以及信息共享和标准强化，还强调通过成员的共同贡献，获得实实在在的集体成果。这个集体成果超过成员个人业绩的总和，即团队成果大于各部分之和。

团队的核心是共同奉献。这种共同奉献需要有每一个成员能够为之信服的目标。只有切实可行而又具有挑战意义的目标，才能激发团队的工作动力和奉献精神，进而为工作注入无穷无尽的能量。

团队的精髓是共同承诺。共同承诺就是共同承担集体责任。没有这一承诺，团队如同一盘散沙。做出这一承诺，团队就要齐心协力，成为一个强有力的集体。

很多人经常把团队和工作团体混为一谈，其实两者之间存在本质上的区别。优秀的工作团体与团队一样，能够一起分享信息、观点和创意，共同决策，帮助每个成员更好地工作，同时强化个人工作标准。但工作团体主要是把工作目标分解到个人，其本质上是注重个人目标和责任，所以工作团体的目标只是个人目标的简单总和。工作团体的成员不会为超出自己义务范围的结果负责，也不会尝试那种因为多名成员共同工作而带来的增值效应。此外，工作团体常常是与组织结构相联系的。

团队并不是简单将总体目标分解到个人，它突破组织层级结构的限制，具有如下特点：

（1）目标共同。这一共同的目标是一种意境，它不是个体对集体目标的服从，而是个体目标与集体目标的高度一致。不论遇到任何困难，这一共同目标都会成为团队成员的行动方针和努力奋斗的方向。

（2）职责分解。团队是以角色分解职责，而非简单将总体目标以算术方式分解到个人。它主要将共同目标分解成各个成员的角色目标及行动目标。这种职责的分解，既能使个人不断开拓自己，又能促进整个团队的发展。而且，具体的行动目标使得团队成员彼此间的沟通更畅通，因而能督促团队成员始终为实现最终的共同目标而共同努力。

（3）共担责任。团队绩效是团队成员合力的结果，因此需要建立一种环境，使每位团队成员在这个环境中都感到自己应对团队的绩效负责，为团队的共同目标、具体目标和团队行为勇于承担各自的责任。

（4）关系融洽。团队常常给人"家"的氛围，所以成员之间一般亲密无间，互相支持，善于沟通，彼此之间坦诚相待，相互信任，并勇于表达自我。

（5）齐心协力。团队成员为实现团队目标各自担当不同角色，他们在分工负责的基础上做出共同承诺，进而能同心同德为着共同的目标而努力工作，并在工作中相互协调配合。

（6）和谐领导。团队的领导者是团队成员共同推举的，他们本身是团队这一战斗集体的一员，因此能够致力于任务的需求、团队的凝聚力以及成员个人需求等之间达到平衡、和谐。

（7）短小精悍。团队的规模一般不大，常见的多在10人左右，但承担的任务以及工作成员却绝非一般工作团体可比，所以可谓短小精悍。

（8）技能互补。出色的团队一般拥有技术专家型人员，善于解决问题和果断决策的人员，善于人际交往的协调人员，勤奋、务实、狠抓落实的执行人员，等等，其各项技能的正确组合是团队成功的关键。

（9）行动统一。团队强调步调一致，所以成员一般平等地按角色分担工作任务，并就各自的工作内容取得一致。此外，团队需要在如何制定工作进度、如何开发工作技能、如何解决矛盾冲突以及如何作出或修改决策等方面达成共识。

（10）反应迅速。团队善于着眼于未来，视变更为发展的契机，把握机遇，相机而动。

虽说团队（Team）也是群体，其成员间紧密合作以实现一个特定的、共同的目标，但群体并不一定是团队。

团队区别于群体的突出特征：成员间互补性技能，角色分工形成的紧密合作和特定的、至高无上的共同目标。

现实社会中，团队和群体虽然经常容易被混为一谈，但它们之间有根本性的区别：

（1）领导方面：作为群体应该有明确的领导人，而团队则不一样，尤其发展到成熟阶段，成员常常共享决策权。

（2）目标方面：群体的目标必须与组织保持一致，是服从关系；但团队中除了这点之外，还可以产生自己的目标，而且是认同关系。

（3）协作方面：群体的协作性可能只是中等程度，有时成员还有些消极、有些对立；团队成员互相之间却有相互依赖性，离开任何一员则影响整个集体，必须齐心协力。这种协作性也是群体和团队最根本的差异。

（4）责任方面：群体的领导者对群体负有主要责任，而团队是据角色分工协作，因而除领导者要负责之外，每一个团队成员也在分担责任，甚至要一起相互作用，共同负责。

（5）技能方面：群体成员的技能可能是不同的，也可能是相同的。团队成员的技能是相互补充的，是把不同知识、技能和经验的人组织在一起，形成角色互补。

（6）结果方面：群体的绩效是每一个个体的绩效相加之和，团队的结果或绩效是由大家共同合作完成的产品。

二、团队组织建设的五大要素

团队是由成员和管理层组成的一个共同体，它合理利用每一个成员的知识和技能协同工作，解决问题，以达到共同的目标。所以，团队的构成有一些重要的要素。实践中的五个方面由于其英文第一个字母均为"P"，所以人们习惯称之为"5P"，分别为目标、人、定位、权限、计划。

（一）目标（Purpose）

团队都是因实现某一特定目标而创建或形成，没有目标，团队本身就没有存在的价值。所以，团队必须有一个既定的且为团队成员所认同的共同目标，为团队及其成员导航，指引前进的方向。团队失去目标，团队成员就必然盲目，最后的结果必然影响到团队存在的价值。

同时，团队的目标必须与组织的大目标保持一致；团队成员的个人目标也必须与团队目标保持一致。当然，还应该把大目标分解成小目标，并进一步具体分

第二章 高效能团队组织建设

解到各个成员身上，以便大家合力实现这个共同的大目标。

（二）人（People）

目标是通过人员具体实现的，所以"人"是构成团队最核心的力量。两个（包含两个）以上的人就可以构成团队，而人员的选择则是团队中最为重要的一部分。

团队之中的人是需要承担不同职责的，因此其基础不是相同性而是相异性。只有相异性大，互补性才强，依赖性才大，团队才更紧密。一个团队中可能需要有人出主意，有人订计划，有人实施，有人负责协调，有人监督工作进展，有人评价团队最终的贡献……因此，在人员选择方面要考虑人员的能力如何，技能是否互补，人员的经验如何，等等。

（三）定位（Place）

团队的定位包含两层意思：①团队的定位，即团队在组织中处于什么位置，由谁选择和决定团队的成员，团队最终应对谁负责，团队采取什么方式激励下属，等等；②团队成员个体的定位，作为成员，要明确各自在团队中扮演什么角色，是订计划还是具体实施或评估？或者其他。

（四）权限（Power）

团队权限关系两个方面：①整个团队在组织中的决定权，如财务决定权、人事决定权、信息决定权；②组织的基本特征，比方说组织的规模多大，团队的数量是否足够多，组织对团队的授权有多大，它的业务是什么类型。

团队中领导人的权力大小与团队的发展阶段相关。一般来说，团队越成熟，领导者的权力相应越小。在团队发展初期，领导权相对比较集中。

（五）计划（Plan）

计划是事先的安排或方案。团队有目标，就要实现目标。只有实现目标，团队才具有实质意义。而要实现目标，计划显得至关重要。所以，团队的计划有两层面的含义：①目标最终的实现，需要一系列具体的行动方案，可以把计划理解成程序之一；②提前按计划进行，可以保证团队的进度。只有按计划操作，团队才会一步一步地接近目标，从而最终实现目标。

三、团队组织建设的四大基本过程

团队常常围绕特定目标而组建，因此大多数情况下，团队随项目需要而组建，也随项目完成而终止。除少数团队成长为正式组织机构外，一般来说，团队的发展往往经历过如下四个过程：

（1）初始形成。一些组织为了完成某些特殊任务，需要组建特别的团队来承担相应的工作。在任务之初，最主要的是有一定的成员建构团队架子、搭建团队班子。这时，人选来自方方面面，人与人之间既十分陌生，又要求能够尽快融入项目，配合工作。如此，团队建设的重点主要在人选——既要求入选的成员要精通职能业务，又要求相互之间有较强的沟通、协作。在这一时期，团队领导的作用非常重要，即不但要有组织领导才能，还应在成员中有一定威信，否则将难以协调成员关系，推动团队工作的开展。所以，团队在初始形成期最重要的工作是协助成员之间彼此认识、相知，相互了解，并理解组织宗旨，能够精诚团结，科学分工，有机协作。

（2）达成共识。虽说团队是因为某些特定项目应运而生，但团队初始形成，成员间的共识比较薄弱。即使有清晰的目标，但是在总体目标之下，要做什么样的决策？实施什么样的行动？哪一个行动必须优先？这些对于可能是从五湖四海走到一起的团队成员来说，看法、认识、见解往往各有己见，甚至南辕北辙。为了形成合力，此时团队工作的重点主要在于加强沟通，加速磨合，消除误解，解决冲突。特别需要倡导友好竞赛，避免恶性竞争。要提倡互相爱护、互相帮助，人人识大体、个个顾大局。总之，就是要营造友好的气氛，让团队成员达成共识。

（3）常态运作。在团队已经形成，不同意见也已统一后，接下来就是团队的正常运作。在这个阶段，团队建设的重点是执行组织任务，实践组织战略，实现组织目标。这时，团队成员的充分参与和精诚合作至关重要。它已经成为团队成功的重要因素，也是组织目标实现的关键因素。缺少了这两个条件，即使团队及其成员有目标、有规范、有组织、有纪律，团队也难以高效而有序地运行。因此，这个阶段的团队组织建设主要是创立团队群体规范和规章制度，创建运行机制，或者妥善运用正式及非正式的职权与能力，鼓励成员间彼此合作、共同参与，以达成组织既定目标。

（4）适时解散。前已述及，团队往往随项目需要而组建，也常常随项目完成而终止。因此，一般情况下，团队这种组织像人、产品一样，都有特定的生命周期。换言之，一个团队往往不可能永远存在，它可能会解散，当然也可能被重塑。不过，在什么时候、什么情况下解散团队，则是团队建设必须科学决策的大事。早了，可能任务没有完全完成，如此势必违背团队建设初衷，直接影响组织目标的最终实现；晚了，可能团队及其成员终日无所事事，浪费组织资财，影响组织效率、效益，甚至其负面效应直接影响组织效能。所以，适时解散时期，团队建设的重点是一如既往保持团队优良作风，善始善终做好项目收尾工作。这一阶段，主要是严格遵守既定规划，保质保量完成各个分阶段的工作任务。适时解散时期最大量的工作是检查、评估、修正、总结、善后。

四、虚拟团队的组织优势及挑战

通常，人们习惯将团队分类为"问题解决型团队"、"自我管理型团队"、"多功能型团队"、"虚拟型团队"。其实，团队的组织形式在现实中可谓丰富多彩，且日愈创新。不过，互联网及远程通信技术的日益发展，为人类在更大、更广阔的范围内进行实时协作创造了实现条件。为适应这种变化，目前，以远程协作为主要形式的虚拟团队在团队组织形式中的地位与作用越来越突出，并越来越多地被应用于各类组织。

与传统组织形式相比较，虚拟团队具有以下明显优势：

（1）人才优势。互联网及远程通信技术破除了区位、地点长期构建的藩篱，冲破区位、地点束缚的人们，应用虚拟团队大大拓宽了团队组织的人才来源渠道。在这种情况下，人们可以动态地集聚和利用世界各地的人才资源，真正实现人才共享，这为解决通常很难召集到具有专门技能的人才的团队困惑创造了替代条件，同时也减少了关键人才的流失。

（2）信息优势。虚拟团队其成员来源区域极其广泛，如此，一方面，既能通过分布广泛的成员充分获取世界各地的技术、知识、产品等信息资源，为保持组织的价值主张（如企业创造的通过产品实现的效用）和经营管理的先进性奠定坚实基础；另一方面，又可以通过分布广泛的成员在广泛的区域采集各地社会、市场的相应信息，反映社会、市场及消费者的需求，同时还能及时解决社会与市场的相关问题，从而全面地了解服务对象。这种高效、快捷的信息反馈，有利于组织及其团队尽快设计和开发出满足服务对象需求的产品和服务，建立起良好的顾客关系。

（3）竞争优势。因为虚拟团队能集聚世界各地的优秀人才，且他们在各自的领域内都具有知识结构优势，这种众多单项优势的联合，必然形成强强联合，进而形成强大的竞争优势。同时，通过知识共享、信息共享、技术手段共享等方法，优秀成员好的经验、灵感能够很快在数字化管理网络内得以推广，从而实现优势互补和有效合作。网络内良好的知识采集、筛选、整理、分析的工具和机制，使众多不同渠道的零散知识、技能可以迅速整合集成为系统的集体智慧，最后转化为竞争优势。

（4）效率优势。团队是高效应对环境变化的有效手段之一，而虚拟团队更有利于利用最新的网络网页、群邮件、移动电话、微博、微信、可视电话会议等技术实现基本的沟通，其技术上的独特优势显而易见。虚拟团队其成员之间可以打破传统层级掣肘，及时地进行信息交流，从而缩短信息沟通和交流所用的时间，以防止信息滞留，确保团队及组织及时作出相对正确的决策。

（5）成本优势。虚拟团队打破了传统组织画地为牢的人为界线，使得组织可以大量利用外部人力资源，从而减轻了组织内部人工成本压力。在此基础上，组织可以大力精简机构，重新设计组织构架，使人力资源朝有利于组织发展的方向流动，从而促使组织结构扁平化。此外，虚拟团队柔性的工作模式减少了成员的办公费用，以及为聚会而支付的旅行费用等，而且还减少了团队成员重新安置等费用，从而大大降低了管理成本。

尽管虚拟团队优势众多，效率、效益与效能三效显著，但虚拟团队毕竟不同于传统的实体团队，特别是团队成员不再依赖于一个看得见、摸得着的物理办公场所而运作，而是就职于一个虚拟的空间，主要依赖于现代通信与信息技术实现远程沟通与协调。因此，这种虚拟组织的出现也面临着一系列的问题与挑战，突出表现在四个方面：

（1）沟通的障碍。首先，管理虚拟团队面临的是成员之间缺乏相互接触时所具备的特殊便利，如无法感知语气信息、肢体信息、行为信息等所表达的内在意见、观点、态度等，而这些特征往往是提高团队效率、创造一流业绩的先决条件。其次，成员具有不同的文化背景、宗教传统、风俗习惯等，不可避免地会产生文化冲突。例如，由于文化背景不同，每个成员很容易带着自身文化的"有色眼镜"来感知信息，从而导致对信息理解上的偏差，甚至误解。最后，虚拟团队其成员之间的沟通一般仅限于正式沟通，非正式沟通较少。然而，非正式沟通往往有助于团队人力资本的积累和组织技术的创新，有助于成员体验团队文化，有助于成员之间建立良好的协作关系，有助于团队凝聚力的形成。这种交往的减少容易使成员产生孤立感和焦虑感，成员之间、上下级之间的关系会趋于疏远，并导致缺乏对团队目标的认同，甚至认知。

（2）协调的难题。首先，虚拟团队每一成员都有自身的核心竞争力，要把这些强势个体糅合在一起，本身就具有很大的挑战性。其次，每个成员都处于不同的区域，有着不同的作息时间、不同的优先顺序、不同的工作方式等，这给整个团队的协调增加了难度。最后，成员间的沟通依赖于现代信息技术，而有的专家可能过于专注于自己的研究领域而不会使用或者不熟悉这些技术，如不会使用Web 技术，不擅长新兴沟通软件，等等，或者每个成员的技术熟练程度也可能不同，这势必导致信息的单向流动或不对等反馈，进而影响整个团队的效率。

（3）约束的弱化。虚拟团队的特点决定了远程管理是其主要管理方式，这给成员个体充分利用自己的信息优势规避义务或责任留下了管理上的断层与真空区域。现实中每个团队成员都是理性的，他们都拥有自身的核心竞争力，甚至可以轻易离开所处的团队。这不仅会造成团队人才的流失，影响项目工作的顺利进行，而且也可能造成知识、信息、技术的泄露，给组织带来严重损失。

（4）手段的脆弱。现代通信设施是构造虚拟团队的基础，通信设备一旦出现故障，如停电、机器损坏、线路断裂、网络阻塞等，沟通就会被完全中断，如此必然影响团队的正常运转。

分析问题是为了解决问题，了解挑战绝不能回避挑战。虚拟团队是大势所趋，我们只能随时代潮流远航。管理这种团队，提高虚拟团队效率、效益与效能，是对现代组织管理水平的考验，更是对当代管理者能力的一种锤炼。在团队建设活动中，对于虚拟团队的管理，仁人志士有必要理性致力于六个方面：

（1）革新管理思想。虚拟团队是适应时代潮流的新生事物，是科学技术发展所推动的先进的组织形式，因此，任何否定的态度都无异于墨守成规。与传统的实体团队相比较，虽然虚拟团队是典型的无形团队，但仍然不失为一个完整的团队，尽管它具有自己的特征和运行机制，但终归利大于弊。按照"两利取其重"的管理常识，我们只能选择，不可回避，更不可阻止。当然，面对这种无形的团队，传统的命令和控制方式已不再有威力，正确的做法是积极解放思想，转变观念，重新调整团队成员的定位，并在团队中创造良好的信任氛围。

（2）创新管理体制。一是调整成员角色定位。虚拟团队成员一般以知识型员工居多，远程管理使得组织的监督与控制功能弱化，这种情况下，仍然沿用传统的成员定位是行不通的。在虚拟团队中，需要对成员重新定位，把他们从"劳动者"角色转为"会员"角色。作为会员，他们需签订"会员"协议，享有相应权利和责任，最重要的是参与管理。成员归属的对象也不应是某个"地方"，而是由所有团队成员组成的一个虚拟的"社区"。二是明确团队的战略目标。在虚拟团队中，战略目标是领导关系的替代，明确的目标是成员协同工作的基础。因此，团队在建立之初，要尽量让每个成员了解团队的目标和愿景，并及时获取员工的反馈信息，在互动中加深对目标、任务以及在团队中的角色的理解。三是要建立信任关系。可以说信任的建立和维系是虚拟团队管理的核心问题，相互信任是虚拟团队运作的基础。团队对成员的信任其实是一种信心，即对成员能力的信心，以及对他们忠诚于团队目标的信心。要充分认可、接受和尊重成员个体的知识、技能、态度、行为、文化、信仰等。四是要建立有效的激励与约束机制。团队的运作，仅仅依靠信任关系的维系是不够的，还必须建立起有效的激励与约束机制，以调动成员的积极性，规避成员的道德风险。要把信任和契约联系在一起，以契约的形式明确成员的权利、义务以及违约责任等；要深入研究各虚拟团队成员的需要，构建有效的激励机制，激励框架要有对团队内部协调性的刺激，通过把个人收益和团队业绩结合起来，促使成员在创建团队绩效中更加努力。

（3）重视技术手段。信息通畅是虚拟团队正常运转的根本保障，因此，技术手段的可靠性问题是团队应该关心的首要问题。首先，团队要选择适合的、可靠性强、效率高的一种通信技术作为团队的主要沟通渠道，同时要交叉运用多种沟通方式，以防止某种技术手段突发故障而影响整个团队的进程。其次，要加强对技术设施的配备，技术手段的使用、更新以及开发的管理，并及时对成员进行必要的培训。最后，可在团队中安排一到两名专业技师，其主要职责在于排除突发故障，并负责技术设施的开发、安装和调试等。

（4）管理知识信息。在虚拟团队网络中，每个结点都是知识和信息的积聚点，这些知识和信息在整个网络中的流动，必将大大提高整个团队的竞争优势，提高创新能力。因此，要在注重发挥成员个体比较优势的同时，通过互动式学习和交流，建立起知识与信息共享的内部环境。同时，要注重培养知识与信息共享的文化氛围，最大限度地实现知识和信息共享。此外，为了减少信息交流中的丢失、失真与误解，可在一定范围内实行信息标准化，以规定的格式、编码等实现信息的传递。

（5）做好跨文化沟通。文化差异问题是虚拟团队管理中需要认真对待的问题。首先，可以通过文化敏感性培训，让成员了解文化差异的状况以及可能带来的相应问题，使成员接受和认可他人的文化背景，尊重他人的语言风格以及行为习惯、宗教信仰等，以减少因不同文化带来的冲突。其次，在尊重成员个体文化背景的基础上，加强团队文化建设，形成与整体目标一致的团队文化。在团队运作过程中要充分沟通信息，加强协调，促进团队文化的形成。最后，促进工作、信息标准化，通过与工作有关的程序、方法的标准化，获得一定范围内的统一性。例如规定成员每天至少接收两次 E-mail，以解决因作息时间不同而导致的信息反馈的延迟；再如，在与工作有关的信件中，尽量使用标准格式，从而避免因文化差异造成的误解问题。

（6）建设社区功能。在对团队成员的管理与协调中，需要注意营造团队的"社区"氛围，使成员产生归属感，增强群体意识。在虚拟的社区内，允许成员自由交流，使他们彼此成为朋友和伙伴。此外，要增加成员之间面对面交流的机会，如定期会晤、组织培训、相互走访等。

总之，积极应用虚拟团队组织形式，不断推动虚拟团队的健康、快速发展，是现代管理者责无旁贷的责任与义务。不难预见，这种虚拟的组织形式的出现必将改变传统的人力资源配置方式，促进组织结构"扁平"化，引起组织人才观念的变革，同时也将对组织的管理提出新的要求。虚拟团队是无形的，而对人才的竞争却是实实在在的。可以说，谁能有效实现管理的转型，谁就能在知识经济时代占据有利的地位。

五、高效能团队建设的 5W1H 方法

高效能团队应该表现为：团队整体运作所取得的工作成效通常大于单个人员取得的工作成效；团队可以有效地解决各种复杂的问题；团队工作可以激发人员的创造力；在团队中成员之间可以互相学习、互相弥补各自的不足；团队工作可以加强人员的自省，令团队成员充满工作激情。

以上内容既是先人的实践总结，也是后人高效能团队建设的参照标准。如果从团队建设的技术角度探索，经实践反复检验过的管理通用模型——5H1H 方法，不失为高效能团队建设可资借鉴、切实可行、行之有效的方法。

第 1 个 "W" ——Who，我们是谁？主要要求团队成员自我深入认识。通过这种认识，明确团队成员具有的优势和劣势、对工作的喜好、处理问题的解决方式、基本价值观差异等。通过这些分析，最后使团队成员形成共同的信念和一致的对团队目的的看法，以建立起团队运行的共事规则。

第 2 个 "W" —— Where，我们在哪里？人有自知之明，方能扬长避短；团队有自知之明，则能取长补短。事实上，每一个团队都有其优势和弱点，而团队要面对外部的威胁与机会而取得任务成功，就需要通过分析团队所处环境来评估团队的综合能力，做到知己知彼，切实找出团队目前的综合能力与要达到的团队"目的地"之间的差距，以明确团队如何发挥优势、回避威胁、提高迎接挑战的能力。

第 3 个 "W" —— What，我们成为什么？团队及团队成员干什么，需要以组织目标和团队的任务为导向。要使每个团队成员明确团队的目标、行动计划。

为了能够激发团队成员的激情，应树立阶段性"里程碑"，使团队成员对任务、目标看得见、摸得着，时时、事事、处处满怀希望、充满激情、充满活力。

第 4 个"W"——Why，我们为什么？这实际上是团队活动的意义及其对于团队成员的价值。过去，人们总习惯强调为了集体利益而必须牺牲个人利益，其实从人本管理角度认识，围绕组织目标同时满足个人需要，这样更有利于激发个人的积极性、主动性、创造性、能动性。所以，团队要高效能运作，必须要让团队成员清楚地知道他们为什么要加入这个团队，这个团队运行成功与失败给他们带来的正面和负面影响是什么？如此可以增强团队成员的责任感和使命感。要将激励机制引入团队建设，当然激励内容可以是团队荣誉、薪酬或福利的增加、职位的晋升等。

第 5 个"W"——When，我们什么时候采取行动？在正确的时间做正确的事情，在合适的时机采取合适的行动，这是团队成功的关键。团队任务的启动、团队遇到困难或障碍时，团队及其成员都应把握时机来进行分析与解决。特别是团队面对内、外部冲突时应在什么时机进行舒缓或消除，以及在何时与何地取得相应的资源支持等，这些都有赖于把握事件节拍，因时因势利导。

1 个"H"——How，我们怎样行动？怎样行动涉及团队运行问题，即团队内部如何进行分工，不同的团队角色应承担的职责、履行的义务、行使的权力，如何协调与沟通等。因此，团队内部各个成员之间也应有明确的岗位职责描述和说明，以建立团队成员的工作标准。

六、高效能团队建设的四大关节要务

建设高效能团队，创建前必须充分考虑组织层、管理层、成员层各层需求与利益；创建中必须根据团队的目的、类型来选择合适的团队成员；运行时必须完善团队的文化与机制建设；创建后必须适时进行测评与评估。

(一) 充分考虑组织层、管理层、成员层各层需求与利益

团队是把人们组织在一起有效做好工作的集体方式，这种方式其效能的发挥，必须充分兼顾组织层、管理层、成员层等方方面面的相关因素。

(1) 组织层考虑的因素：①组织面临的挑战是什么？②如何选择迎接挑战的最合适的团队构架？一般工作组还是团队？③如果选择团队，哪种类型的团队最好？④团队成员及领导者需要具备什么样的技能？⑤其他的补充角色有哪些？如发起人和管理层指导团队，可否帮助团队完善并支持其长久发展？⑥可借鉴的本

机构内部其他团队的经验和教训有哪些？⑦团队工作中需要加强或改进的相关习惯规程、奖励体制、信息流通体制有哪些？⑧如何界定团队的权限？⑨实现并发展团队需要投资的人力、物力资源有哪些？⑩采用哪些方式展开团队的工作——小规模试验，还是逐渐过渡或者全面渗透？

（2）管理层考虑的因素：①团队意图及其全部目标是什么？②如何指导团队发展？有哪些像教练一样的督导团队的技巧？③培训团队成员所需要的资源条件——走向成功的秘诀有哪些？④团队需要培养建立的外部关系有哪些？⑤团队面临并需要克服的障碍有哪些？⑥自己是否情愿与团队成员一起分享决策权？

（3）团队成员考虑的因素——团队成员是团队焕发活力的源泉，他们的表现及相互间的工作关系决定了一个团队的成败，因此，从选择合适人选到培养他们按照团队的要求工作，需考虑以下几个方面：①完成团队任务应具备的从专业技术到人际交往的技巧和才能有哪些？②如何实现有可能完美合作的成员组合？③每位成员要为团队发展作出的贡献是什么？④与形形色色的团队成员一同工作时，工作动力源于什么，水准高低或如何克服阻力？⑤谁是领导团队的关键人物？即谁能担当重任？

（二）根据团队的目的、类型来选择合适的团队成员

团队成员犹如构筑大厦的材料，是否适用、质量如何直接决定"工程"质量。因此，团队中的角色安排要清晰，团队成员的职位职责要明确。

（1）团队中的角色安排要清晰。在团队中，只有清晰的角色定位与分工，才能使团队迈向高效。一般团队中，有实干者、协调者、推进者、创新者、信息者、监督者、凝聚者、完善者、专业师等不同角色，虽然一人可以完成几个角色，也可以多人完成某一个角色，但至少要有三类人员：①具有技术专长的成员；②具有解决问题和快速决策技能的成员；③善于倾听、能够及时反馈，并具备解决冲突和协调团队人际关系技能的人员。

甄选团队成员需要提出以下几个问题：①你为什么想要在这支团队工作？②你有什么样的同团队工作相关的经历？③优秀团队成员的最重要的事情是什么？④过去你同团队成员产生意见分歧的时候，你是如何处理这件事的？

（2）团队成员的职位职责要明确。团队效率是与团队成员的职责状况直接相关的，要使团队有效率，条件之一是团队成员明白并接受各自的职责。职责不明、职责混乱，最终势必降低团队效率。所以，要根据每个成员的能力、特点和水平，把他们放到最适合他们的角色岗位上，给他们提供施展才华的平台。要分析团队成员各自的性格特征、能力、体力和个人追求等具体条件，并了解和把握好团队成员的期望值，进而根据这些认识去安排他们的角色职责，从而使他们的角色安排适当，以充分调动他们的积极性。设定角色职责时，要将团队角色表现作为最高的表现，而不是强调个人英雄主义。

也可以采用如下自我选择法：①将任务挂在活动挂图上，然后让成员提出总任务下的分任务，经过讨论后明确具体的任务。②让成员自己在想负责的任务上画圈（最好使用不同颜色的笔）。③就团队中相关人员提出的问题进行研讨，如尚未分配的任务，被多人选中的任务。④一旦经过讨论明确后，进行总结并设计好图表发到每个人手中，明确个人职责。

（三）完善团队的文化与机制建设

健全的文化体系和规章制度等机制为团队的高效能建设提供了有力的保障，可以有效提高团队的整体效率，提高团队的整体战斗力。良好的团队文化可以使团队成员在轻松愉快的环境中工作，在这样的氛围下，团队成员会彼此信任，且有共同目标，团队的创造性和潜力会得到极大的激发，业绩当然也会显著增强。相反，如果团队文化不良，成员之间关系冷漠，上下级之间缺乏沟通和信任，部门之间互相推卸责任，整体如同一盘散沙，就容易导致团队的内耗，使团队目标无法实现。

完善团队的文化与制度建设需要培养共同价值观，创造和谐的工作氛围，建立规章制度。简明做法如下：

（1）向团队成员提出"我们必须做什么？"和"我们绝不能做什么？"的问题，然后让每一名团队成员按共同价值观写出 4 个主要规范，如"为了满足客户的需要，我们必须朝着最高的标准工作"。

（2）把每个人的方案都收集起来，召开一个专门会议来讨论这些方案，让大家按顺序投票选出自己最赞成的 5 个方案。当然，按照实际情况的需要可以增加或减少数量，但最好不超过 7 个。

（3）把大家同意的每个方案按照顺序定在活动挂图上，大家共同逐个讨论这些方案，并进行完善。必要时，也可以改变它们的排列顺序。

（4）会议结束后，把最后归纳的方案用简洁明了的方式列出来，并公之于众，把它们当成团队的行为规范。这些规范是指引团队行动方向的灯塔，也为团队的工作提供了行动依据。

（四）适时进行团队评估

当团队组建完成并运行一段时间后，需要适时做评估，特别是要以团队使命、目标、计划等衡量之，如此有利于更好地发挥团队的功能与作用。关于"评

估"问题,本书将在第九章详细阐述。

第五节　游戏感悟

高效能的团队需要将高效能的成员有机地组织起来。要在充分激发团队成员的能量,让英雄有用武之地的同时,聚合能量,形成更加强大的团队合力。

美丽景观

团队创意是一个团队取得成功的根本前提,而个人创意是团队创意不可或缺的部分。作为一个团队的领导者,一定要明白小组内各个成员的特点并善加利用。

此游戏可以帮助团队建设者将各具优势的团队成员集结起来。

时间:50分钟。

场地:教室。

道具:每组A4纸50张,胶带一卷,剪刀一个,彩笔一盒。

(一)规则和程序

1. 将学员分成10人一组,然后发给每一组一套材料,要求他们在30分钟内,建造出一处优雅美丽的景观来。要求景色美观、创意第一。

2. 要求每一个组选出一个人来解释他们的景观的建造过程,比如:创意、实施方法等。

3. 由大家选出最有创意的、最具有美学价值的、最简单实用的景观。

(二)相关讨论

1. 各个组的创意是怎样来的?

2. 在建造的过程中,各组的合作过程如何?大家的协调性怎么样?各人扮演什么角色?这一角色是否与他的平时形象相符?

(三)总结

1. 创意好不好关系到景观的成败。如果一开始的思路就错了,或者根本没有明确的目标,就会在以后的工作中面临越来越多的问题,比如时间管理、审核标准、资源分析等。

2. 当想出足够好的创意以后，每个人根据自己不同的特长选择不同的任务，比如空间感好的人就可以来搭建模型，手巧的人可以进行实际操作，但是最重要的是一定要有一个领导者，他要纵观整个全局，对创意进行可行性评估，以及最后进行总结。

3. 对于组员来说，如果你有了新的创意，一定要跟其他人交流，让他们明白你的意思，并让大家评定你的点子是否可行。

第六节 知识扩展

团队组织建设是指团队系统内的有序结构或这种有序结构的形成过程。因此，不存在外部指令，系统能按照相互默契的某种规则，各尽其责而又协调地自动形成有序结构，这种"自组织"应该成为团队组织建设的追求目标。

"自组织"团队建设

传统管理是在一个团队中由一个人负责团队的管理，而其他成员只参与团队事务的执行，管理者发布命令，团队成员执行命令。这样的管理存在诸多弊端。如团队事务很难做到面面俱到、执行力不够、很难充分发挥团队合力，等等。

为了消除传统管理带来的弊端，我们不妨尝试进行自组织管理实践，让团队中的每一位成员都参与到团队事务管理中，让某些方面表现出过人之处的成员，管理其擅长并感兴趣的团队事务。

我们提倡的自组织管理是指团队中的每一位成员都是团队的主人，都为团队的目标负责。在团队事务上没有一位绝对的管理者，每位团队成员都可以作为团队事务的管理者，组织团队中的所有成员一起完成团队事务。

实现团队的自组织管理，有助于团队形成合力，极大地提升团队整体的工作效率。比如让喜欢旅游和娱乐活动的成员负责团队文化建设活动；让对项目管理有兴趣有想法的同事负责组织大家开发开源项目；让喜欢写作和分享的同事负责打造团队分享的氛围。

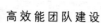

进行自组织管理，可以从以下方面入手：

（1）做好任务的发布和认领。组织者把团队事务分解成若干子任务，并制作成一张任务认领表放在面板上让所有感兴趣的成员去认领。每一个团队成员领取任务的时候必须写上计划完成时间。实践表明，领取任务时自己写上计划完成时间，会有一种无形的督促力，能够提高任务的完成度。

另外，分解出来的子任务需要的时间越短越容易被领取。通常划分出来的一项子任务只需要1天左右的时间就能完成，完成了以后可以继续领取其他子任务。如果有些子任务没有人认领，组织者一般要去认领这些子任务，或者主动协调其他没有认领的同事认领这项任务。

（2）促进任务的完成。组织者不仅负责任务的分配，更应该促进任务的完成。比如在软件测试团队，组织提高单元测试的同事针对比较难写的单元测试程序写一些分享文档，这样就能帮助大家攻克难写的单元测试。如果在做某项子任务的过程中出现了问题，组织者要主动帮助他们解决问题，同时还需要对所有的任务认领者给予适当的激励。哪怕是每个模块完成时在团队群里发一条分享喜报，或者请按时完成任务的同事喝杯饮料。

（3）鼓励每位成员都组织一项感兴趣的公共事务。如果只有一位团队成员组织公共事务，那么团队其他成员领取任务的积极性可能就不会很高。而如果团队中的每位成员都组织一项公共事务的话，大家就必然会积极相互支持。因为人都有互惠心理，当你支持其他同事组织的团队事务时，别人就会主动支持你组织的团队事务，这样无形中形成了一种积极合作的氛围，从而推动所有公共事务的进展。

（4）支持、协调、指导自组织工作。虽然团队领导人在自组织管理中只需充当支持者、协调者和指导者的角色。但是，一支传统管理团队向自组织管理团队转型，需要领导者的大力支持和帮助。作为团队领导人，不仅需要口头上支持事务组织者的工作，比如在周会上鼓励团队每位成员去认领任务，更要在行动上支持组织者的工作，比如首先认领组织者划分的子任务。

（5）赞同并支持团队成员实现自己的想法。团队管理的目的应该是帮助团队成员顺利完成工作，并且帮助团队成员快速成长。因此，当团队领导者听到团队中一些积极的同事提出好的想法时，只要这个想法符合团队目标，就应该尽量帮助他完善这个想法并支持他去做。即使是不合理的建议，也应该帮助团队成员进行分析和思考，帮助他思考出这个建议不合理的原因，并使他的思考更加成熟和正确，以期望下一次能提出更好的建议。

（6）鼓励团队合作。肯定了团队成员的想法后，很多成员都会想自己去把这件事情做成，这时团队领导人应该鼓励他采用团队合作的方式，让他与大家分享这件事情，看看团队中是否有同事有兴趣一起做。这样不仅能快速地使这个想法落地，而且提高了团队的合作能力。

（7）勇于承担责任。从传统管理向自组织管理转型的过渡可能会出现一些问题，因为很多团队成员可能由于缺乏管理经验，造成项目延期或故障。这时主管应该主动承担责任，通过这种方式信任和保护团队成员，使团队成员积极努力地把自己负责的管理职能履行好。否则，一旦有问题，团队成员可能就会猜疑，甚至抱怨这种管理方式是否合理。

（8）培养团队合作氛围。进行团队自组织管理，需要每位团队成员的配合和支持，所以培养团队合作氛围和团队管理能力尤其重要。在工作中，不提倡单兵作战，要通过团队一起解决问题来提高团队合作氛围。比如，如果晚上将发布软件的某个版本，而团队中的某个成员开发的模块有点问题，团队成员应一起加班来分析并解决问题。在工作之外，团队要经常做一些非零和博弈活动来培养团队氛围。比如一起吃午餐、打桌球、打牌和唱歌等。

（9）锻炼团队成员的管理能力。因为自组织团队需要每位成员都参与到团队事务管理中，所以需要培养团队内的每位成员都有一定的管理经验。对于缺乏管理经验的成员，可以先让他们做一些简单的管理事务，如团队分享管理和团队活动管理等。

自组织管理的最大特点是弱管理，团队中的每位成员既是管理者，又是执行者。所以，要鼓励团队成员自我管理、主动思考、勤于担当。自组织管理团队其成员具有强烈的自我驱动、自我完善、自我管理的意识，不仅能主动支持团队的公共事务，并且还能主动发现、积极解决团队组织建设和业务发展中的各种问题。

课外练习

1. 结合应用演练项目简述团队组建的步骤。
2. 举例说明虚拟团队的运作及其优势。
3. 结合应用演练项目，策划自身团队的组织方案。

第三章

高效能团队领导力建设

俗话说"兵熊熊一个,将熊熊一窝",这其实形象地说明了领导者对于团队的重要性。《孙子兵法》曾教导:"将者,智、信、仁、勇、严也",其意即:只有具有"智、信、仁、勇、严"素质的将领,才能带出能征善战的团队。

现实中,团队领导力已经成为团队建设的重大力量。而且,当社会变革、国际交流、信息技术、个性发展等诸多挑战与机遇降临到社会分工的每一位参与者面前时,无论我们是否身处领导者的职位,都应该或多或少地具备某些领导力。

第一节 入胜测试

大量事实表明,一个团队的效能与这个团队的领导力显著相关。并且,通过团队领导的领导能力能够有效地预测团队的执行能力,进而预测团队的效能。

测测你的领导能力

领导力是一种能量,它让人喜欢、钦佩,让人自愿接受、乐于跟随。那么,你是否是一名高效能的团队领导者?

(一)测试题目

1. 你的交流方法:

A. 与部下经常交流情况，发生了问题立即交谈。在交谈时让大家都积极发表自己的看法。意见不一致时进行对话，直到得到理解为止。

B. 仅利用通常的渠道交流是不充分的，因此也常用非正常的渠道，使部下积极地提出意见，同时也使部下在此意见实施之前参与讨论。

C. 首先心上挂念的是创造亲密友好的工作环境；对非正式的情报交流也挂在心上；甚至根据场合进行社交对话。

D. 上面来的指示、命令不走样地传达；工作情报对部下只最小限度传达；工作以外的情报是不必要的，不积极交流。

E. 与部下只进行必要的对话。必要的、必须知道的事可靠地传达到。只从自己这方传出情报，出现与自己不同意见及方法时通过讨论做出决定。

2. 你指示、指导的方法：

A. 着眼于当前的工作发出指示，对将来的事不多考虑。往往根据过去的实际业绩下达指示。

B. 对部下的指示以命令形式给出，几乎不做让部下讨论和提出改善方案的事。

C. 给出指示时尽可能选择使人与人之间关系不变坏的方法。尽可能选取柔软的、随便的方法，让人感觉不到增加了压力。

D. 几乎不给出指示，每当问题发生时，一个个来解决。

E. 以工作中的重要问题为中心，在健全的做法下给出能处理的指示。这一指示是建立在清楚的方法及事实基础上的。

3. 对错误、违反规则的态度：

A. "又出事了！总是发生各种各样的错误。唉，已经错了也没办法了！"

B. "人嘛，谁都会出错的。你已经尽了最大的努力了。行了行了，好事也会有的嘛！"

C. "一次可以原谅，第二次可就不能饶恕你了。下次再犯的话，可要受处分了。"

D. "这件事是谁干的？马上检讨！"

E. "你也尽了力了，真可惜！不过，重要的是弄清楚为什么会出现这一问题。我们一起来研究吧。"

4. 对待下属的不平、不满：

A. 首先对部下能提出意见表示感谢。接着把情况反映给上司，按上司的意见办。如果上司不理睬的话，则婉转地告诉部下："我已经努力过了，上司不听。"

B. 当部下来诉说不平或者不满时，压住怒火听。一边听一边提出与谁商量的建议。以后部下没有相当强烈的要求向上反映的话，则不再采取任何行动。

C. 动员部下坦率地表达不平、不满，认真倾听和给予理解。接着与部下一起弄清楚问题的关键在哪里，并考虑解决对策。

D. 让人提出不平与不满，只是提供给人欲望没有满足而发泄的机会。因此，往往责备说："别说像小孩子那样的话！"

E. 部下提出的不平或不满中，有时隐藏着重要的问题。对部下每一个不平或不满都调查是否有根据。如果是正当的，就劝说其按照正当的程序提出不满投诉。

5. 对待情绪激动的部下：

A. 无论是部下同事间吵架的场合，还是对自己有敌意的场合，总站在上级的立场上把它压住。

B. 如有对抗的情绪，使之表面化。确认理由后，通过相互间谈话找出根本原因。

C. 表示出大多数人能接受的想法，使任何人都没有极端的反抗情绪。劝说人们为了保持人际关系，必须允许各人有某种程度的话语权。

D. 为了保持工作场所和睦的气氛，争取在全体人员中解开有敌意的人的心结。

E. 卷进这类问题，因此，采取听之任之，放任不管的态度。

6. 评价业绩：

A. 对于部下，总是表达自己感激的心情，以肯定表扬为主。为了得到部下的协力，说些温和的话。即使工作成绩上出了问题，也尽量不说三道四。

B. 通过沟通设定明确的目标。对于取得的业绩，联系可能达成的目标，相互间坦诚地进行研讨。不仅研讨部下的事，也谈作为上司自己的行为。

C. 谨慎地进行工作成绩的评价。认为对部下进行批评会伤害感情，更多的应对部下进行表扬、暗示提拔和提薪。因此，进行谈话尽可能短，这样可以避免带感情的争论。

D. 为了让部下认清他们自己的位置，一年进行两次左右的评价。通过效率评价系统，客观地判定生产性的高低，给予部下提薪、提级。

E. 对于部下的长处和短处两方面都进行评价。对于特别成问题的欠缺点，明确给出改善的方案。重要的是要让部下认可对其工作的评价。

（二）答题要求

表3-1　测试结果

	9-9型	9-1型	5-5型	1-9型	1-1型
1	A	E	B	C	D
2	E	B	A	C	D
3	E	D	C	B	A
4	C	D	E	A	B
5	B	A	C	D	E
6	B	D	E	A	C
合　计	点	点	点	点	点
序　位	位	位	位	位	位

（三）结果分析

（1）1-1型：对人际关系和业绩的关心度低，一般采取极端消极的态度。

（2）1-9型：一心想和他人搞好关系，迎合他人的想法，改变自己的想法，给人不信任感。

（3）9-1型：采取过于专制的领导态度，有强求成员的倾向。

（4）5-5型：对人和业绩表示适当的关心，由于妥协，缺乏有力的领导力。

（5）9-9型：对人和业绩表示强烈的关心，面对问题能想办法从根本上解决。

第二节　启智案例

团队领导风格对团队工作绩效、团队发展具有举足轻重的影响。团队工作中，领导者并不是以同样的方式表现他们的领导角色或领导风格，这些不同的领导风格直接影响团队成员的工作满意度，进而影响团队的创造性。

TQLS 的教父型领导

LWY，四川省剑阁县人。1988 年在武汉粮食工业学院（现武汉轻工大学）动物营养与饲料加工班学习，毕业后被分配到四川省绵阳市粮食局工作。作为动物营养与饲料加工专业毕业的大学生，当时最迫切的愿望，是挣够钱到美国留学、读博士。

1992 年，虽然怀揣出国读书的梦想，但 LWY 下海了。这年 8 月，他邀约 6 个朋友，筹集 3.5 万元来到四川绵阳市永兴镇办起了饲料厂。正当他借款租房搞科研，风风火火印发宣传单、说明书的时候，合伙人却为了保住单位铁饭碗而打了退堂鼓，只留下 LWY 一人孤军奋战。他第一次为事业流下了伤心的泪水。就在 LWY 万念俱灰时，妻子的鼓励使他重新树立了信心。

LWY 用仅有的 3.5 万元创业资金开始了艰苦创业。面对强有力的竞争对手，他采取了"老鹰抓兔"战术——凡是大牌饲料出现的市场，他一定会带着自己的饲料紧跟而去。跟着同行"巨人"去冲锋，LWY 终于掘回了"第一桶金"。

在 TQLS 初创的三年里，LWY 是个"全能冠军"。用他自己的话说，连一个买废旧麻袋的都要他去见。1995 年，LWY 带着几名骨干去北京学习，回来后他就将 TQLS 的生产、技术、销售、财务大权全交给了专门负责人，并给自己定位："我只管人。"

从"发财"到"发才"，LWY 的想法发生了改变。"我的理想，是做一名非人力资源专业的人力资源专家。我最大的乐趣，就是'铸'人为乐。"所谓"铸"人，就是发现人才、培养人才。

1996 年，TQLS 投资 200 万元，建立了自己的实验室。大会上，LWY 宣布：实验室将以"冯光德"的名字命名。要知道，这是国内民企第一个以个人名字命名的实验室。在场的人震惊了，事前不知情的冯光德更是惊愕。然而事实证明了 LWY 独到的眼光，冯光德主持研发的猪、鸡、鸭、鱼、兔系列饲料 200 多个品种，填补多项饲料行业空白，并获得多项国家专利。LWY 还公开宣称，TQLS 将致力于把冯光德实验室打造成中国的贝尔实验室。

为了加速人才培养，2003 年，TQLS 建立了"TQLS 大学"——职业经理学院，开设有少年总经理班、甲 A 班、CEO 班，培训企业后备经营人才；技术学院则培训技术专才；经销商学院则培训经销商与客户。通过创办"大学"，LWY 的"人字攻略"发挥到极致。

LWY 对人才的尊重和重视，助推了 TQLS 集团的快速成长。

LWY 认为民企应是"家庭，学校，军队"。他把这种价值观、使命和愿景融入了 TQLS 的发展历程，提出了"三项建议"，即把 TQLS 建设成"一个家庭，一所学校，一支军队"。

嗜好读书的 LWY 带领着 TQLS 从绵阳一个条件简陋的小厂，发展成为国家级农业产业化龙头企业，其法宝是科技创新——2002 年，TQLS 所开发的圣迪乐绿色鸡蛋在国家绿色食品鸡蛋新标准实施后全国第一家通过认证，并在全国蛋品行业首家通过了国际食品安全质量体系（HACCP）认证。2004 年，冯光德实验室被四川省人民政府命名为"省级企业技术中心"，被国家科技部授予"国家星火计划龙头企业技术创新中心"。2010 年，TQLS 集团荣获"国家级企业技术中心"殊荣。

LWY，一个没有不良嗜好的民企老板，一个书痴但不是书呆子的儒商，敢为人才埋大单的 TQLS"教父"。他迎难而上，适时而为，开创出了一片新天地。

目前，TQLS 以冯光德实验室为技术依托，发展蛋鸡、生猪、鸭三大产业链，构建起了"饲料—畜禽养殖—食品加工"一条龙的产业链。

案例分析

"家庭"是命运共同体，是感情投入；"学校"是内在素质，是智力投入；"军队"是打硬仗的队伍，要有过硬的作风。LWY 的"三个一"体现了 TQLS 企业精神：家庭，要有团队精神；学校，要有进取的精神；军队，要有战斗力，要有竞争精神。

到过 TQLS 的人，都为他们在上班前、开会前集体宣读誓言、高唱厂歌那种奋发向上的拼搏精神和浓浓的"家"之亲情的氛围所感动。LWY 作为四川 TQLS 集团的创始人，以使命、愿景和价值观领航公司，引导员工，走出了一条金光大道。其成功要素主要是三个字：教，爱，情。

（1）"教"就是当教练。LWY 不是以老板自居，他形象地对员工说："我不是牧羊犬也不是牧羊人，我是一只领头羊。"他给自己规定了三种角色：教师，教练，仆人。

（2）"爱"就是让员工感受到爱。LWY 认为：企业越爱员工，员工就会越爱企业，真正形成"爱的奉献"。TQLS 把企业建设成"一个家庭"，实施

"让员工满意"工程，形成了人人热爱企业、关心企业的浓厚气氛。

（3）"情"是指对客户的深厚感情。TQLS 集团实施"质量＋感情"的特殊营销战略，受到了广大用户的普遍欢迎和信赖。真情换真情，公司与用户之间真正做到了"我心中有你，你心中有我。我助你发财，你助我发展"。

第三节 应用演练

团队领导相当于足球队的教练兼队员，个人英雄主义并不会为团队带来成功。

项目小组负责人竞选

要能激励和带领大家共同实现团队目标，团队领导工作重点要放在如何充分调动团队成员的参与热情与积极性上，发挥团队成员的长处，以扬长避短。与此同时，还要协调大家的互补性，取长补短。要知人善任，让每个团队成员齐心协力地共创无坚不克的战斗集体。

（一）综合项目

继续将第一章虚拟的项目（如创建"高效能团队建设研习所"）或确定的某个真实项目（如自己所在的班级）作为实训项目。

（二）单元任务

开展项目小组负责人竞选：根据项目特点，模拟召集一次竞选演说会议。要求各项目小组成员全体参与竞选，并突出个人优势，分别发表演说。

（三）演练目标

素质目标：体悟团队领导的特点；培育得"人心"者得团队的思想；引导学生树立以影响力主导团队的意识，并自觉弱化依赖职权指挥的传统观念。

知识目标：了解"领导"与"管理"的区别；认识影响力的意义与特殊作用；理解个人影响力的主要作用因素。

能力目标：能够摒弃依靠职权进行"管理"和习惯发号施令的"指挥"陋习；能够充分运用非权力影响力让大家顺服、顺从而非服从；能够初步掌握"领导"艺术，使个人的愿望变成大家的自觉行动；会知人善任地科学进行工作分工，形成团队合力。

（四）演练形式

全体参与，单个竞选。在最后确定"领导"人选后，由当选"领导"进行组阁和人事任命。提倡在保证全体参与并调动团队成员个人积极性的前提下，以小组为单位，充分发挥各自特长，实现分工协作。

第四节　理论升华

团队领导力是团队领导人在管辖的范围内充分利用人力和客观条件，以最小的成本实现团队目标、提高团体办事效率的能量。都说"一头狮子带领的一群绵羊，能够打败一只绵羊带领的一群狮子"，可见一个好领导的巨大作用。

一、领导的定义及其特性

一谈领导或者领导力，令人自然想到老板、企业家、组织高层等高高在上的人物及那些高深莫测的事情。这是从"领导人"这一视角认识的"名词"领导。通俗地说，有领导力的领导是让人认同并乐意跟随的人！

相对于"名词"领导而言，"动词"领导主要指对外界实施影响与激励，率领成员达成某些愿景的过程。这种领导更多强调个体影响力与文化影响力，最显著的特质是自愿，而非强迫式；认为管理应该更多讲究组织管控的结构、秩序、层次，通过正式、合法手段来完成组织规划的目标，维持组织现有正常运作。简而言之，"领导是对一个组织起来的集体树立目标、实现目标的活动施加影响的过程。"

形容词的"领导"，主要指说服别人热诚地追求已经确定目标的能力。

可见，团队领导是在团队这一社会组织群体内，为实现组织预定目标，领导者运用其法定权力和自身影响力积极影响被领导者的行为，并将其导向组织目标的过程。因此，领导的含义：第一，领导是一个实现组织目标的过程；第二，领导过程一定是发生在某一特定的情境下；第三，领导过程是与对目标的追求密切相关的；第四，团队领导包括了领导者对团队这一特定社会组织和群体的影响。

由领导的定义我们可以发现，领导与管理这两个概念极容易混淆，主要因为两者之间在诸多方面存在相似之处。为了有利于准确把握领导的内涵，以更好地指导团队领导力建设，我们有必要正确区分"领导"与"管理"。

领导与管理的区别：领导是一种决策的过程，而管理是一种执行的过程；领导是成果驱动，管理是任务驱动；领导者需要运用影响力使人们做事，而管理者更多的是发号施令，等等。具体而言：在方式上，领导多为引导、带领、指挥，管理多为管辖、处理、安排；在任务上，领导多为确立方向与目标，管理多为寻求方法达成目标；在对象上，领导主要"对人（包括组织）不对事"，管理常常"对事也对人"；在工作上，领导多为分析、决策，管理多为解决问题；在本质上，领导是让人感觉"我要做"，而管理是典型的"要我做"。

以事例形象理解：一群工人在丛林里清除低矮灌木，他们是生产者，解决的是实际问题；管理者在他们的后面拟定政策，引进技术，确定工作进程和补贴计划；领导者则爬上最高的那棵树巡视全貌，然后向大家嚷道："不是这块丛林。"

杰克·韦尔奇先生曾以其丰富的领导实践和人生感悟，形象地指出："把梯子正确地靠在墙上是管理的职责，领导的作用在于保证梯子靠在正确的墙上。"

从人与事的角度观察，领导的是下属的思想，管理的是下属的行为。因此，华伦·本尼斯和伯特·耐纳斯曾经在《领导者》书里写道："管理者是正确地去做事情，而领导者则是去做正确的事情。"

二、影响力与领导力

影响力是指一个人与他人交往中，影响或改变他人心理状态或行为的能力。

领导力是指在管辖的范围内充分地利用人力和客观条件，以最小的成本实现组织目标、提高整个团体办事效率的能量。这一点在本章"理论升华"开始，就已经介绍了。不过从定义中，我们不难认识"领导力"与组织密不可分，因此，领导者对被领导者的影响力有权力性影响力和非权力性影响力之分。前者是由领导者的职务地位和权力所形成的，对他人的影响具有强制性和不可抗拒性，造成被领导者心理和行为的服从；而后者是由领导者本身的素质行为造成的，其特点是没有明显的约束力，要依靠自己博得的威信来影响部属的心理行为，对他人的影响具有自然属性。进一步说，权力性影响力的形成在于职位的规定性与上级的授权；非权力性影响力是在领导者实施领导过程中自然形成的，会随着领导者自身状况的改变而变化。

权力性影响力与非权力性影响力既有相同点，又有不同点。其相同点主要表现于作用的主体往往都是领导者，作用的对象常常都是被领导者，而且总表现为领导者与他人交往中影响和改变他人心理或行为的能力。

权力性影响力与非权力性影响力的不同点主要在于构成因素不同、权力来源不同、作用方式不同、作用效果不同。

（1）构成因素不同。权力性影响力的主要因素有：传统观念因素，人们总认为领导者不同于普通人，他们有权力，有才干，比普通人强；职位因素，即居于领导地位的人有一定的法定权力，可以左右被领导者的处境，使被领导者产生一种敬畏感；资历因素，即领导者的资格和经历，使人们对资历较深的领导者产生敬重感。

构成非权力性影响力的主要因素有：品格因素，一般指一个人的道德、品行、人格、作风等；能力因素，即有才能的领导者会给工作群体带来成功和希望，使人们对其产生一种敬佩感；知识因素，即有丰富知识的领导者会得到人们的尊重，也容易取得人们的信任，使人们对其产生一种信赖感；感情因素，这是人对客观事物好恶倾向的内在反映，领导者与被领导者之间建立了良好的感情关系，便能产生亲切感。

（2）权力来源不同。权力性影响力来源于法定职位，包括惩罚权、奖赏权、合法权。非权力性影响力来源于个人魅力，包括模范权和专长权。模范权又叫感召力，由领导者的品格因素和感情因素构成，来自下级对上级的信任，即下级相信领导者具有他所需要的智慧和品质，具有共同的愿望和利益，从而对他钦佩和赞誉，愿意模仿和跟随他。专长权又叫专家影响力，由领导者的能力因素和知识因素构成，来自下级的尊敬，即下级感到领导者具有某种专门的知识、技能和专长，能帮助他指明方向，排除障碍，达成组织目标和个人目标。

（3）作用方式不同。权力性影响力作用于被领导者的方式一般是领导者向下属提出正式要求或发布指令。这些要求和指令通过口头和文字进行传输，如通知、法令、规章、批示等，而这些要求或指令是下属必须执行或服从的。非权力性影响力作用于被领导者的方式是人格感召，包括人格影响力和榜样行为影响力，是领导者通过自身较高的素质（如拥有丰富的知识、良好的品行、较强的能力以及与下属融洽的关系），使被领导者自愿接受领导，从内心信服领导者。

（4）作用效果不同。无论是权力性影响力还是非权力性影响力，虽然都会对被领导者产生一定的作用，但二者作用的心理效果是不一样的。权力性影响力来源于职权，作为下级必须服从上级，因而通过职权对被领导者作用的心理效果表现为服从感、敬畏感和敬重感。非权力性影响力来源于领导者的个人魅力，因而对被领导者作用的心理效果表现为敬爱感、敬佩感、信赖感和亲切感。

非权力性影响力是由人们自身素质形成的一种自然性影响力，它既没有正式的规定和上下授予形式，也没有合法权利那种形式的命令与服从的约束力，但其影响力却比权力性影响力广泛、持久得多。"其身正，不令而行，其身不正，虽令不从"。可见非权力性影响力对领导的有效性和权威性的决定性作用。

三、团队领导非权力性影响力四级"金字塔"

现实生活中我们不难看到，非权力性影响力各类要素尽管共同发挥作用，但具体因素在管理行为中的作用大小却有所不同。这些因素明显地形成了四个层次，犹如一个金字塔形的递进结构，对管理的作用自塔尖到塔基逐渐加大。

（一）资源和形象

在非权力影响力的构成要素里，资源和形象是基本构成要素，它们处于金字塔最高层，是最基本的非权力影响力要素。

这里所指的资源包括有形的物质资源和无形的人脉资源等。物质财富的合法占有程度，往往是一个人在社会上奋斗及成功的标志，体现着个人的价值实现，反映了此人的社会价值。同时，一个人即使自己无缘于权贵，但其亲友圈非权即贵，他们不仅自己在社会上万事通达，而且对他人存在潜在的办事效能，因此能形成非权力影响力。

形象是一个人仪表、穿着、言行、气度等外在表现带来的视觉感染，包括长期修炼所形成的风度、神态，这些不仅给人留下难以忘怀的印象，而且体现个人的修养和素质，由此形成的感染力可以产生较强的示范效应，形成非权力性影响力。

（二）智商和情商

资源和形象一般通过他人的直观感受而形成感染力，因此很难持续恒久，而一个人的智商和情商，不仅相对稳定、持续地表现为人的个性，而且他人是通过内心的认同而接受，所以具有更大的感染力。

智商是一个人的智力商数，是人们认识客观事物并运用知识解决实际问题的能力，包括观察力、记忆力、想象力、分析判断能力、思维能力、应变能力等。一个睿智聪明的人，一般更有知识、能力和经验，他们面对危机和挑战时，更有眼界、胸襟、胆识和勇气，而且敢于创新、善于科学决策。他们能经由出众的专

业能力取得实际成就，赢得他人欣赏和信服，从而获得被影响者的崇拜和认可。

情商是一个人的情绪、情感和情操所形成的商值，也可称为情绪智力。现实中，高情商者善于主动付出尊重和关怀，能够增强感情互动，习惯换位思考，常常急他人所急、想他人所想，如此自然增加了他人对自己的信任度、亲切感和认同感，进而容易拉近人际心理距离，且保持长期稳定的伙伴关系。有了这种情感上的亲和性和稳定性，就不难影响人们的意志、决心，影响被影响者的抉择和行为。

（三）价值观和愿景

人的意识形态决定人的行为，因此价值观和愿景处于金字塔的塔基上端，是人们意识形态里最基本但又是最深植于人心的部分。

价值观是一个人对周围客观事物（包括人、事、物）的意义、重要性的总评价和总看法。一方面表现为价值取向、价值追求，凝结为一定的价值目标；另一方面表现为价值尺度和准则，成为人们判断价值事物有无价值及价值大小的评价标准。军事科学院军队政治工作研究所研究员、博士生导师，中国马克思主义史学会"三个代表"重要思想研究会理事，中国军事科学学会军队政治工作分会副秘书长王幸生老师曾在《光明日报》发表文章，称："当代革命军人核心价值观：先进文化的人格化身。"

可见，一个人的价值观一旦确立，便具有相对稳定性。一般说来，人们的有效沟通往往体现为内在精神部分，其前提必须是认同。因为精神的共鸣折射出人内心深处真正的追求和渴望，会产生自发的信赖和追随。这是纯粹的吸引，虽然看不见也摸不着，但却可能左右人们的行为。我们熟悉的"不战而屈人之兵"一说，其实就是价值观之效；各类宗教领袖总能让人崇拜，其实也是价值观所形成的非权力性影响。

愿景是一个人对组织目标和个人成长目标的期望和心愿，通常是对未来的憧憬和预期，反映一个人追求的方向。一个有影响力的人，必须有志同道合的伙伴关系。除了价值观一致以外，还有对奋斗目标的系统认可。如果一个组织的领导者不能提出让人振奋的愿景，或不能让成员对自己主张的愿景认识一致，工作中就会产生不和谐因素，就会阻碍工作的推进。由此可知，愿景也是非权力性影响力的一种表现形式。

（四）道德和品质

道德是人们思想和行为的基础指导标准，是规范人类行为的价值尺度。道德和品质处于金字塔的塔基，是一个人行为最基础的决定力量。资源和形象、智商和情商、价值观和愿景，都源于人的道德和品质。"小成在智，大成在德"，就是这个道理。

一个人的德行状态具有强烈的感染力和示范效用，它能感染人于无形。"以德服人"之"服"，即说明道德力量是非权力性影响力的核心基础要素。

一个拥有强大非权力性影响力的人，除了拥有我们所熟知的传统美德外，还有两个重要方面可显示出他的道德标准：一是看他如何面对利益的诱惑，即本性；二是看他如何面对社会，即责任。正所谓："穷则独善其身，达则兼济天下。"

目前，我们正处于市场经济的转型期，每一个人都追求利益原则上无可非议。但值得一提的是，在追求经济利益最大化的过程中，我们一定要以不侵犯社会和他人利益为前提，其手段需要与我们整个社会最基本的价值观、伦理道德和信仰相符合。为此，一个有影响力的人必须具有强大的社会责任感，一定要遵守"赢—赢"规则，同时在具备一定经济能力后，要能关爱他人，回报社会。所以，一个道德完善的利益最大化追求者，通常通过他取得的巨大经济和社会效益产生非权力性影响力。

品质反映一个人在社会活动中表现出的品味和素质，是其综合素质和能力的表现。品质借助为人处事、待人接物的能力以及容人之胸怀等多方面表现，形成非权力性影响力。反映一个人品质的要素很多，如一个胸襟宽阔的人，不仅能容人之过，还能容人之贤。容人之过，简单说是不苛求完美，允许别人犯错误，与人相处求大同存小异，为了达成目标，在不损害原则的时候善于妥协；另外，还包括对别人对自己非原则性的伤害也能豁达处之，从容化解。容人之贤，简单说是对于比自己优秀的人，要抱有学习和合作的心态，不嫉妒、不打击，必要时能为他人的发展创造机会，甚至甘当绿叶衬红花；同时，还包括对批评者能心存感激，即使对方有错，也能宽宏大量，有则改之无则加勉。

由上可知，面对社会生活的复杂性和多面性，品质要素在一个人非权力性影响力方面日益具有重要的地位和影响。

四、团队领导非权力性影响力建设途径

团队是全体成员的共同体，团队领导多由成员推举产生而非由上级任命产生。因此，团队的领导力主要来自于非权力性影响力而非权力。在团队领导工作中，非权力性影响力的作用往往甚于职权的作用。由此可见，培养非权力性影响力对团队领导力建设可谓举足轻重。

非权力性影响力是任职者主体产生的效应。领导者的品德、能力、知识、感情等要素，能使人产生敬佩、信赖和亲切感，从而增加人们对领导者的信任程度，进而增强领导者的非权力性影响力。

（一）领导者要不断加强自身的道德修养

"桃李不言，下自成蹊"，领导者良好的自身人格力量比千百次说教所起的教育作用要大得多。

首先，增强自律意识。古人说："上有所好，下必甚焉"，可见领导者的一言一行都会在群众中产生正面或负面的影响。因此，领导者务必保持清醒的头脑，做到"有所为、有所不为"。

其次，加强职业道德建设。除一般意义上的职业道德外，"领导"工作作为领导者的特殊职业，其角色决定自身是责任者，理应担当责任。同时，因为一人对多人的工作特性，特别要做到勤奋、公道、守信。

最后，领导者要时刻反省自己。要经常检讨自己的功过得失；对以前处理过的事件要常常进行总结，并得出经验教训，以便再遇到此类事情时处理起来更加正确、娴熟。

（二）领导者要不断提高自己的能力

具有卓越解决问题能力的领导者会使人们产生敬佩感，从而增加领导者的影响力。

据此，提升领导能力必须做好以下几方面：一是知人善任的识人用人能力。因为任何组织的发展最主要靠的是人才，所以作为领导者这方面的能力非常重要。二是科学正确的决策能力。领导者要提升科学预测能力，提升科学决策能力。不仅需要掌握科学决策的原则，了解科学化的决策程序，更重要的是培养远见卓识的本领，对事物的发展有预见性。三是恰当得体的表达能力。特别是言谈要深入浅出，注意语言的通俗性，使大家听得懂，易于为人接受。四是勇于开拓的创新能力。领导者不仅要有开阔的眼界，创新的思维，更要善于创造每一个组织成员发挥个人才能的机会，激励组织成员积极进取、勇于开拓。

（三）领导者要不断丰富自己的知识

现代社会是强调速度与变化的社会。领导者要率先适应社会变化，最基本的功夫是学会学习，不断更新知识。因此，在日新月异的现代形势下，领导者要不断充实自己的知识，不断学习，使自己的知识随组织环境的变化不断更新，而且要带动下属进行学习，创造出学习型的组织环境。

(四) 领导者要善于使用感情因素

感情是人的情绪和情感的总和，是对客观事物态度的体现。领导者在全面管理工作时，不但不能忽视员工对感情的需要，而且还要加以体验和引导，使之成为工作动力。

作为领导者，要尊重员工的自尊心、自信心，要善于听取不同意见，特别是听取有"个性"员工的意见，要善于采纳大家的正确建议，并作深入细致的调查研究。

领导者的关怀，双方的感情交融，必然会产生极大的能量，促使员工加倍努力工作，使领导者做出的决策、制订的计划、采取的措施，迅速变成群众的实际行动。这就是情感投资所产生的效应，它具有无言的感召力和影响力。反之，如果领导者冷若冰霜，对工作麻木不仁，对同志漠不关心，这样的领导者必然遭人唾弃，他们在员工心目中不可能有地位，自然谈不上有正面影响力。

从以上对提高非权力性影响力的途径分析中可以看出：非权力性影响力是受多方面因素影响的，这里主要强调了领导者的品德、能力、感情、知识等要素，并对这四个方面探讨了途径。需要说明：提高非权力性影响力的各个方面是相互协调、相互影响的，如果其中某一方面做得不足，就会存在"短板"效应，因而不利于非权力性影响力的提高。

五、团队领导的功能与团队领导的才能、素质

团队领导是领导者在一定环境下向团队成员施以影响的过程。它具有以下两项基本功能。

(一) 组织团队的功能

首先是规划目标，做出决策。目标是团队发展的方向标。团队领导的基础工作是根据一个团队的内在、外在条件制定目标与做出决策。为此需要搜集必要的情报、资料，进行深入细致的分析、研究，制定并选择出最佳方案。

其次是设置机构，合理地使用人、财、物。团队目标的实现要有相应的机构保证。领导者应根据组织目标与决策合理地设置管理机构，确立各机构的职责、作用和分工，规定各级领导者的权力与贡献，并合理地选配人员。机构设置必须适应组织的特点与规程，设置的管理层次不宜太多，否则会增加管理人员与管理费用，影响沟通与效率。

（二）激励团队的功能

激励功能是团队领导的重要功能，甚至是比组织团队的功能更重要。激励，即调动团队成员的工作积极性。

（1）激发被领导者接受、执行组织目标的自觉性。动机理论指出，人的行为是由需要、动机驱使推动的。在通常情况下，个人具有多种需要、动机。团队领导者需了解个人动机，使个人目标与团队目标保持一致，最终实现组织的目标。

（2）激发被领导者实现组织目标的热情。情绪、情感对人的认识活动与行为均有一定影响。一般来说，肯定的情绪（如愉快、高兴、满意等）会提高人的认识活动与行为的效率。当一个人对自己所从事的工作怀有一种强烈、稳定、积极的情绪，即热情时，人就会表现出较高的工作积极性与工作效率。

团队领导才能是指团队领导者顺利完成团队领导活动所具有的各种能力总和。团队领导者应具有多方面的能力。就一般情况来说，团队领导才能包括以下几方面。

（1）分析、综合、统观全局的能力。团队领导所从事的工作是一项高度复杂，综合性强的实践活动。领导者要从全局、战略的高度分析问题、解决问题，必须统观全局、善于分析、善于综合，等等，这些是团队领导者发挥其领导功能的最基本的能力。

（2）决策能力。决策是团队领导的日常工作，在一定意义上说，没有决策就没有领导者存在的价值。团队领导必须善于在充分占有资料的前提下，坚决、果断地进行决策。确定目标与方案时坚决、果断，在实施目标时具有坚持性，当情况发生变化需要重新修订团队目标与方案时，领导者是否坚决、果断等均表现出一个团队领导的决策能力。

（3）组织能力。团队人力资源、生产资料等各类资源如同一粒粒零散的珍珠，要提升价值必须用银线将其串联成项链等制品。团队领导者也应如此，需要将各部门、各方面的人力、物力、财力等资源组合起来，按照一定的要求从空间到时间有机地结合成一个系统或整体。

（4）机智与应变能力。客观事物是复杂的，特别是偶然因素总是存在，团队领导者必须善于发现事物的变化，根据事物的变化，适时、合理地修正自己的工作。机智与应变能力在一定意义上反映了一个团队领导者的成熟度，危机来临时更是如此。

（5）激励与协调团队关系的能力。团队领导工作实质上是要带领团队成员去实现团队目标，这需要团队成员齐心协力。但做到这点并不容易——由于团队成员在认识、需要、性格等方面的不同，人与人之间难免出现矛盾或不协调现象，这需要团队领导者出来协调和化解。

团队领导者的素质，主要是生理元素和思维元素。其中，思维元素完全是内在的综合元素，日常最突出的作用因素是心理素质。可以说，团队领导者的心理素质比上述团队领导"能力"内容更多、更为复杂，它是影响团队领导威望和领导效能的极为重要的内在条件。一般来说，团队领导者应具有以下主要心理素质：

（1）高度的事业心与工作责任感。这是领导觉悟的集中表现。事业心即全心全意为事业献身的精神；责任感是与事业心紧密相连的，伴随着积极态度、认真负责的工作表现的一种自身心理体验。

（2）不断创新、进取的精神。追求成就、不断进取，这是团队领导的一种内在动力。团队领导者所从事的工作是一种创造性的活动，在现代社会生产和科学技术的条件下，如果不善于提出新问题，开拓新领域，团队领导将无法跟上形势的变化。

（3）良好的社会知觉。团队领导者应对他人与自己有一个正确的知觉而不是简单的感觉。感觉是片面性的，知觉则是综合性的。对他人的知觉是否正确，往往影响到对人才的使用；对自己的正确知觉，往往影响到决策对错及其风格风范。团队领导者应当警惕并努力避免或克服对他人、对自己的认识偏见，既不自欺欺人，也不夜郎自大。

（4）宽广的胸怀。海纳百川，有容乃大。胸怀是一个人的气量与抱负。一个团队领导者对自己应高标准、严要求，对他人则应宽宏大量。因为团队领导者面对的是不同个性的团队成员，只有善于团结各方面、各类人，团队才能吸纳各类人才聚集。

六、团队领导艺术

领导是科学，同时又是艺术。如何高效能地提高团队领导力？这涉及团队领导的艺术。总结团队建设实践，团队领导艺术主要有以下几方面。

（一）用人的艺术

如何用好人，除了要端正用人思想，让那些想干事的人有事干，能干事的人干好事外，在用人技巧上还要注意以下问题。

（1）善于用人所长。用人之诀在于用人所长，且最大限度地实现其优势互补。用人所长，首先要注意"适位"。陈景润如果不是被华罗庚发现，并将他调

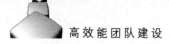

到数学研究所工作，他就难以摘取数学皇冠上的明珠；唐僧之所以能西天取经成功，主要也是他能做到知人善任，把孙悟空、沙和尚、猪八戒安排到最适合他们的岗位上，实现了人才所长与岗位所需的最佳组合。其次要注意"适时"。用人要用在精壮时。界定各类人才所长的最佳使用期，不能单纯以年龄为依据，而应依素质作决定。对看准的人一定要大胆使用、及时使用。最后要注意"适度"。领导者用人不能搞"鞭打快牛"；"快牛"需要用在关键时候、紧要时刻。如果平时只顾用起来顺手、放心，长期压着那些工作责任心和工作能力都较强的人在"快车道"上超负荷运转，这些"快牛"必将成为"慢牛"或"死牛"。

（2）善于用人所爱。有位学生曾向身为世界首富的比尔·盖茨请教成功的秘诀，盖茨对他说："做你所爱，爱你所做。"爱因斯坦生前曾接到要他出任以色列总统的邀请，对这个不少人垂涎的职务，他却婉言谢绝了，仍钟情于搞他的科研。正因为有了他这种明智的爱，才有了爱因斯坦这个伟大的科学家。所以，领导者在用人的过程中，就要知人所爱、帮人所爱、成人所爱。

（3）善于用人所变。鲁迅、郭沫若原来都是学医的，后来却成了中华民族的文坛巨人。很多名人名家的成功人生告诉我们：人的特长是可以转移的，能产生特长转移的人，大都是一些创新思维与能力较强的人。对这种人才，领导者应倍加珍惜，适时调整对他们的任用，让他们在更适合自己的发展空间里施展才华。

（二）决策的艺术

决策是领导者日常要做的主要工作。决策一旦失误，对团队意味着损失，对自己意味着失职。这要求领导者要强化决策意识，提高决策水平，减少各种决策性浪费。

（1）决策前要注重调查。领导者在决策前一定要多做些调查研究，搞清各种情况，尤其要把大家的情绪和呼声作为自己决策的第一信号，不能无准备就进入决策状态。

（2）决策中要注意民主。领导者在决策中要充分发扬民主，优选决策方案。尤其碰到一些非常规性决策，应懂得按照"利利相交取其大、弊弊相交取其小、利弊相交取其利"的原则，适时进行决策，不能未谋乱断，或当断不断，错失决策良机。

（3）决策后要狠抓落实。决策一旦定下，就要认真抓好实施，保证战略落地。要做到言必行、行必果，绝不能朝令夕改。一个领导者在工作中花样太多，是一种不成熟的表现，如此必将失信于团队群众。

（三）处事的艺术

常听到不少领导者感叹：事情实在太多，怎样忙也忙不过来。一个会当领导的人，不应该成为做事最多的人，而应该成为做事最精的人。

（1）做自己该做的事。现实中，摆在领导者面前的事情主要有三类：一是领导者想干、擅长干、必须要干的事——比如，用人、决策等；二是领导者想干、必须干但不擅长干的事——比如，跑路子挣资金等；三是领导者不想干、不擅长干也不一定要干的事——比如，一些小应酬、一些可去可不去的会议等。领导者对该自己管的事一定要管好，对不该自己管的事一定不要管。尤其是那些已经明确了是下属分管的工作和只要按有关制度就可办的事，一定不要乱插手、乱干预。

（2）着眼于明天的事。领导者应经常去反思昨天，干好今天，谋划明天，多做一些有利于本团队或本组织可持续发展的事。比如，勾画一个明晰且富于自身特点的长、中、短期工作目标，打造一个团结战斗且优势互补的领导班子。

（3）做最为重要的事。比如，如何寻找到一条能适合本团队持续发展的新路子，如何调动下属的工作积极性，等等。领导者在做事时应坚持"要事第一"的原则，优先做最重要的事。不能主次不分，在忙中失去自我。

（四）协调的艺术

没有协调能力的人当不好领导者。协调，不仅要明确协调对象和协调方式，还要掌握一些相应的协调技巧。

（1）对上请示沟通。平时要主动多向领导请示汇报工作，若在工作中有意或无意得罪了上级领导，靠"顶"和"躲"是不明智的。理性的办法，一是要主动沟通——错了的要大胆承认，误会了的要解释清楚，以求得到领导的谅解；二是要请人调解，调动第三方的作用力。所选择的调解人既要与自己关系不错，又要与领导的关系非同一般。

（2）对下沟通协调。当下属在一些涉及个人利益的问题上与团队有矛盾或对领导有意见时，领导者应通过谈心、交心等方式进行沟通，知彼知己，推心置腹地消除误解。对能解决的问题一定要尽力尽快解决，一时解决不了的问题，也要摆明情况，说明原因，千万不能以"打哈哈"或"踢皮球"等不真诚、缺爱心的方式去应付人或糊弄人。

（3）对外争让有度。领导者在与外面平级单位或团队的协调中，其领导艺术往往体现在争让之间。大事要争，小事要让，不能遇事必争，也不能遇事皆让。该争不争，就会丧失原则；该让不让，就会影响全局。

（五）运时的艺术

时间是一种无形的不可再生资源，领导者不能无视时间，更不能浪费时间。

（1）强化时间意识。有人作了统计：一个人一生的有效工作时间大约1万天。一个领导者的有效为"官"时间是10~15年。一旦错过这个有效时间，思想再好、能力再高、再有心为大家服务，也常常是心有余而力不足。所以，领导者要利用这宝贵的时间多做点有意义的事。

（2）学会管理时间。领导者管理时间包括两个方面：一是要善于把握好自己的时间。当一件事摆在领导者眼前时，应先问一问自己"这事值不值得做？"然后再问一问自己"是不是必须自己做？"最后还要问一问自己"是不是应该马上做？"只有这样，才能比较主动地驾驭好自己的时间。二是不随便浪费别人的时间。有人做过统计：领导者有3/5的时间用在开会上。所以，领导者要力戒"会瘾"。不要动不动就开会，不要认为布置工作就是要开会。万一要开会，也应开短会、说短话。更不要让无关人员来"陪会"。应牢记：浪费别人的时间等于谋财害命！

（3）养成惜时习惯。人才学的研究表明：成功人士与非成功人士的一个主要区别就是成功人士年轻时就养成了惜时的习惯。要像比尔·盖茨那样：能站着说的东西就不要坐着说；能站着说完的东西就不要进会议室去说；能写个便条的东西就不要写成文件。只有这样，才能形成好的惜时习惯。

（六）理财的艺术

经费不足是现实中各类团队普遍存在的一个主要问题，它要求领导者要提高理财艺术。

（1）懂得怎样去找钱。找钱就是要学会"开源"，也就是要利用各种可行的途径去广开财路，增加收入。比如，要经常开动脑筋提升团队服务价值及服务领域，去争取各种资金。同时，千万不要将"开源"的希望寄托在乱收费上，否则必然败坏效能。

（2）懂得怎样去管钱。一般来说，团队领导者不能直接管理钱财，但这并不意味着领导者对团队的经费使用情况不闻不问。相反，对团队的一些主要经费开支情况，领导者一定要定期进行审核，看看有没有违规违纪的情况，有没有不该花而花了的钱。

（七）说话的艺术

说话是一门艺术，它是反映领导者综合素质的一面镜子，也是下属评价领导者水平的一把尺子。领导者提高说话艺术，除了要提高语言表达基本功外，关键要提高语言表达艺术。

（1）做到言之有物。所谓言之有物，就是领导者在下属面前讲话，不能空话连篇，套话成堆，要尽量做到实话实说，让大家能经常从领导者的讲话中获取一些新的有效信息、听到一些新的见解、受到一些新的启发。所以，领导者在下属面前讲话，一是要讲好道理。讲道理不能搞空对空，一定要与下属的思想、工作、生活等实际紧密结合起来，力求以理服人。二是要注意条理。讲话不能信口开河，语无伦次，一定要让人感到条理清晰，层次分明。三是要通情理。不能拿大话来压人，要多讲些大家当前最关心的问题、大家心里最想的问题。

（2）做到言之有味。领导者在下属面前讲话时，语言要带点意味。要有点新意，要有点幽默感。幽默是睿智和机敏的表现。钱钟书先生认为"幽默减少人生的严重性，决不把自己看得严重"；英国人则用幽默增加风度和开展外交；美国西点军校可以凭幽默录取新生；美国总统靠幽默赢得选票……

中国是一个古老的幽默国度，从《史记·滑稽列传》到《古今谭概》、《笑林广记》，无一不体现中华民族特有的幽默。毛泽东就是一位公认的幽默高手，他早在1929年为红四军干部制定《教授法》时，其第六条就规定："说话要有趣味。"凡是与毛泽东交谈过的人，都为他那幽默风趣的语言所折服。例如1953年底，毛泽东去杭州，负责保卫和饮食起居的浙江省公安厅厅长王芳陪同毛泽东吃饭。席间，公安部部长罗瑞卿对王芳说："王芳，我建议你把'芳'字上的草字头去掉。这个名字容易搞混，许多不知情的人还以为你是女同志呢。"

"这可不行。"毛泽东放下手中的筷子说："王芳，你是山东人，你们山东的绿化怎么样？""刚刚起步。""山东还有许多荒山秃岭没有绿化起来，你的头上刚长了一点草，就想把它除掉，这怎么能行！什么时候山东消灭了荒山秃岭，绿化过了关，你再把'芳'字草头去掉。"

诸如此类的话说得既形象生动，又意味十足。

（八）激励的艺术

管理要重人本管理；人本管理的核心是重激励。领导者要调动大家的积极性，就要学会如何激励下属。

（1）激励要注意适时进行。美国前总统里根曾说过这样一句话："对下属给予适时的表扬和激励，会帮助他们成为一个特殊的人。"一个聪明的领导者，要善于经常适时、适度地表扬下属。这种"零成本"激励，往往会"夸"出很多为你效劳的好下属。

（2）激励要注意因人而异。领导者在激励下属时，一定要区别对待。最好在

激励下属之前，要搞清被激励者最喜欢什么？最讨厌什么？最忌讳什么？尽可能"投其所好"，否则就有可能好心办坏事。

（3）激励要注意多管齐下。激励的方式方法很多，有目标激励、榜样激励、责任激励、竞赛激励、关怀激励、许诺激励、金钱激励等，但从大的方面来划分，主要可分为精神激励和物质激励两大类。领导者在进行激励时，要以精神激励为主，以物质激励为辅。只有形成这样的激励机制，才是一种有效并且长效的激励机制。

第五节　游戏感悟

团队成员的素质和活力是团队前进的根本推动力！只有激发出成员的工作热情和内在潜力，使之奉献出自己的智慧、才能、勤劳、责任心，团队才能生存、发展、辉煌！

建绳房

形式：1 个大组中有 3 个小组，每个组为 5 人，共由 15 人组成。

类型：领导力训练，指挥 1 个大组及沟通。

时间：30~40 分钟。

材料：3 条绳子，长度分别为 20 米、18 米、12 米；15 副眼罩。

场地：空地。

对象：所有学员。

目的：锻炼学员在团队中的领导能力，增强队员之间沟通能力，从而达到和谐完成任务的目的。

（一）规则和程序

第一阶段：

1. 教师先把 15 人分为 3 个小组——第一小组：20 米的绳子；第二小组：18 米的绳子；第三小组：12 米的绳子。

2. 教师发给每人一副眼罩，并通知他们戴上眼罩后——第一小组：建一个三角形；第二小组：建一个正方形；第三小组：建一个圆形。

第二阶段：

当完成第一阶段后，教师告诉3个小组的全体人员，要他们统一起来建一个绳房子。

（二）相关讨论

1. 你对比第一阶段及第二阶段，哪一个阶段更加混乱？为什么？

2. 如果你作为领导，你会怎样组织第二阶段以尽快更好地完成任务？

第六节　知识扩展

保罗·赫塞（Paul Hersey）博士在20世纪60年代率先提出了"情境领导模式"理论。该理论认为：在领导和管理公司或团队时，不能用一成不变的方法，要随着情况和环境的改变及员工的不同而改变领导和管理的方式。如果用一句话描述"情境领导模式"，那就是：适时、适地、适人"因材施教"式施行管理。

情境式领导

情境领导模式又称情境领导理论（Situational Leadership Theory），主要指在特定工作下将员工的成长过程分为四个阶段：第一阶段为R1——"没能力，没意愿并不安"；第二阶段为R2——"没能力，有意愿或自信"；第三阶段为R3——"有能力，没意愿或不安"；第四阶段为R4——"有能力，有意愿并自信"。

相对于员工的四个不同阶段，领导也应采取四种不同的领导风格——当员工在第一阶段R1时，领导者要采取"告知式"引导并指示员工；当员工在第二阶段R2时，领导者要采取"推销式"解释工作从而劝服员工；当员工在第三阶段R3时，领导者要采取"参与式"激励员工并帮助员工解决问题；如果员工到了第四阶段R4时，领导者则要采取"授权式"将工作交付给员工，这时领导者只需作监控和考察的工作。

领导者采用的领导行为是工作行为和关系行为，根据使用工作和关系行为的高低，针对不同阶段采用四种领导风格，即S1、S2、S3和S4——对于不同阶段（准备度）R，采用相应的领导风格 S，经过行为研究和实践，被证明最有可能有效开发员工和提升团队绩效。

在使用情境领导模式时，第一步要确定需要执行的工作、职责或活动；第二步要评估该工作被领导者（比如员工等）所拥有的准备度（阶段）；第三步针对被领导者准备度的需要选择恰当的领导行为。

所以，当被领导者处于较低的准备度水平时，领导者必须承担传统的管理责任，比如，计划、组织、激励和控制等，此时领导者角色是团队的监督者；然而当领导者开发出被领导者的潜能时，使他们处于较高的准备度水平后，被领导者可以承担大部分日常传统的管理职责，此时领导者的角色要由监督者转变为组织中的上一阶层的代表人，将团队和组织发展壮大。

通过人员开发，培训员工自己发展，领导者可以将更多时间用于"高成效"的管理职能，比如长期战略规划、与其他团队或组织合作、提高生产率和获取所需相关资源等，以提高整个团队的绩效。

课外练习

1. 结合应用演练项目试述团队领导非权力性影响力的作用。

2. 以应用演练项目为基础，联系实际试述团队领导非权力性影响力的建设。

3. 结合应用演练项目，简述团队领导艺术。

第四章

高效能团队激励机制建设

火车跑得快，动力要换代！新时期任何组织的战斗力必须由传统的能人效应转向团队效应，即人人自成动力系统，进而形成全员动力系统，亦即人人都有自觉、自愿、自发、自动的自我内在驱动力。因此，团队激励就是要让人人心里自有阳光指引；就是通过特定的方法与管理体系，实现团队成员对团队、对组织及对工作的承诺最大化、效能最优化、绩效最高化。

第一节　入胜测试

在团队建设中，需要运用激励措施使团队成员始终有好的工作状态。但不同的领导者其激励偏好往往不同：有人偏好稳定，有人偏好变化；有人倾向任务导向，有人倾向关系导向；有人重视精神奖赏，有人重视物质奖赏。你不妨测试一下自己的激励类型，更好地认识自己；也可以与团队成员一起测试，了解如何与大家更好地相处。它是我们认识自己、发展团队的工具。

你属何种激励类型

下面给出 21 组测试题目，每组有 Ⅰ、Ⅱ 两个选项。请以直觉将符合项选出来，然后在下面的"答题表"中做出标识。

（一）测试题目

第 1 组：

Ⅰ.我是个愿意支持别人、对人友善的人，时常想要主动亲近别人。

Ⅱ.我是个喜欢追求卓越、创造非凡成就的人。

第 2 组：

Ⅰ.我比较相信直觉，并且勇于冒险。

Ⅱ.我比较相信方法，并且谨慎小心。

第 3 组：

Ⅰ.我有好的表现时，会希望得到奖励。

Ⅱ.对我而言，我做的事情要能让我产生认同感。

第 4 组：

Ⅰ.我有的时候不是很有自信。

Ⅱ.我有的时候会自信过度。

第 5 组：

Ⅰ.我喜欢快速、紧凑、刺激的生活步调。

Ⅱ.我喜欢不疾不徐、稳定、平静的生活步调。

第 6 组：

Ⅰ.我喜欢公开表扬，胜于私下鼓励。

Ⅱ.我喜欢私下鼓励，胜于公开表扬。

第 7 组：

Ⅰ.我个性谨慎，对无法预期的事情会预作准备。

Ⅱ.我有创意，喜欢在问题出现时即兴处理。

第 8 组：

Ⅰ.多数时间，我喜欢有主导权。

Ⅱ.多数时间，我喜欢让别人主导。

第 9 组：

Ⅰ.我想要追求能得到财富名望和他人赞赏的工作。

Ⅱ.如果我做的事情可以为别人带来很大的正面意义，我愿意放弃金钱的奖励和他人的赞赏。

第 10 组：

Ⅰ.我是个步调缓慢、心胸开放、平易近人的人。

Ⅱ. 我是个积极、果断和自信的人。

第 11 组：

Ⅰ. 对我而言，能有更好的物质享受非常重要。

Ⅱ. 对我而言，能有更好的物质享受不是很重要。

第 12 组：

Ⅰ. 我是个专注而守纪律的人。

Ⅱ. 我是个冲动、大胆的人。

第 13 组：

Ⅰ. 我是个行动积极的人。

Ⅱ. 我喜欢顺其自然。

第 14 组：

Ⅰ. 我不喜欢处理琐碎的事情。

Ⅱ. 我喜欢把细节都处理好。

第 15 组：

Ⅰ. 对我来说，留下对人类有贡献的事迹非常重要。

Ⅱ. 获得财富和人们对我的尊重很重要。

第 16 组：

Ⅰ. 我喜欢融入人群，胜于与众不同。

Ⅱ. 我比较喜欢与众不同，胜于融入人群。

第 17 组：

Ⅰ. 我喜欢生活稳定和心灵平静。

Ⅱ. 我喜欢挑战自我、从事新的事物。

第 18 组：

Ⅰ. 如果选择工作，我重视的是薪资和津贴。

Ⅱ. 如果选择工作，我重视的是工作内容。

第 19 组：

Ⅰ. 我喜欢挑战现况，让事情顺利进行。

Ⅱ. 我喜欢安抚场面，使大家平静下来。

第 20 组：

Ⅰ. 我很在意别人对我的看法。

Ⅱ. 只要我有把握，别人的看法并不重要。

第 21 组：

Ⅰ.提出新想法、让大家感兴趣是我的长处之一。

Ⅱ.推动想法、确定每个步骤都能落实是我的长处之一。

（二）答题要求

以上Ⅰ、Ⅱ两种选择类型，请你用直觉将符合项选出来，在表 4-1 中作出标记。

表 4-1　统计结果

组号	1	2	3	4	5	6	7	8	9	10	11
Ⅰ	C	F	D	C	F	E	D	A	D	C	E
Ⅱ	A	D	B	A	D	B	F	C	B	A	B

组号	12	13	14	15	16	17	18	19	20	21
Ⅰ	D	A	F	B	C	D	E	A	B	F
Ⅱ	F	C	D	E	A	F	B	C	E	D

（三）结果分析

将下列选项中符合你状况的类型圈出。

1. A 和 C 项，何者分数较高？

如果 A 的总分较高，你属于任务导向型（Producer）；

如果 C 的总分较高，你属于关系导向型（Connector）。

2. D 和 F 项，何者分数较高？

如果 D 的总分较高，你属于偏好稳定型（Stabilizer）；

如果 F 的总分较高，你属于偏好变化型（Variable）。

3. B 和 E 项，何者分数较高？

如果 B 的总分较高，你属精神奖赏型（Internal）；

如果 E 的总分较高，你属物质奖赏型（External）。

再将圈出的类型中的第一个英文字母填入下列空格：

你的激励类型为_____。

说明：激励类型无所谓好坏，因为各种类型都有优点和缺点。也就是说，我们可以借鉴，但不要迷信。

第二节　启智案例

俗话说：士为知己者死。其实，每个人身上都存在激励的火花；每个人都需要得到激励。但是火花在哪儿，作为一名领导，就需要懂得寻找并进行培育，再将其贯彻到领导方案中。

红烧肉的妙用

某物流公司老板接到一桩业务：有一批货要搬到码头上去，又必须在半天内完成。任务相当重，手下就那么十几个伙计。

这天一早，老板亲自下厨做饭。开饭时，老板给伙计一一盛好，还亲手捧到他们每个人手里。

伙计王接过饭碗，拿起筷子，正要往嘴里扒，一股诱人的红烧肉浓香扑鼻而来。他急忙用筷子扒开一个小洞，三块油光发亮的红烧肉焐在米饭当中。他立即扭过身，一声不响地蹲在屋角，狼吞虎咽地吃起来。

这顿饭，伙计王吃得特别香。他边吃边想：老板看得起我，自己可要多出点力。于是，他把货装得满满的，一趟又一趟，来回飞奔着，搬得汗流如雨……

整个上午，其他伙计也都像他一样卖力，个个忙得汗流浃背也不歇息。平时需要一天才能干完的活，大家一个上午就干完了。

中午，伙计王不解偷偷问伙计张："你今天咋这么卖力？"张反问王："你不也干得起劲嘛？"王说："老板为人不错，平时也算对得起我们，有活时我总也要对得住他不是？""哦！"伙计张惊讶地瞪大了眼睛，说："是的，我也是这么认为！"两人又问了别的伙计，大家的说法都大同小异。原来，老板在大家碗里都放了三块红烧肉。难怪吃早饭时，大家都不声不响闷笃笃地吃得那么香，而干活时大家都你追我赶地干得那么欢。

案例分析

每个人都渴望被尊重、被肯定。在获得有效激励的时候，每个人都会因为这种激励而产生自豪感、成就感。故事中的老板这么做，意在激励每一个人。这位老板的做法妙处在于，他让每个员工都感受到被尊重和被肯定。

我们不妨思考一下：老板为什么要单独在每个人碗底放红烧肉，而不是端在桌子上让大家共分享？红烧肉单独放在每个人碗里产生的激励作用和放在桌子上共享的激励作用，究竟哪个会更大一些？

其实，激励有时需要讲究激励艺术。物流公司老板把一碗红烧肉放在饭桌上，让大家自己夹来吃，这时红烧肉就只是一盘菜，可能就不能激发员工的感情因素。同样的几块红烧肉，同样几张嘴吃，方式不同，产生的效果则不同。用激励每个个体的形式起到提升团队绩效的激励手法，一定比用激励全员的形式起到提升团队绩效的激励手法更为有效。因为后者，激励手法单一，达不到激励每个个体的效果（个体对于激励的需求是不同的）。而达不到激励每个个体的目的，个人的绩效就不会最大化；个人绩效不最大化，团队的绩效又何能最大化呢？

红烧肉的案例里，"红烧肉"只是一种象征，而且，仅仅注重形式上的个体性是不够的，要知道，不是每个人都喜欢吃红烧肉，就算每个人都说红烧肉好吃，但是吃的时间长了也会腻。管理者在激励每个个体时，一定要把握每个人的不同需求，以及每个时期的不同需求。只有这样，好的形式结合有针对性的内容才能起到最佳的作用！

不过，对于团队管理人员来说，怎样让大家"吃红烧肉"吃出劲头，可能是一个永恒而又常新的话题。对不同的人激励方法应该不同，对同一个人的不同时期激励方法也应该不同，千万不能墨守成规！要学会因人、因时、因事激励。

激励是一种科学，也是一种艺术，更是一个系统工程。要达到有效激励的目的，没有简单的方法，也没有一种措施能确保激励有效。真正有效的激励是一种完整的、良性的系统工程，这种工程的实现依赖于基础性管理的制度化、体系化，更需要管理者的智慧和创新。

第三节　应用演练

人类一切美好的东西都来自太阳之光：没有太阳，鲜花就不能开放；没有太阳，稻穗就不能茁壮；没有太阳，昼夜就不能更替；没有太阳，寒冬就不能拥有温暖与希望。

激励制度策划

团队激励是团队建设的重要内容和基本手段，就像那太阳，给人温暖、给人希望，给人一切积极的思想与无限的正能量！

（一）综合项目

继续将第一章虚拟的项目（如创建"高效能团队建设研习所"）或确定的某个真实项目（如自己所在的班级）作为实训项目。

（二）单元任务

根据项目特点和第一章演练时确定的团队精神文化要点，策划该项目团队的激励制度，并详细提出物质与精神两方面的激励措施。

（三）演练目标

素质目标：接受"激励"对于团队的意义，树立以激励强化行为的意识，养成以激励强化行为的习惯，并摒弃物质至上的错误认识，培养"物质"与"精神"并举的作风。

知识目标：了解团队激励的经典理论；理解团队激励的实质；掌握团队激励的主要内容；明确团队激励机制的主要举措。

能力目标：自觉运用内容型激励和过程型激励的主要理论；结合实际熟练将内容型激励和过程型激励的主要内容制度化；能综合意愿、能力、条件等方面因素，科学处理努力与绩效、绩效与奖励、奖励与需求三方面的关系。

（四）演练形式

全体参与，单个策划或分组合作策划。提倡在保证全体参与的前提下，以小组为单位调动组员个人积极性，充分发挥各自特长，实现分工协作。

第四节　理论升华

无论什么样的组织或团队，其效能都离不开人的创造力和积极性，因此任何团队一定要重视对成员的激励。要根据实际情况，综合运用多种激励机制。要把激励的手段和目的结合起来，改变思维模式，真正建立起适应团队特色、时代特点和成员需求的激励体系，使团队在激烈的市场竞争中立于不败之地。

一、团队激励机制的含义

机制是事物或现象各部分之间的一种相互关系及其运行方式。这种恰当的相互关系及其运行方式，有着杠杆撬动"地球"一样的神奇功效。当然，并不是所有的事物或现象都能形成机制，只有那些由各个部分组成的，且这些部分具有一定的关系，以及这种关系体现一定的内在联系或联系方式的现象或事物才能形成机制。可见，事物或现象各个部分的存在，各个部分之间有一定的关系，并且这种关系表现为一定的内在的联系或联系方式，这三者是机制赖以存在的充分必要条件。

团队激励机制是在组织系统中，团队激励主体系统运用多种激励手段并使之规范化和相对固定化，而与激励客体相互作用、相互制约的结构、方式、关系及演变规律的总和。激励机制是一个组织、团队将远大理想转化为具体事实的连接手段。

团队激励机制一般包含以下几个方面的内容。

（1）诱导因素集合。诱导因素就是用于调动员工积极性的各种奖酬资源。对诱导因素的提取，必须建立在对团队成员个人需要进行调查、分析和预测的基础上，然后根据组织所拥有的奖酬资源的时期情况设计各种奖酬形式，包括各种外在性奖酬和内在性奖酬（通过工作设计来达到）。内容型激励的需要理论可用于指导对诱导因素的提取。

（2）行为导向制度。这是组织对其成员所期望的努力方向、行为方式和应遵循价值观的规定。在组织中，由诱导因素诱发的个体行为可能会朝向各个方向，即不一定都指向组织目标。同时，个人的价值观也不一定与组织的价值观相一致。这要求组织在员工中间培养统御性的主导价值观。行为导向一般强调全局观念、长远观念和集体观念，这些观念都是为实现组织的各种目标服务的。实践证明：世界上最伟大的原则是奖励；受到奖励的人会把事做得更好。在有利可图的情况下，每个人都会干得更漂亮。

（3）行为幅度制度。这是指对由诱导因素所激发的行为在强度方面的控制规则。期望理论公式（$M = V \cdot E$）告诉我们，对个人行为幅度的控制是通过改变一定的奖酬与一定的绩效之间的关联性以及奖酬本身的价值来实现的。强化理论告诉我们：按固定的比率和变化的比率确定奖酬与绩效之间的关联性，会对员工行为带来不同的影响。前者会带来迅速的、非常高而且稳定的绩效，并呈现中等速度的行为消退趋势；后者将带来非常高的绩效，并呈现非常慢的行为消退趋势。通过行为幅度制度，可以将个人的努力水平调整在一定范围之内，以防止一定奖酬对员工激励效率的快速下降。

（4）行为时空制度。这是指奖酬制度在时间和空间方面的规定。这方面的规定包括特定的外在性奖酬和特定的与绩效相关联的时间限制，以及员工与一定工作相结合的时间限制，还有有效行为的空间范围。这样的规定可以防止员工的短期行为和地理无限性，从而使所期望的行为具有一定的持续性，并在一定的时期和空间范围内发生。

（5）行为归化制度。行为归化是指对成员进行组织同化以及对违反行为规范或达不到要求的行为进行处罚和教育。组织同化是指把团队新成员带入组织的一个系统的过程，包括对新成员在人生观、价值观、工作态度、合乎规范的行为方式、工作关系、特定的工作机能等方面的教育，使他们成为符合组织风格和习惯的成员，从而具有一个合格的成员身份。关于各种处罚制度，要在事前向员工交代清楚，平时要进行负强化。若违反行为规范和达不到要求的行为实际发生了，在给予适当处罚的同时，还要加强教育。教育的目的是提高当事人对行为规范的认识和行为能力，即再一次的组织同化。所以，组织同化实质上是团队成员不断学习的过程，对组织、对团队具有十分重要的意义。

以上五个方面的制度和规定都是激励机制的构成要素，激励机制是五个方面构成要素的总和。其中，诱导因素起到发动行为的作用，后四者起导向、规范和制约行为的作用。一个健全的激励机制应是完整地包括以上五个方面、两种性质的制度。只有这样，才能进入良性的运行状态。

二、几种历久弥新的经典激励理论

从人的行为模式我们可以总结出人的行为基本包括三个环节：第一，确认个人有什么需要，寻找满足需要的目标；第二，个人认同目标，需要变成动机，推动行为；第三，达到目标满足需要。

有效的团队激励理论有很多，早期主要是针对人的"需要"，解决以什么为基础或根据什么才能激发调动起员工工作积极性的问题，包括马斯洛的需求层次理论、赫茨伯格的双因素理论，以及麦克利兰的成就需要理论等；后期的过程学派包括弗洛姆的期望理论、洛克和休斯的目标设置理论、波特和劳勒的综合激励模式、亚当斯的公平理论、斯金纳的强化理论；等等。根据人的行为过程的不同环节，可以作以下归类：

（一）内容型激励理论

人们有哪些需要？不同类型的需要对人的行为起什么作用？管理者应如何通过给人们提供满足各种需要的诱因，引发接受和完成组织任务的行为动机，是这类理论的任务。主要包括马斯洛的需要层次理论和赫茨伯格的双因素理论。

（1）需要层次理论：亚伯拉罕·哈罗德·马斯洛发现，人的需要是多层次的，不同的人、不同时期有不同的优势需要。人类纷繁复杂的需要由低到高有 7 个层次：生理的需要，安全的需要，友爱与归属的需要，尊重的需要，求知的需要，求美的需要和自我实现的需要。这 7 种需要按次序逐级上升——当下一级需要获得基本满足以后，人追求上一级的需要就成为驱动行为的动力。

（2）双因素理论：弗雷德里克·赫茨伯格致力于哪些事情使人们在工作中快乐和满足，哪些事情造成不愉快和不满足。结果他发现，使员工感到满意的都是属于工作本身或工作内容方面的；使员工感到不满的，都是属于工作环境或工作关系方面的。他把前者叫作激励因素，后者叫作保健因素。赫茨伯格认为，需要的满足产生满意，需要的不满足则产生不满意，满意和不满意是一种心理状态的两极。

赫茨伯格告诉人们，满足各种需要所引起的激励深度和效果是不一样的。物质需求的满足是必要的，没有它会导致不满，但是即使获得满足，它的作用往往是很有限的、不能持久的。要调动人的积极性，不仅要注意物质利益和工作条件等外部因素，更重要的是注意工作的安排，量才录用，各得其所，注意对人进行精神鼓励，给予表扬和认可，注意给人以成长、发展、晋升的机会。随着温饱问题的解决，这种内在激励的重要性越来越明显。

（二）过程型激励理论

这类理论的价值在于它研究如何使个人选择管理者设置的诱因，将其认同为自己的行为目标，并且使这个行为保持下去。主要包括期望理论和公平理论。

（1）期望理论：弗洛姆的这一理论告诉人们，一项奖酬措施能否被一个特定的个人接受，对他能起多大的激励作用，受到两个因素的影响，可公式化为：$M = V \cdot E$。

M 是激励作用；V 是效价，即对本人的价值；E 是期望值，即个人认为经过努力达到目标的可能性。

两个因素中若一个特别低，这一措施的作用就受到限制。所以"激励"要使人们感到可望可即。

（2）公平理论：亚当斯认为，人们追求公平，而公平感来自个人与他人或与自己过去的投入和所得比率之间的比较。

这里的"投入"不仅是当前的时间和体力、精力的投入，还包括所受教育、其他的训练，甚至工作经验等。同样，"所得"也包括经济的和社会的，如声誉、地位等。

当人们感到不公平时会通过调整自己的行为，按酬付劳，以恢复公平。因此，感觉公平时人们向高的看齐；感觉不公平时人们向低的看齐。

当然，公平感是主观的，受到个人的认知或价值观的影响。

（三）行为改造理论

这类理论的现实意义在于它让管理者了解和运用"人的行为结果的反馈"对下一次行为动机的影响。主要包括强化理论、归因理论和挫折理论。

（1）强化理论。行为主义学派强调行为的结果对动机具有强化作用，可以使其增强，从而提高行为出现的频率；也可以削弱动机，从而使行为出现的频率减少，甚至消失。

强化有4种：①积极强化，即在行为以后给予物质的或精神的奖励，如表扬，发给奖金等，增加反应的频率。②惩罚，即行为发生以后给予强制性的或威胁的结果，如批评，扣发奖金等，使行为减少或消除。③消极强化，即当做出符合要求的行为后可以免除或减少本来存在的令人不愉快的处境，如撤销处罚，使其做出正确行为。④自然消退，即对原来给予积极强化的行为不再理睬，使其自然消退。

这4种强化可以归纳为两种，即：正强化和负强化。积极强化和消极强化都属于正强化，即可以增加行为出现的频率。惩罚和自然消退是负强化，即可以使行为消失或降低行为出现的频率。

（2）归因理论。这是研究人们对自己行为的结果的归因及其对以后行为的影响。归因理论之"因"有能力、努力、任务难度和运气4种；维度有内部、外部，稳定、不稳定，可控、不可控3个。能力是内部的、稳定的和不可控的；努力是内部的、不稳定的和可控的；任务难度是外部的、稳定的和不可控的；运气是外部的、不稳定的和不可控的。原因的3个维度上的特点影响个人对以后行为的期待。因此，积极的归因模式对人的行为有很大的影响。

（3）挫折理论。这是关于个人的目标行为受到阻碍后，如何解决问题并调动积极性的激励理论。挫折是人在目标行为中遇到自感不能克服的阻碍时产生的心理反应和行为反应。个体遭遇到挫折后，会感到不愉快、痛苦、不安和焦虑。但挫折是一种个人主观的感受，同一遭遇，有人可能构成强烈挫折的情境，而另外的人则并不一定构成挫折。

由于激励理论多与心理学有关，且各类管理专业所开设的《管理心理学》课程一般都会详细介绍，因此本书只作提示，不作详解。

三、激励机制的设计原则与运行模式

激励机制的设计，其根本目的在于创建调动团队成员自觉性、自动性、积极性、创造性、能动性的运行系统，以期将内在的目标外在化，将笼统的要求具体化，将复杂的管理简单化，将系统的工作程序化，将执行的行为自觉化。而且，由于机制的设计往往失之毫厘谬以千里，因此，十分有必要遵循以下设计原则：

（1）目标结合原则。在激励机制中，目标设置必须同时体现团队目标和成员需要的要求；必须使长期目标与短期目标得到统一；必须让使命目标与经济目标相协调；必须把发展变革目标与生存稳定目标共和谐。

（2）手段并举原则。机制设计时，要将有形手段与无形手段相糅合。有形激励手段指物质等经济性激励手段，它是基础。无形激励手段指地位、权利、成就感、社会认同等非经济性激励手段。无形激励手段是根本，在两者结合的基础上，要逐步过渡到以无形激励手段为主。

（3）惩恶扬善原则。激励的目的在于引导被激励者自觉发扬好的行为，放弃不好的行为。因此，激励机制必须做到正激励与负激励相结合。对团队成员符合组织、团队目标的期望行为要能进行奖励，而对员工违背组织、团队目标的非期望行为要能进行惩罚。

（4）公平合理原则。激励的公平合理原则指激励措施要适度而公平，既一如既往，又一视同仁。因此，激励机制需要防范随性而起、忽高忽低、过高过低，或亲疏有别、此有彼无、厚此薄彼等现象发生。

（5）直观公开原则。这主要指激励机制要能体现激励内容的感受性，即团队成员要能感受到努力与绩效、绩效与奖惩、奖惩与需求之间的关系。如果团队成员不能感受到团队的激励机制，那么再好的激励措施也只能归管理者孤芳自赏。所以，激励目的和方法要明确、直观和公开。实践证明，直观性和公开性与激励影响的心理效应成正比。

（6）时效性原则。激励机制要利于组织和团队把握好激励的时机，适时进行激励。无数事实证明，激励越及时，越有利于将人们的激情推向高潮，使其创造力连续有效地发挥出来，否则，昨日红花今日赏，再美已经昨日香。

（7）按需激励原则。激励的起点是满足员工的需要，但员工的需要因人而异，因时而异，并且只有满足最迫切需要（主导需要）的措施，其效用才高，其激励强度才大。因此，激励机制要能促使团队领导者深入进行调查研究，不断了解成员需要层次和需要结构的变化趋势，有针对性地发掘团队成员的内在需求和核心需求，如此采取激励措施，才能收到理想实效。

激励机制运行的过程，就是激励工作的作用过程。这是激励主体与激励客体相互作用的互动过程。激励机制运行模式是从员工进入工作状态之前开始的，贯穿于实现团队目标的全过程。管理实践中可分为以下五个步骤：

第一，双向交流。这一步的任务使管理人员了解团队成员的个人需要、事业规划、能力和素质等，同时向成员阐明组织与团队的目标、组织与团队所倡导的价值观、组织与团队的奖酬内容、绩效考核标准和行为规范等；团队成员个人则要把自己的能力和特长、个人的各方面要求和打算恰如其分地表达出来，同时要把团队对自己的各方面要求了解清楚。

第二，各自选择行为。通过前一步的双向交流，管理人员将根据团队成员个人的特长、能力、素质和工作意向给他们安排适当的岗位，提出适当的努力目标和考核办法，采取适当的管理方式并付诸行动；团队成员则采取适当的工作态度、适当的行为方式和努力程度开始工作。

第三，阶段性评价。阶段性评价是对团队及成员已经取得的阶段性成果和工作进展及时进行评判，以便管理者和团队成员双方再做适应性调整。这种阶段性评价要选择适当的评价周期，可根据团队整体及成员的具体工作任务，确定为一周、一个月、一个季度或半年等。

第四，事终评价与奖酬。这一步的工作是在项目周期或年终进行的，团队成员要共同参与和配合管理人员对团队及自己的工作成绩进行评价，并据此获得组织的奖酬资源。同时，管理者要善于听取团队成员对团队、对自己的评价。

第五，比较与再交流。在这一步，团队成员将对自己从工作过程和任务完成后所获得的奖酬与其他可比的对象进行比较，以及与自己的过去相比较，看一看自己从工作中所得到的奖酬是否令人满意，是否公平。通过比较，若觉得满意，人们将继续留在原团队工作；若不满意，可再与管理人员进行建设性磋商，以达

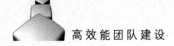
成一致意见。若双方不能达成一致的意见，双方的契约关系将中断。

全过程激励模式突出了信息交流的作用，划分了激励工作的逻辑步骤，有较强的操作性。

四、团队激励的常用方法

随着管理理论的不断创新和管理实践的不断探索，团队激励方法可谓层出不穷，源源不断推陈出新。目前，经受了实践检验的团队常用的激励方法主要有竞争激励、薪酬激励、事业激励、愿景激励。

（一）竞争激励

一般来说，在竞争的氛围下，团队的表现可能越来越出色。因为竞争可以强烈地刺激每位团队成员的进取心，使他们力争上游，发挥出最大的潜能。具体形式有：

（1）优秀员工榜。优秀员工榜是很多团队都采取的激励方式。可按月、季、年度来评分，切忌轮流坐庄。

（2）竞赛。竞赛的方式比较多，比如设立全团队的业绩排行榜，对第一的给予奖励。此特点要注意了解员工目前最关注的是什么。

（3）职位竞选。职位竞选是很多团队在内部实行的激励方式，可以通过让成员提供职位方案，或进行职位演讲，让所有成员对心目中的人选进行投票。

（二）薪酬激励

在市场经济形势下，物质财富是人们的生活必需，是人们普遍看重和普遍关心的激励内容。薪酬作为团队成员主要物质财富的一般来源，激励时可从个体与团队集体两方面着手。当然，这里的"酬"除经济性质的外，还应该有非经济性的奖赏。

（1）个体薪酬激励。①加薪。这是一种较普遍的激励方式。应当将基本工资、津贴、奖金结合起来，为团队提供一个有竞争力、公平、有依据的总体奖励制度。②公司股份与期权。分配公司的股份与期权是较为让成员有归属感的一种奖励方式，它是将公司若干股份作为奖励，让成员以股权、股票的方式持股。通过这种方式，可以让成员感觉到自己在团队中的主人翁地位。③休假与旅游。人的需求是多方面的，休假关系到团队成员的休整放松和生活、工作质量。④津贴和福利。通过经济上的奖励，包括优惠的住房、车辆或帮助贷款、支付各种保险等，可以提高团队成员的生活品质。⑤游戏等其他形式。通过游戏来比赛、认可等形式的奖励也可成为领导者激励团队成员的方法。

（2）团队薪酬激励。①团队的薪酬支付方式。在团队体制下，员工的薪酬支付一般包括：基本薪资、激励工资、非货币报酬。其中，基本薪资包括基本工资和绩效工资，也可采用技能工资；激励工资则包括以个人业绩为基础的奖励部分和以团队绩效为基础的奖励部分，后者主要指团队目标奖励计划和利润分享计划或收益分享计划等内容；非货币报酬主要指团队成员享受的各种福利。②支持高绩效团队的薪酬支付体系。支持高绩效团队运作的薪酬体系应当具备以下基本特征：促进组织的可持续发展、强化组织的核心价值观、支持组织战略的实施、有利于培养和增强组织的核心能力、有利于营造响应变革和实施变革的文化。

（三）事业激励

事业是个人价值实现的需要，是双因素激励理论中的主要激励因素。具体形式有：

（1）工作激励。用工作本身来激励团队成员是最有意义的一种激励方式。如果能让员工从事他所喜欢的工作，他就能自发地产生工作激情和兴趣。

（2）荣誉激励。超越他人，"我们做得好"是团队追求的基本心理目标，不管是成为明星个人还是明星团队，这一点都是非常令人振奋和鼓舞的，它能大大提高团队士气。

（3）晋升与增加责任。晋升是指对团队成员的级别晋升和在更大组织中的任职。增加责任的方法主要有：领导项目任务小组；参与重大决策；给予特殊任务并放手让其去做；等等。

（四）愿景激励

团队建设中，对成员个人发展愿景的激励往往是十分行之有效的激励方式。

（1）职业发展。每个团队成员都关注自己的职业生涯的发展，薪资在成就需要的成员心目中往往是次要的，更重要的是个人未来发展前景。

（2）培训与学习机会。为团队中的优秀成员提供培训或其他的学习机会，可以作为对其杰出工作的奖励。因为培训或攻读学位可以扩大知识范围，学习新的技能，并扩宽与同行之间的交往，提升个人未来更大的适应性，推动未来职业发展。

需要特别说明：对于奖励要注意恰到好处，频率过高或过低，或给予大于应得，都有可能适得其反。

五、趋利避害的意愿机制

意愿是指人的内心意向和愿望，通常指个人对行为所指向的事物其意义及意义的大小所产生的看法或想法，并因此而产生的个人主观性思维。这种与行为指向紧密联系的看法或想法，直接决定行为的方向、态度、执行力度，即："意义"大，则态度积极行为主动地创造性执行；"意义"小，则态度消极行为被动地应付性执行，甚至阳奉阴违。

人的行为意向是人们打算从事某一特定行为的量度，而态度是人们对从事某一目标行为所持有的正面或负面的情感，它是由对行为结果的主要信念以及对这种结果重要程度的估计所决定的。所以，个体的行为在某种程度上可以由行为意向合理地推断。同时，个体的行为意向也可以由其对行为的态度和主观准则来判定。

不过，现实中人们的行为并非完全能由个人意志控制，威胁或责任状况下的行为，以及能力或特定条件状况下的行为，是典型的非个人意志完全控制下的行为。这种非个人意志完全控制的行为不仅受行为意向的影响，还受执行行为的个人能力、机会以及资源等实际控制条件的制约。行为态度、主观规范和知觉行为控制是决定行为意向的 3 个主要变量——态度越积极、越重要，他人支持越大，知觉行为控制越强，行为意向就越大，反之就越小。

一般来说，个体拥有大量有关行为的信念，但在特定的时间和环境下却只有相当少量的行为信念能被获取，这些可获取的信念也叫凸显信念，它们是行为态度、主观规范和知觉行为控制的认知与情绪基础。

值得注意的是，个人以及社会文化等因素（如人格、智力、经验、年龄、性别、文化背景等）通过影响行为信念间接影响行为态度、主观规范和知觉行为控制，并最终影响行为意向和行为。

因此，行为意愿是人们想要采取某一特定行为的行动倾向，也就是指行为选择之决定过程下，所引导而产生是否要采取此行为的某种程度表达。它是任何行为表现的必需过程，是行为显现前的决定。

归纳和总结社会实践，我们发现人的天性是逃避痛苦和追求快乐的——人们往往会为了得到某些快乐或远离某些痛苦而产生相应动机进而出现相关行为。

所以，逃避痛苦和追求快乐就是人们最基本的行为意愿。换句话说，趋利避害是人们行为倾向的内在因素。

现实中人们"趋利避害"的表现，一是人会对自己所需求的东西和有利因素本能性地向往，并想占有、想获得、想取得，且采取思想模拟和动作程序来实现之；二是人会对来自外界与自身的压力和不利因素本能性地调用思想和动作程序来反抗、抵制和逃避。简单讲，"趋利避害"就是：趋向有利的一面，避开有害的一面。

趋利避害是人的本能行为，对死亡的恐惧及维持个体存在即是与生俱来的。人存在、人活着的两个最充分的理由：一是活着；二是避免自己不活着。恐惧死亡，维持自己个体的存在，这是人最大最潜在的驱动力，也是人最大最坚实的需求，这一点反映在人的每一个行为细节里。

在了解了人的趋利避害本性的同时，我们还要清楚：人们对"利"、"害"的认识属于价值观的范畴。它属于人对周围的客观事物（包括人、事、物）的意义、重要性的总评价和总看法，因此是随着知识的增长和生活经验的积累而逐步确立起来的。当"趋利"的行为确实使个人获得了一定的利益（泛指各种利益，包括成功避开危险、赢得他人的认可等），则个人对最初判断为"利"（而不是"害"）的感知将得到强化，并逐步融入个人的价值观念中，成为其价值观念的一部分，并作为以后判断利害的依据；同时，这种趋利或避害的行为也将作为经验积累下来（尽管有些时候，这种"趋利"的行为与"得到利益"的结果仅仅是时间上的巧合）。

综上所述，以上分析最直接的现实意义集中于两点：其一是我们可以从"利"、"害"两方面提炼出相关内容，以作为正激励和负激励的内容，从而形成团队成员的行为之内在"意愿"的诱因；其二是我们可以通过"利"、"害"两方面的反复强化，加强团队成员的主观认识，并通过思想措施帮助他们形成价值观，以成为人们付出行为的判断依据。

六、知人善任的能力机制

双因素激励理论告诉我们：使团队成员感到满意的，都是属于工作本身或工作内容方面的；使团队成员感到不满的，都是属于工作环境或工作关系方面的。可见，"工作"本身就是有效的激励因素。因此，团队激励除从意愿方面激励之外，使工作能力与工作目标匹配，进而让成员胜任工作、热爱工作也是行之有效的激励机制。

"知人善任"出自汉朝班彪的《王命论》，文言："盖在高祖，其兴也有五：

一曰帝尧之功裔，二曰体貌多奇异，三曰神武有征应，四曰宽明而仁恕，五曰知人善任使。"这里"知人善任"的意思是指：善于认识人的品德和才能，并最合理地使用。其"知"，即了解，知道；其"任"，即任用，使用。进一步讲，这里的"知人"，是指要了解人，主要是对人的考察、识别、选择；"善任"，是指要善于用人，主要是对不同的人的使用要得当。结合现代管理实践综而析之，"知人善任"就是要认真地考察团队成员，确切地了解他们，把每个成员都安排到适当的岗位上去，充分地让他们发挥自己的特长、施展才干。这是现代团队管理工作的根本任务之一。

通俗地比喻：一个团队或是一项任务就好比一部机器，有了先进的设计、合理的结构和科学易行的操作规程，还必须有高质量的操作人员。

先圣老子说："知人者智"，意思是：认识人才，发现人才，称得上有智慧。这句话虽然过去了大约2500年，但老子的管理思想在历史长河里面，在当今现代团队管理里面仍然充分闪烁着光辉。

在日常团队建设工作中，我们认为"知人善任"至少包括三个内容：第一，知道哪些人是人才；第二，知道这些人是哪方面的人才，或者哪种类型的人才；第三，知道把这些人放在什么位置上最合适。可见，要做到知人善任，就要先从了解人的特长开始——知人善任，首要是知人。知人者不但要勤于去知，还要舍得花时间认真考察。同时，管理者要真正做到"善任"，就应该从事业的全局出发，充分考虑人才的具体特点，把他放到合适岗位上。假如不把各人的才能用到最能发挥其作用的地方去，那对人才本身是一种压制，对事业发展的既得资源也是一种极大的浪费。

每个人的长处和才能各属特定类型，有的擅长分析，有的擅长综合，有的擅长技术，有的擅长管理，有的精通财务，有的善于交际。特定类型的才能应与特定的工作性质相适应，如此才能人尽其才。工作对人的要求不同，才能与职位应该相称，给予人的职位应最能刺激他发挥自己的优势。职位要以其所能和工作所需结合，即"职以能授"，这样，既不勉为其难，也不无可事事。扬其所能，其工作自然积极，管理效能也必然提高。

所以，管理大师卡耐基根据多年的经验总结出：不同工作职位有不同要求，不同的人才适合从事不同的工作。如某人既能统观全局，又善于协调指挥，还善于识人用人，组织才干出众，有雄才大略，这种人便属帅才，就应推举其担任团队或项目领导，放在决策中心做领导工作；某人思想活跃，兴趣广泛，知识面宽，既有综合分析能力，又敢议事且直言不讳，还有求实精神，无利俗杂念，这种人便是优秀的反馈人才，应选为智囊；有的人忠实坚定，耿直公正，身正行端，平易近人，那就应该让他们从事监督工作，如此定能做出一流的成绩；有的人对领导意图心领神会，对领导的指示也能忠实执行，既埋头苦干，又任劳任怨，这种人才实在就是难得的执行人才，让他们担任办公室主任、秘书，一定能把工作做好。

总之，各种人才应该各得其位。现代领导者必须善于区别不同人的不同才能，让他们在最合适的岗位上发挥作用。如果让优秀的反馈人才去当执行人员，必然"犯上多事"；反之，如果让执行人才当智囊，岂不"自欺欺人"？可见，世上无无用之人，贵在所用恰当。

人无完人，金无足赤。在人类已有的知识、经验、能力的总和面前，任何伟大的天才都只是适应了社会某一个方面的需求而已。所以，"阿里巴巴"企业创始人马云先生曾调侃道："天不怕，地不怕，就怕 CFO 当 CEO。"由此可见，团队建设中的知人善任，就是要充分发挥每一个人的才干，这样才能据个人能力切实高效地建立起以工作内容为主的工作激励机制。

七、组织支持的条件机制

辩证法认为，内因和外因是辩证统一、互相联系、互相转化的。一个团队或团队的领导者、管理者，如果能给团队成员更多关心、爱护、帮助，并尽量多地为团队成员提供相关支持，人们在工作中才可能不遗余力、全力以赴。

管理实践中，"条件"一般有 3 种，即：充分条件、必要条件、充分必要条件。逻辑推论中，涉及最多的可能是充分条件和必要条件。这些条件与团队工作直接相关——条件好，团队成员必定信心大、热情高、干劲足；反之，尽管可以调动理智和意志的力量，但对于大多数人来说，信心、热情和干劲多少难免受到影响。

可见，任何组织和团队的管理者、领导者，在制订工作计划、布置工作任务、配套激励机制时，十分有必要认识和分析工作任务执行中的充分条件、必要条件，特别是充分必要条件，并积极创造相关条件，给予相关支持，以保证团队成员信心和热情的建立。

除直接的工作条件外，在当今以人本管理为主流的现代组织管理中，开明的领导者和管理者还须重视为团队成员积极解决各种后顾之忧。

顾名思义，后顾之忧就是在前进过程中，会回头去担心的"后面"的问题。

这些问题可能是家庭问题、前途问题，抑或是爱情问题。例如：党的群众路线教育实践活动进入收官之际，共有 6484 名因家住城里而不深入群众，不能把工作放在第一位，常常往家跑，人们笑称的"走读干部"在专项整治中被查处。这一方面意味着中央反"四风"不仅剑指吃喝奢靡"明疾"，另一方面还意味着中央深入到党员干部的工作态度、考核考勤"庸懒散奢贪"等"暗症"。但从组织的角度看，这些基层干部工作积极性之所以受到影响，可能与基层缺乏安居乐业所需要的优质的教育、医疗资源，以及各种生活配套设施不无关系。所以在现有情况下，要解决乡镇干部"走读"问题，调动基层干部的工作积极性，最根本的是要加速城乡一体化建设，不断缩小城乡差别，以至无差别。当然也要健全城乡公务员合理平等的晋升机制，如 2014 年 9 月中央办公厅印发了《关于加强乡镇干部队伍建设的若干意见》，提出要在乡镇机关设置主任科员、副主任科员，以解决困扰多年的乡镇公务员职级问题。

事实上，人们在社会中总是立体的，每一个人都扮演着多重角色。虽然在组织之中，我们每一个人都有岗位，因此理所当然要承担起工作职责，为组织目标贡献力量。但在父母面前，我们每一个人都为人儿女，"百善孝为先"，所以，我们天经地义地应当承担孝敬父母的责任；在子女面前，我们每一个人都为人父母，十年树木百年树人，因而我们必须责无旁贷地履行培养教育后代的人类再生产使命。

如此，关心爱护团队成员是激励人们积极性的必要条件。尽管后顾之忧平常表现的多为个人之忧、小事之忧，然而从团队制胜战略剖析，后顾之忧实质上是导致团队成员不能全力以赴的因素。换句话说，消除或减少那些在组织任务执行过程中的个人之忧、小事之忧，能最大可能地让团队成员做到全力以赴，进而最大限度地提升团队整体执行力，实现组织目标。因此，解决团队成员的后顾之忧，不仅在激励内容上有利于满足人们深层上的心理需求，增强激励功能，而且有利于更好地体现团队价值，从而增强团队的凝聚力和战斗力。

解决团队成员后顾之忧的有效形式是组织和团队支持。起源于 20 世纪 40 年代欧美国家的"员工援助计划"，将是一套在我国即将时兴的组织支持系统。目前，世界 500 强企业中，有 90% 以上建立了"员工援助计划"；美国已经有将近 1/4 企业的员工享受"员工援助计划"服务。

员工援助计划（Employee Assistance Program，EAP）是由组织出资为员工设置的一套系统的、长期的福利与支持项目。通过专业人员对组织的诊断、建议和对员工及其直系亲属提供专业指导、培训和咨询，旨在帮助解决员工及其家庭成员的压力管理、职业心理健康、裁员心理危机、灾难性事件、职业生涯发展、健康生活方式、家庭问题、情感问题、法律纠纷、理财问题、饮食习惯、减肥等全面的个人问题，以提高员工在组织中的工作绩效。

员工援助计划一般涉及以下服务：一是管理员工问题、改进工作环境、提供咨询、帮助员工改进业绩、提供培训和帮助、将反馈信息传递给组织领导者，及对员工和其家属进行有关 EAP 服务的教育。二是对员工问题进行保密并提供及时的察觉和评估服务，以保证员工的个人问题不会对他们的业绩表现有负面影响。三是对那些拥有个人问题以致影响到业绩表现的员工，运用建设性的对策、激励和短期的干涉方法，使其认识到个人问题和表现之间的关系。四是为这些员工提供医学咨询、治疗、帮助、转介和跟踪等服务。五是提供组织咨询，帮助他们与服务商建立和保持有效的工作关系。六是在组织中进行咨询，使得政策的覆盖面涉及有关的不良现象或行为，并进行医学治疗。七是确认员工帮助计划在组织和个人表现中的有效性。

第五节　游戏感悟

人们的行为来源于动机，而动机来自于需求加诱因。当人们以恰当的需求效用和适当的诱发因素对激励对象实施有效激励，就可能得到希望的结果。

动　机

人数：不限。

时间：10 分钟。

材料：几张 1 元的钞票，随机贴在学员的椅子下。

场地：教室。

目的：

1. 让学员感受到激励与动机的关系；

2. 活跃课堂气氛；

3. 感悟金钱并不是唯一的奖励手段。

（一）规则和程序

教师对学员说："请举起你们的右手"，保持一会儿后，谢谢大家。问他们："你们为什么举手？"

回答可能是："因为你要我们这么做"，或者是："因为你给予尊重地说了'请'"。

得到 3~4 个答案以后，教师说："请大家站起来，并把椅子举起来。"

绝大部分的情况下，没有人会采取行动。教师继续说："如果我告诉你们，椅子下有钞票，你们会不会站起来并举起椅子看看？"

绝大多数人仍然不会采取行动，于是教师说："好吧，我告诉你们，有几张椅子底下确实有钱。"（通常，2~3 个学员会站起来，然后很快，所有人都会站起来。）于是有人找到纸币，叫着："这里有一张！"

（二）相关讨论

1. 为什么第二次请你做事时，要花费更多的努力？

可能答案：因为感觉没有意义；没有动力；人们已经感到可能被诱导做没有意义的事等等。

2. 钱是否能激励你？

总结归纳：金钱可能会奖励做某些事情，但并非是在任何情况下对任何人都是有效的。

3. 激励人们的唯一正确方法是什么？

总结归纳：让人们去做一件事唯一的方法，是让他们自己想去做。除此以外，别无他法。

第六节　知识扩展

巴西的塞氏公司是年轻人最想去的"另类"公司。与传统商业巨头们相比，塞氏公司并不"如雷贯耳"，但它却被自己的组织成员津津乐道：因为他们认为这家企业是他们眼中的"平等天堂"。尽管塞氏公司的老板塞姆勒经营公司的方法让常人感觉不可思议，但他却把一个濒临灭亡的公司变得繁荣了。即使在整个巴西经济不景气时，塞氏企业照旧逆流而上，甚至利润翻了 5 番。

弱化管理而自主管理的巴西塞氏公司

巴西的塞氏公司老板名叫里卡多·塞姆勒，30岁从父亲手里接下企业后便致力于打造员工乐土，让平等替代"金字塔统治"。

塞姆勒的父亲原来每天早上6点30分准时起床，严格遵守时间表。他回家吃午饭，小睡15分钟后返回办公室；晚上7点45分准时下班回家吃晚饭。无论在公司还是家里，他都表情严肃。他的秘书费尔南德是个身材矮小而结实的女子，同样有一副严肃的表情。"如果费尔南德迟到了6分钟，父亲就会批评她。而当父亲用钢笔而不是用铅笔修改文件上的错误时，就轮到她发怒了。"塞姆勒从小就知道，在父亲的公司里，严肃的表情就像"注册商标"，用来引起尊重和恐慌。他还发现，在办公室里，职员们总是用抛物猜正反面来决定谁去给父亲送文件。无论父亲还是员工们，都工作得非常辛苦、很不快乐。

塞姆勒打内心拒绝"不快乐病毒"，接管这家企业的时候，他更不想感染"不快乐病毒"。他决心要对陈规旧习进行"大扫除"。

他开除了公司的CEO和15个高层经理。虽然新的CEO很年轻，但身体里流的还是等级与权力的血。有一天，塞姆勒在会议室里发现了一幅漫画，一个肥胖的吸血鬼从几十个小人身上吸血。塞姆勒意识到，自己曾反对的一套又回来了。工作难道真的必须又累又不快乐吗？

工作了一段时间后，塞姆勒暗自为公司里的压迫感到震惊。企业的规章制度和程序让人感到冷酷无情，员工缺乏热情，空气里弥漫着一种抑郁。

一贯被商业习惯强调的语言、行为和思维，不正是窒息和桎梏的创造源吗？塞姆勒决心真正改变企业。"无须记录员工是否迟到，不要那些规章制度"。塞姆勒的第一条规定是：晚上7点之前，所有人必须离开办公室；第二条规定是给他自己的：给员工最大限度的自由和权利；第三条规定充满了破坏性：审视所有规章，大把大把地扔掉它们。最后是具有象征意义的规定——他消除了所有代表压迫的东西：取消了门卫例行检查，取消了考勤制度，取消了着装规定；经理们拆掉了办公室，进行"互动管理"（管理者到员工中去传达管理意图，听取员工意见）；为公司高层保留车位的做法也消失了——没有谁真的比别人更重要，谁先来谁就把车停在那里；名片、办公室家具、地毯上的区别也被取消了。

公司的每一种行为都蕴含着哪些深刻的内涵？在不断推出改革行动的过程中，塞姆勒也不断反省：公司应该是个什么东西？他认为，公司至少不该是一个以赚钱为饵的压迫人们的机器。

随后，塞氏企业印发了一个类似公司说明书的小手册：组织结构方面，没有组织结构图，以被领导者的尊重来造就领导者；员工雇用方面，规定在雇用或提升某人前，他所在部门的其他人有机会对他进行评价；工作时间方面，实行灵活的工作时间，每个员工设定自己的时间表；工作环境方面，所有员工都能自由改变其工作区环境，使自己觉得舒服；职场着装方面，穿什么都行，每个人可以按喜好和需要穿衣服；权力运用方面，任何对他人的不尊敬都会被严肃对待，绝不容忍滥用权力、压迫下属，或令人因恐惧而工作；工会组织方面，工人可以自由组织工会，公司坚持对工会的尊重，并和工会对话；员工罢工方面，罢工被认为是正常的，是员工的基本权利；评价上级方面，每个人都有权力评价上级，公司全力保障开诚布公。

为了让平等从意愿变成制度，塞姆勒设置了"工人委员会"。这个认为"老板是敌人"的工人委员会，成员是最难管束的人，但塞姆勒表现出了大无畏的勇气。"看到高层管理者和我坐在同一张桌子旁，倾听我们说话，并愿意为此做些事情，"工人委员会的成员说，"我意识到，这是员工可以和公司一起成长的地方。"

平等被引进来时，也给公司带来了代价，例如拖延了决策流程，讨论太多、思索的时间太长。塞姆勒说："也许这是公司民主不可避免的代价。"

塞姆勒决意要拆掉"企业金字塔"。他从小就看到了不快乐的领导和不快乐的员工，这促使他思考：把人当成生产工具的时代正走向终结。实行参与管理要比传统的单向管理复杂得多，但终将带来大收获。

"企业金字塔"的问题是，头衔和层级充斥着整个公司，许多管理者的时间都用在处理不可避免的冲突、嫉妒和困惑上。即使在提倡"扁平化"的时代，六七个层级在公司中也很常见。"企业金字塔"甚至阻止了人们直接与层级高两层的人交谈。结果是，越向上走越狭窄：奖励了少数人，却打击了绝大多数人的士气。少数幸运儿享受着豪华办公室和跑车，多数人只能在年终时得到一声苍白无力的"谢谢"。

塞姆勒抛弃了僵化的组织结构，采取了全新的领导措施。塞氏公司的成功，让曾经的批评家们感到惊奇万分。究其原因，其实也简单："企业金字塔"上的"交通拥堵"少了，公司自然可以快乐、高效地前进。

　　塞姆勒的另类做法还有许多，但所有的做法，无不体现对员工的尊重与信任。正是因为员工的心理需求得到极大的满足——这是最高效的激励方式，如此才有了企业的欣欣向荣。

课外练习

1. 结合应用演练项目试述创建团队激励机制对于高效能团队建设的意义。
2. 以应用演练项目为基础，联系实际试述团队激励机制的一般内容。
3. 结合应用演练项目，分析团队成员的后顾之忧，并策划针对性的激励机制。

|第五章||
高效能团队人际关系建设

有关研究表明：良好的人际关系，可使工作成功率与个人幸福达成率达到85%以上；一个人获得成功的因素中，85%的因素决定于人际关系，而知识、技术、经验等因素仅占15%；某地被解雇的4000人中，人际关系不好者占90%，不称职者只占10%；大学毕业生中，善于处理人际关系的人平均年薪比优等生高15%，比普通生高出33%。可见，团队建设中，人际关系的建设是其重要内容。

第一节 入胜测试

俗话说，做事先做人。在我们的学习、生活、事业发展中，人际关系占据主要成分。然而，现代社会却处处要求我们生活在陌生人的圈子里。现代城市生活不但常常淡化了本色的人际交往，而且法权和功利的界限还常常阻断了温情脉脉的人际关系。只有打破这些藩篱，我们的生活才更加有爱伴随。

你的人际关系能力如何

美国著名教育家卡耐基先生曾指出：一个人事业的成功，只有15%是由他的专业技术决定的，另外的85%则要靠人际关系。

你是否善于交际？请回答下面的问题：

（一）测试题目

1. 一位朋友邀请你参加（他）她的生日。可是，任何一位来宾你都不认识：

A. 你借故拒绝，告诉（他）她说："那天已经有别的朋友邀请过我了"；

B. 你愿意早去一会儿帮助（他）她筹备生日；

C. 你非常乐意借此去认识他们。

2. 在街上，一位陌生人向你询问到火车站的路径。这是很难解释清楚的，况且，你还有急事：

A. 你让他去向远处的一位警察打听；

B. 你尽量简单地告诉他；

C. 你把他引向火车站的方向。

3. 你表弟到你家来，你已经有两个月没有见到过他了。可是，这天晚上，电视上有一部非常精彩的电影：

A. 你让电视开着，与表弟谈论；

B. 你说服表弟与你一块看电视；

C. 你关上电视机，让表弟看你假期中的照片。

4. 你父亲给你寄钱来了：

A. 你把钱搁在一边；

B. 你买一些东西，如：油画、一盏漂亮的灯，装饰一下你的卧室；

C. 你和朋友们小宴一顿。

5. 你的邻居要去看电影，让你照看一下他们的孩子。孩子醒后哭了起来：

A. 你关上卧室的门，到餐厅去看书；

B. 你看看孩子是否需要什么东西，如果他无故哭闹，你就让他哭去，终究他会停下来的；

C. 你把孩子抱在怀里，哼着歌曲想让他入睡。

6. 如果你有闲暇，你喜欢干些什么？

A. 待在卧室里听音乐；

B. 到商店里买东西；

C. 与朋友一起看电影，并与他们一起讨论。

7. 当你周围有同事生病住医院时，你常常是：

A. 有空就去探望，没有空就不去了；

B. 只探望同你关系密切者；

C. 主动探望。

8. 在你选择朋友时，你发现：

A. 你只能同你趣味相同的人们友好相处；

B. 兴趣、爱好不相同的人偶尔也能谈谈；

C. 一般说来你几乎能同任何人都合得来。

9. 如果有人请你去玩或在聚会上唱歌，你往往：

A. 断然回绝；

B. 找个借口推辞掉；

C. 饶有趣味地欣然应邀。

10. 对于他人对你的依赖，你的感觉如何？

A. 避而远之，我不喜欢结交依赖性强的朋友；

B. 一般地说，我并不介意，但我希望我的朋友们能有一定的独立性；

C. 很好，我喜欢被人依赖。

（二）评分规则

选择第一个 A 选项，为 1 分；

选择第二个 B 选项，为 2 分；

选择第三个 C 选项，为 3 分。

（三）结果分析

分数为 25~30 分：

你非常善于交际，你的伙伴们非常爱你，你总是面带笑容，为别人考虑的比为自己考虑的要多，朋友们为有你这样一位朋友而感到幸运。

分数为 15~25 分：

你不喜欢独自一个人待着，你需要朋友围在身边。你非常喜欢帮忙——如果这不花费你太多精力的话。

分数为 15 分以下：

注意，你置身于众人之外，仅仅为自己而活着。你是一位利己主义者。要奇怪为什么你的朋友这样少，先从你的贝壳中走出来吧。

第二节　启智案例

人是通过和别人发生交互作用而发展自己、实现自己的价值的。良好的人际关系是人生快乐的源泉，有助于身心健康，有益于完善个人性格，同时促进个人与团队的成功。

同舟共济，事事胜意

在一个高科技公司，有一个小伙子名叫 Jack。Jack 刚刚加入这个高科技团队时，发现一个有趣的现象：在公司的咖啡厅或餐厅里，大家每天议论最多的便是公司的老板 Tom。大家争先恐后地说着 Tom 的各种奇闻轶事，并以此找快乐。

原来，Tom 是一个很能干的企业家，他白手起家创办并且发展壮大了这家公司，使企业从一个小作坊发展到年销售额几十亿美元的世界知名公司。成功使 Tom 极度自信，几乎不听别人的建议。他坚信自己的判断，独断专行。员工们包括高级经理对他又恨又怕，工作中还常常无所适从。于是就有人每天传播哪个经理又被 Tom 骂了，哪个主管的方案又被 Tom 扔进了废纸篓，以此发泄心中的不满并从中找到乐趣。

Jack 本来也可以随大溜加入诋毁 Tom 大军，但事实上他没有这样做。他把他的精力放到他能影响到的领域，勤恳又聪明地工作着。Tom 吩咐他准备一份报告，他不仅把报告本身准备得漂漂亮亮，而且还会把相关的资料、数据整理好一份清单，使 Tom 在董事会作报告时有理有据，非常富于说服力。如此一来，Tom 开始慢慢注意并另眼看待 Jack 了，有时开会时还会转过头来说：Jack，你有什么建议？员工们简直不敢相信，Tom 居然会问别人的建议。

Tom 在 Jack 的影响下，逐渐改变了一些固有的管理风格和习惯，他能听别人讲话，开始到员工中走动。公司里拿 Tom 讲故事的现象越来越少了，于是 Jack 又成了大家议论的对象。不过，大家一致觉着 Jack 确实了不起，竟然不经意间逐渐改变了顽固不化的 Tom。久而久之，Jack 在公司里的威信逐渐上升，影响力也逐步增强。不久，Jack 成长为公司负责战略设计和人力资源的副总裁。他成功地改变了 Tom，也改变了公司。

案例分析

拥有良好、和谐的人际关系是获得事业成功的法宝之一。想要在职场中立于不败之地，就要努力成为具备以下几种能力的人。

1. 跷跷板能力。

俗话说，助人为快乐之本。人与人之间的互动，就如同坐跷跷板一样，不能永远固定为某一端高、另一端低。要高低交替，这样整个过程才会玩得快乐！一个自私的人如同坐在一个静止的跷跷板顶端，虽然维持了高高在上的优势位置，但整个人际互动失去了应有的乐趣。

2. 刺猬能力。

刺猬由于寒冷而相拥在一起，可是因为各自身上都长着刺，距离太近则会刺着对方。所以，团队活动中，人与人之间往往应该保持亲密有间的关系。我们要学会运用刺猬法则，与同事相处时既不要拒人于千里之外，也不要过于自作多情。

3. 镜子能力。

希望人家怎样待你，你也要怎样待人。用这种为人处世的观念和方法，能使我们在团队中始终处于主动地位，有的放矢地处理好各种关系。

第三节　应用演练

随着团队工作的深入，团队人际关系将变得越来越复杂：每一个团队成员不仅要与老同事横向产生工作关系，而且要与上级、下属之间产生纵向工作关系，同时还要与新进同事、上司、下属从陌生到熟悉产生横向、纵向关系，当然还需要与团队外的相关组织及其成员产生交叉协作关系。

欢迎新进成员

团队人际关系是一种错综复杂的关系网络，每一个团队成员的人际关系水平，决定着团队的协作水平，也决定着团队的凝聚力和向心力。

（一）综合项目

继续将第一章虚拟的项目（如创建"高效能团队建设研习所"）或确定的某个真实项目（如自己所在的班级）作为实训项目。

（二）单元任务

根据项目特点，策划新进成员的欢迎仪式，并分别扮演老员工向新进员工循环进行他人介绍和自我介绍。

（三）演练目标

素质目标：认识团队人际关系的重要意义，培育积极的人际关系意识，认同同舟共济、事事胜意及相互补台、好戏连台的观念。

知识目标：了解团队人际关系的本质；理解团队人际关系的作用；掌握团队人际关系的内容；明确团队人际关系的要点。

能力目标：能欣赏他人，识人之长；会真诚赞美，与人友好；懂优势互补，展示特性，予人价值；有人际艺术，融洽关系；以集体力量，凝聚人心。

（四）演练形式

全体参与，先由教师介绍"新进成员"，然后由"新进成员"补充介绍自己，之后再介绍左边或右边的伙伴，再由被介绍者补充介绍自己，转而继续介绍左边或右边的伙伴……

第四节　理论升华

人际关系是人们在相互交往中，心理上相互联系、相互影响、相互制约的关系，它体现了人与人之间的心理距离。

一、团队人际关系的含义与类型

在现代社会中，人们追求事业上的成功，需要团结互助、平等友爱、共同前进的人际关系。

人际关系是人与人之间在活动过程中情感上的关系，表现为双方的好感或恶感、对别人的行为容易接受或无动于衷、积极的交往或闭关自守、心理上与他人相容或不相容等。它反映在团队活动中，表现为人们相互之间的情感距离和相互吸引与排拒的心理状态。和谐、友好、积极、亲密的人际关系都属于良好的人际关系，有益于一个人的工作、生活和学习；相反，不和谐、不信任、紧张、消极、敌对的人际关系则是不良的人际关系，对一个人的工作、生活和学习是有害无益的。

社会学将人际关系定义为人们在生产或生活活动过程中所建立的一种社会关系；心理学将人际关系定义为人与人在交往中建立的直接的心理上的联系。现实中，人际关系常指人与人交往关系的总称，也被称为"人际交往"，包括亲属关系、朋友关系、学友（同学）关系、师生关系、雇用关系、战友关系、同事及领导与被领导关系等。人是社会化动物，每个个体均有其独特的思想、背景、态度、个性、行为模式及价值观，然而人际关系对每个人的情绪、生活、工作有很大的影响，甚至对组织气氛、组织沟通、组织运作、组织效率及个人与组织之关系均有极大的影响。

团队人际关系是指团队活动或者说团队工作过程中人与人之间的交往关系，是人们在共同的工作、生活、学习中结成的或因其他需要而建立的各种关系的总称。

人际关系实质上是一种心理关系。在团队中人们互相认识，因为认识而产生吸引或者抗拒，合作或者竞争，领导或者服从等关系，于是形成了一种特定范围的团队人际关系。

团队中的人际关系包括上下级间的关系、成员间的关系，甚至包括团队成员与外界团队成员的关系。

人际关系的本质包含了目标、步骤、角色、规则四方面内容。目标：一般不外乎幸福人生、和谐组织、安定社会与世界大同等。步骤：须从个人品德修养做起，按部就班，再推己及人，扩充于团体之中。角色：不同角色会有不同之功能与态度，人在环境中应先认定自己的角色，再设定应当有的关系。人和环境互

高效能团队建设

动，人因环境改变。规则：团队人际关系的进行需按团队规则进行，此规则大略包含法律、礼节、道德、行为四方面。

从不同的角度观察，人际关系有不同情形。为了更好地指导交往实践，我们可以从互动关系角度把人际关系分为以下八种类型：

（1）主从型，其特点是一方处于支配地位，另一方处于从属地位。这是人际关系类型中最基本的一种，几乎所有的人际关系都有主从性因素。

（2）合作型，其特点是双方有共同目标，为了达到这一目标，彼此能配合和容忍对方。

（3）竞争型，其特点是双方为实现各自目标常常竭尽全力，因而充满活力；由于长时间竞争，又常使人疲惫和紧张。

（4）主从—竞争型，这是一种混合型的人际关系，双方相处中，有时是主从型、有时是竞争型。这种变换常使双方无所适从，是难以相处的人际关系。

（5）主从—合作型，这是一种互补与对称的混合型人际关系，双方在其中能和谐共处。如果其中合作因素超过主从因素则关系更为融洽。

（6）竞争—合作型，双方在这种人际关系中，时而竞争，时而合作。为维持这种类型的人际关系，双方需要保持一定的心理距离，避免交往过频。

（7）主从—合作—竞争型，这种混合型的人际关系兼有三者的特点，矛盾较多，双方易陷入困境。

（8）无规则型，这种人际关系较为少见。特点是双方关系毫无规则，不清楚要做什么。

二、团队人际关系的重要性

从人类发展角度看，人与人只有形成群体，事事、处处与他人在一起，才能获得生存、获得发展、获得进步、获得快乐、获得幸福。如果没有社会、组织、团队、家庭或他人的帮助，一个人的一生则可能一事无成。因此，建立良好的人际关系，在某种程度上是人类生存发展的第一要务。

人类如此，团队则更是这样，因为团队成员的特性就是存在着相互依存、相互作用、相互影响的关系。因此，团队没有良好的人际关系，人情就会淡漠，工作就会失去协作和外援。没有外援，团队成员势必陷入孤立，进而陷入困境。如此，就会破坏团队凝聚力，影响团队合力。

人类也好，组织也好，团队也好，不管其范围大小，其人际关系归根结底都是一种社会关系，这种关系在一定程度上终将影响社会生产力的发展和社会进步。因此，先进的社会关系要求产生新型的政治、经济关系，以反作用于生产力，促进社会发展；而腐朽落后的人际关系是落后社会关系的反映，阻碍了社会发展。所以，在团队活动中，每一个人的人际关系状况都将对自身、他人、团队产生重要的影响。其意义具体表现在以下几个方面：

（1）良好的人际关系是团队成员身心健康的需要。一个人如果身处在相互关心爱护，关系密切融洽的人际关系中，一定心情舒畅，这自然有益于身心健康——良好的人际关系能使人保持心境轻松平稳，态度乐观；不良的人际关系，可干扰人的情绪，使人焦虑、不安和抑郁。

（2）良好的人际关系是团队事业成功的需要。团队的成功是全体成员共同努力的结果，有赖于全体成员精诚合作。可见，人际关系对团队业绩的影响很大，它是团队取得成功的重要条件之一。如若有良好的人际关系，和成员有正确的处世技巧，将有助于团队在事业上的成功。换句话说，良好的人际关系能为团队事业的成功创造优良的人文环境。

（3）良好的人际关系是人生幸福的需要。人生的幸福构建在物质生活和精神生活的基础上。人际关系不但表现为精神生活的高品质，而且良好的人际关系，有利于营造使人在物质生产过程中充分发挥创造力的优良环境。人的积极性和创造性的发挥，能增加物质财富的生产，丰富人们的物质生活；同时，良好的人际关系也使得人与人之间的物质交往渠道畅通。人与人之间互通有无，互利互惠，定能得到超值的物质享受。

当然，人生幸福还必然要求精神生活的满足。精神生活的状况，如思想道德、理想情操、心理境况等都与人际关系密切联系。人需要有思想感情上的交流，一个志同道合又积极向上的人际关系团队中，和谐健康的人际关系形成的是一个和谐、信任、友爱、团结、理解、互相关心的生活与工作环境。在这种环境中，人与人之间思想感情上的交流，能使人们从中汲取力量和勇气。哪怕在碰到挫折和困难时，如果能得到别人的及时帮助，或通过交流能够理解事件、释放压力，也能使人处在一种舒畅、快慰、奔放的精神状态中。所以，良好的人际关系容易让人形成乐观、自信、积极的人生态度，进而使人们的情操、心理环境得到净化，思想境界便能随之得到升华。

总之，新型的、进步的人际关系，反映了一种新型的、先进的社会关系。它是人类快乐的源泉，也是团队建设取之不尽、用之不竭的力量源泉。

三、影响团队人际关系的因素

虽然人际关系于团队建设意义非凡，然而，团队活动与工作中，既然人与人之间要通过交往形成情感联系，那么联系过程中必然会遭遇各种障碍。团队人际关系的主要影响因素有：

（1）个人特质。每个人人格不同，性情各异。有人斤斤计较，有人大大方方；有人乐观豁达，有人悲悲切切；有人没心没肺，有人动辄生气……个人特质不同，人际交往的亲和力则大有差异，这种差异，直接决定了不同的人际关系。

影响团队人际关系的个人特质有很多，但主要有：①个性差异性。这是一个人的整个精神面貌，即具有一定倾向性的心理特征的总和，包括一个人的兴趣、爱好、思想、信念、世界观、性格、气质、能力等。②个性相似性。彼此之间态度、价值观、兴趣，以及人格特质的相似性，直接影响人际交往的亲密程度。例如，有人在羽毛球场认识一个与其技术相近的人，通过交流，发现性格特点也相似，因而之后便成为知己。假如双方价值观不同，一方看不惯另一方，或一方对另一方不感兴趣，这样他们之间就很难有进一步的友谊。③个性互补性。需求上的互补，即一方所需要的，正是另一方所能提供的，或一方所缺少的，正是另一方所具备的，如此也容易导致彼此间的吸引。④行为近似。言谈举止、交往动作、角色地位、仪表风度等人际行为模式越相应近似，越易产生和谐的人际关系。⑤外表。实践证明，一个外表较具吸引力的人，比外表较无吸引力的人更受人喜爱。

（2）表达能力。人际交往中，最经常使用的、最基本的手段是语言，所以，不会说话的人或词不达意的人，必然不善与人交往，或即使与人交往也常常受欢迎度不高。相反，那些具有良好人际关系的人，他们总是善于表达自己的情感与想法，而且能注意在不同场合的讲话分寸，理智地做到不讲不该说的话。不仅如此，他们还能在讲话中注意幽默感，从而增强人际吸引，避免尴尬场面；他们在谈话中，总能谈起对方感兴趣的事情和最为珍视的东西，如此引起共鸣，即使他人高兴，也让自己更加容易与人接近。因此，如果一个人说话夹枪带棒，含沙射影，或者出语尖酸刻薄，言外有意，或者冷言冷语，这样的表达能力不但不会有良好的人际关系，还可能常常引起人们的反感，甚至还会引发冲突。这样的人，怎么能与别人建立和谐融洽的人际关系？

（3）自我认知。《人格创新人生——高效能人士的 11 项锤炼》书中，主张"知彼解己"，意思是指在人际关系中，不仅要做到传统的知己知彼，还要以仁慈心知彼和以勇气解剖自己、从本质上认识自己。现实中，一个不卑不亢、谦卑自持的人总是时时、处处受人欢迎，人们心甘乐意与之接近，与之深交；而一个盛气凌人、得意忘形、骄傲自满、不知天高地厚的人，即使自认为聪明过人，也总让人们敬而远之，根本不可能赢得良好的人际关系。当然，整天顾影自怜、郁郁寡欢、自卑而缺乏自信的人，也会让人感觉沉闷压抑，交往无趣。

在团队人际关系建设中，自我认知主要包括：①自我概念。这是指个人对自己的看法。②家庭自我。不同结构的家庭，家长教育精力的投入及其教育态度等，都会对人的"三观"形成、集体主义意识树立产生深远影响。③认知偏差。人们常常根据一定的表象或不完全的，甚至虚假的信息而对他人做出判断，从而出现判断失误或判断本身与判断对象的真实情况不相符合，导致人际关系不和谐。④自我坦诚。人际交往中，除了对自己、对别人有一个适当的概念之外，还需进一步开始与人互动，这就要求彼此之间的自我坦诚，充分让对方知道自己，也尽量使自己了解对方。经过相互的自我坦诚，猜疑则随之减少，人际感情就可能发展。

（4）情境因素。团队人际关系常常受情境的影响，比如团队组建初期，一方面一切尚未成型，也处处充满希望，甚至个人缺点也尚未暴露，因此人际关系较为和谐；另一方面万事开头难，在克服困难争取胜利过程中，客观需要大家彼此依靠，因此大家更能齐心协力，由此关系也更容易融洽。再如在团队一致对外的特殊时期，全体成员也自觉倾向于团结一致，关系也更亲近。

其实，影响团队人际关系的情境，平时更多地表现于成员的心境，主要有：①态度。态度在人际交往中形成，又对人际关系产生影响。例如，如果有人态度谦和、闻过则喜，即使被人误解，可能也无则加勉，如此必定更加让人钦佩；而假设有人态度蛮横，对人不依不饶，狂妄自大，交往面就必定不大。②情绪。情绪是人们情感的外在表现。月有阴晴圆缺，人有喜怒哀乐，但交往中若没有良好的情绪状态，则会直接影响人际交往质量。③感情。能驱使人们接近、合作、联系的情感称为结合性情感。结合性情感越多，彼此之间越相容。

此外，在团队人际活动中，每个人都渴望得到别人的尊重。尊重别人意味着对别人的理解，这就有了交往的基础。如果交往双方缺乏相互的尊重，就谈不上理解，甚至产生误解，这显然不可能有进一步的友谊。

四、团队人际关系的要素与建设原则

个体都有三种基本的人际需要：一是包容需要，主要是与他人接触、交往、相容；二是支配需要，主要是控制他人或被他人控制；三是感情需要，主要是爱他人或被他人所爱。团队人际关系（交往）其实质是一种特定的社会现象，一般具备以下几方面要素：

（1）交往的主动性。人们在交流沟通的过程中，不是一方领导另一方，而是双方都是活动的主体。这就是说，在团队人际交往过程中，每一方都是积极活动着的主体，所不同的是，所处地位有主次而已。但即使处于次要地位的一方，也不是被动地接受信息、机械地做出反应，而是应根据自己的要求、兴趣去理解和分析对方的信息并做出反馈，调整自己的言行，达到沟通交流之目的。

（2）交往的互益性。单个个体的各种活动，虽然可能与外界有密切的关系，但不能称之为人际交往。人际交往必须是在两个以上的个体之间进行的相互作用的活动。一方发出信息会引起另一方在心理和行为上的反应，这种反应反过来成为新的信息作用于前者。所以，人们在影响他人的同时，也受到他人的影响。

（3）交往的条件性。在人际交往中，首要的条件是双方所使用的符号必须相同或相通，这是交往发生的必备条件。可以是语言符号，也可以是非语言符号。如果符号不同则可能闹出许多笑话。如，与一个外国人交往时，必须使用同一种或彼此都能理解的语言，或其他符号，否则易产生歪曲、误解。

团队人际关系的基础是彼此间的相互重视与支持。而任何个体都不会无缘无故地接纳他人，即喜欢是有前提的，相互性就是基本前提：我们喜欢那些也喜欢我们的人。人际交往中的接近与疏远、喜欢与不喜欢都是相互的。

（4）交换的价值性。人们的行为总是朝向有意义的事情。人际交往其实是一个社会交换过程，其交换的原则是：个体期待人际交往对自己是有价值的，即在交往过程中，其得大于其失，至少有得有失，得失相等。人际交往就是双方根据自己的价值观进行选择的结果。

（5）自我的保护性。自我价值是个体对自身价值的意识与评价；自我价值保护是一种自我支持倾向的心理活动，其目的是防止自我价值受到否定和贬低。由于自我价值是通过他人评价而确立的，所以个体对他人评价极其敏感。对肯定自我价值的他人，个体对其认同和接纳，并反投以肯定与支持；而对否定自我价值的他人，人们则予以疏离；此时就可能激活个体的自我价值保护动机。

（6）责权的对等性。在团队人际交往中，无论是团队与成员，还是成员与成员之间，总要求在承担一定的责任的时候相应要有一些权力，即有付出就要有收获。交往中两个方面的需要和这种需要的满足程度必须是平等的，这是建立人际关系的前提。人际交往作为人们之间的心理沟通，是主动的、相互的、有来有往的。人都有友爱和受人尊敬的需要，都希望得到别人的平等对待。人们的这种需要，就是平等的需要。

（7）相处的相容性。相容是指人际交往中的心理相容，即指人与人之间的融洽关系，与人相处时的容纳、包涵、宽容及忍让。要做到心理相容，应注意增加交往频率，寻找共同点，谦虚和宽容。为人处世要心胸开阔，宽以待人；要体谅他人，遇事多为别人着想，即使别人犯了错误，或冒犯了自己，也不要斤斤计较，以免因小失大，伤害相互之间的感情。只要对事业、对团结有利，做出一些让步也是值得的。

（8）交往的信用性。信用即指一个人诚实、不欺骗、遵守诺言，从而取得他人的信任。人离不开交往，交往离不开信用。要做到说话算数，不轻许诺言。与人交往时要热情友好，以诚相待，不卑不亢。要端庄而不过于矜持；谦逊而不矫饰做作。要充分显示自己的自信心——有自信心的人，才可能取得别人的信赖；处事果断、富有主见、精神饱满、充满自信的人，就容易激发别人的交往动机，博取别人的信任，产生使人乐于交往的魅力。

（9）对人的理解性。理解主要是指体察、了解别人的需要，明了他人言行的动机和意义，并帮助和促成他人合理需要的满足，对他人生活和言行的有价值部分给予鼓励、支持和认可。

上述这些人际交往的基本要素，也是团队人际交往中需要团队成员自觉遵循的基本原则，是处理人际关系不可分割的要件。运用和掌握这些原则，是处理好人际关系的基本条件。

五、团队人际关系的六类取向

人际关系其交换的价值性告诉我们：人际关系的维系，常常依靠相互价值的交换。即使是施舍，往往也能够在潜意识中得到"乐善好施"的回报。所以，团队人际交往中，一定要注意自身价值的创造，要为他人回报价值，如此关系才可能稳固与长久。

国防大学出版社出版的《人格创新人生——高效能人士的 11 项锤炼》书中告

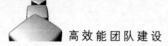

诉人们：人与人之间的交往，常见有"损人利己"（赢/输）、"损己利人"（输/赢）、"损人害己"（输/输）、"独善其身"（单赢）、"好聚好散"（不合作）、"利人利己"（赢/赢）六种思维模式。

（1）损人利己（赢/输）思维。

大多数人从小就浸淫在"你死我活"的观念中。在家里，乖孩子会获得更多的宠爱与特权，其实，这无异于告诉儿童：爱是有条件的，只有兄弟姐妹差，自己才能好。

许多团队中，成员间的地位往往也是依靠"你死我活"的敌对性竞争获得。例如，"先进"名额就是一个，自己要想获得，就必然要让他人不能评上；晋升名额只有一名，他人获得则意味着自己与机缘擦肩而过。

绩效评比也常常以分数、名次定优劣，必须有成绩差的成员才能衬托出名列前茅者的光彩。至于个人的绝对潜能究竟发挥了多少，却并不关心。

诸如此类，不胜枚举。

（2）损己利人（输/赢）思维。

有些人生性消极，习惯于委曲求全，这比损人利己的想法更要不得。这种人无所求，无所欲，也没有原则，只急于讨好别人，容易受人左右。他们不敢表达自己的意见或感受，深恐得罪人，唯有借别人的接纳来肯定自我，这种习性正中损人利己者的下怀。

假设我们十分珍惜与重视某一人际关系，而牵涉的问题又无足轻重，那么偶尔放低姿态也无可厚非；或者为了更崇高的目标，不值得在细节上过于计较，那么退一步也未尝不可。倘若不是如此，那么被压抑的情感并不会消失，累积到一定的程度后，反而以更丑恶的方式爆发出来，有些精神类疾病就是这样造成的。

若是一味压抑，不能把愤怒情绪加以升华，自我评价将日趋低落，到最后依然会危及人际关系，使原先委曲求全的苦心付诸流水，得不偿失。

（3）损人害己（输/输）思维。

两个顽固、互不相让且过分以自我为中心的人在一起，注定会两败俱伤。比如，团队中要分手的同事，有人奉法官之命出售需分割的知识产权，以把相应份额分给他人。为了报复，出售人宁可把市价 10000 多美元的产权贱卖 5000 美元，好让他人得到的少一些。他人向法院抗议才发现，经办人把所有的财产都已经廉价出售。

为了报复，不惜牺牲自身的利益，却不问自己是否值得，这种现象绝非个别。当然只有不够成熟、掌握不了人生方向的人，才会这样不明智。

（4）独善其身（单赢）思维。

生活中还有这样一种人，他们利己但不一定损人。"各人自扫门前雪，休管他人瓦上霜"即是形象写照。人们重要的是要得到自己想要的东西，当不涉及竞争时，这种想法相当普遍。

这种思维表面非常本分，非常合理，但隐性的问题是丧失本分和不合常理：因为社会人必须相互贡献，这才是本分与常理，否则人人自私自利，人人对于他人没有价值，社会将会越来越漠然，人间也将变成缺失爱的地狱。

（5）好聚好散（不合作）思维。

如果实在找不出双方都能接受的方案，倒不如好聚好散或不再合作。因为大家唯一的共识，就是彼此意见不同，正所谓"道不同不相为谋"。既然观念歧异过大，与其事后失望、冲突，不如一开始就认清事实，婉拒合约或订单。心中留有退路，顿觉轻松无比，更不必耍手段、施压力，迫使对方就范。坦诚相见，更有助于发掘及解决问题。即使"买卖"不成，也能仁义尚在。

（6）"利人利己"（赢/赢）思维。

如果想要留住自己所爱、所敬、所亲的人，让他们不再离开自己，很简单，就是做他们生命中的加号，即为他们创造存在价值。这就是"利人利己"（赢/赢）思维。

为自己着想不忘他人的权益；谋求两全其美之策，这种关系自然令人满意、乐于合作。

利人利己者把生活看作一个合作的舞台，而不是一个角斗场。不过一般人看事情多用二分法：非强即弱，非胜即败。这种思维方式的基础是力量和地位，而非原则。其实世界之大，人人都有足够的立足空间，他人之得不必就视为自己之失，联手合作，完全可能更好地开发出更大的天地。

当然，现实中难免有人会运用本身的权势、财力、背景或个性来压迫别人，达到目的。这种思维模式是典型的"损人利己"（赢/输）思维，绝对不是长久之策，更不是高效能之举。而无论是亲子、亲密关系，还是朋友、同事等，如果自己过得开心、自在，能给他人带来欢乐，那么自然会吸引人来到他的身边；相反，一个总是依靠别人给自己带来扶持而自己对他人不能创造价值的人，最终会被他人远离。

六、由浅入深建设团队人际关系

良好人际关系的形成和发展，一般都会经历一个从表层接触到亲密融合的过程。交往刚开始时，彼此并没有意识到对方的存在意义，双方关系处于零接触状态。只有当一方开始注意到另一方，或双方相互注意时，交往关系才开始确立，交往活动才开始全面展开。此时，如果彼此的情感不断卷入和融合，共同的心理领域就会不断扩大，那么，一段时间后，良好的人际关系就是水到渠成的事了。

尽管人际关系的建立在形式上多种多样：有的自幼为邻居，有的十年同窗，有的志趣相投，有的同甘共苦……但是，从互不相识到建立关系、形成友谊，一般总要经历注意、接触、融合这样一个逐渐深化的过程。当然，这三个阶段并不是截然分开的，有时候是相互交叉和重叠的。

首先是注意阶段，即由零接触过渡到单向注意或双向注意的定向阶段。在这个阶段中，由开始时的彼此无关，即零接触状态，逐渐实现选择性注意。这种选择本身反映着交往者的某种需要倾向、兴趣特征和个性心理特征。只有当双方的某些特质能引起相互情感上的共鸣时，才会引起人们的注意，从而把对方纳入自己的知觉对象或交往对象的范围。如果当交往双方互相注意时，这种状态更为良好，说明双方进行了互相选择，处于一致性互动状态中，这就为人际关系的建立准备了更好的心理基础。但是，我们必须认识到，这种作为初步沟通的注意，仅仅可能是良好人际关系的开端，是一种尝试，目的是对别人获得一个初步的印象，使自己明确是否有必要与对方作更进一步的交往。只有在价值观念等方面具有共识时，才可能成为进一步交往的对象。因此，在注意阶段，交往的双方都希望给对方留下一个良好的第一印象，试图使彼此的人际关系的发展获得一个良好的定向。当然，有时这个阶段是非常短暂的，且引起注意的原因也可能是偶然的，但它是形成人际关系的一个必经阶段。同时，由于个体差异，其时间跨度也有所不同。总的说来，这是人际关系的准备阶段、起步阶段。

其次是接触阶段，即由注意逐渐向情感探索、情感沟通的轻度心理卷入阶段转向。此时开始建立初步的心理联系。在这个阶段，交往双方开始了角色性接触，如打招呼、聊天、工作上的联系、学习上的帮助和生活上的相互照顾等，这种一般性的人际接触，目的是为了探索彼此的共同情感领域，并经过一定的情感探索、情感沟通，双方自我暴露的深度和广度有所增加，但仍未进入对方的私密性领域或隐秘敏感区，双方都遵守交往法则，而不越雷池半步，即不涉及对方牢牢守护的根本方面。此时，双方在一起能友好相处，离开对方也无关紧要，彼此没有强烈的吸引力。因而，这个阶段也是普通的人际关系阶段。一旦情感卷入的程度有所加强，交往的频率和深度有了新的进展，人际关系也就进入到第三阶段。

最后是融合阶段，即由接触而导致情感联系不断加强，心理卷入程度不断扩大，进入稳定交往阶段。随着交往双方接触频率的增加，彼此了解不断加深，情感联系越来越密切，心理距离越来越小，在心理上逐渐有了依恋和融合，这标志着人际关系性质已经发生了实质性的变化。此时，交往双方的安全感已经确立，并有中度或深度情感卷入，自我呈现的广度和深度大大扩展，心理相容性也有进一步增加，对事物的看法、评价逐渐趋于一致，并引起情感上的高度共鸣，彼此已成为知己好友，一旦分离或产生冲突，会出现某种焦虑、牵挂和烦躁的情绪，"一日不见，如隔三秋"。

当然，人际关系的融合阶段仍然有一个逐渐深化的过程，在其低水平的层次上，主要表现为交往双方的适应与合作，即求同存异；在其高水平上，才是知交和融合，即心心相印、唇齿相依。恋人关系即属此例。

人与人之间经过一个阶段的交往，彼此从熟悉到了解、从了解到主动热情地关心和帮助对方。但是现实中，人们的亲密互惠的关系程度是有区别的，从普遍现象来看，一般有三种不同的水平：

（1）合作水平。比如科研团队的成员，业余兴趣小组的成员，同班同学，同一教研组的老师，等等。这种以共同行为联结起来的人际关系，感情的依赖性不是很强，分开后，可能就彼此淡漠了。只是在共同活动过程中，能够互相融洽相处。

（2）亲密水平。这种情况往往彼此情感的依赖性较大而内心沟通不足。人们不仅共同活动，平时也常在一起相处，不分彼此。大家在一块生活、学习和工作会感到很愉快，分离时彼此惦念，好久不见会十分想念。

（3）知交水平。这种情况下，彼此在对方心目中都占有极高的地位，相互之间心心相印、无话不谈、引为知音。此时双方不仅有着强烈的情感依恋，而且在观点态度、志向目标上都趋向一致，甚至任何外力都难以拆散。正如孟子曾说过的："人之相识，贵在相知，人之相知，贵在知心"，这是人际关系的最高境界。

团队中，人际关系可以建立在任意阶段上，但是否从一个阶段发展到下一个阶段，则只有在双方都愿意时这种发展才有可能。在实际生活中，很少有人达到"知交"的友谊关系，许多人同别人的关系可能是在"合作"或"亲密"的同一水平上简单重复，甚至有时还会恶化。

七、正确发展上下左右关系

一位哲学家曾说过："人生的美好是人情的美好，人生的丰富是人际关系的丰富。"现实团队中，人情可能最多的即是同事之情；人际关系可能最多的即是上级、下级、同事等工作关系。正确发展这些关系，我们的团队定能战无不胜。

（1）上级关系。①做到尊重第一。即使上司比我们年轻或某方面落后，我们也不能心有不甘或气有不顺。因为他之所以能到这个职位，肯定有他过人之处。所以最理智的做法是尊重他们、学习他们，而不是散播和讨论关于上司短处的八卦消息。②积极查漏补缺。如果我们的上司有不尽人意之处，从事业出发，我们需要在很多地方给予他更多支持和帮助。当然，这无形中可能会加大工作量，但如果往好的方向想想，这恰好是难得的锻炼机会：如此，我们能接触到更多以往不曾了解的事物，对于自己的职业生涯大有裨益。③主动展示才华。不要"犹抱琵琶半遮面"，而要主动展示自己的特长，遇到拿手项目时主动请缨。如果担心自我表现太过高调而不敢表现，那自甘平庸的我们可能永远也不会引起上司的注意。④学会循序引导。由于自己丰富的经验和历练，上司可能会和我们讨论一些问题，甚至请教。这时候千万要以谦逊、友好、客观的态度来告诉上司你的想法，这样既充分表达了自己的意见，又给足了上司面子，当然关系会因此更加稳固。

（2）下级关系。每个领导都会遇到难缠的下属，这也许正是对人们领导能力的考验。我们必须面对他们，学会与他们交往，切忌得意忘形、仗势欺人。特别是对喜欢争强好胜的下属，要尽量满足他们价值实现的需要。哪怕有的下属总觉得比别人强一筹，甚至好像他是领导，狂傲自负，轻视甚至嘲讽领导，作为团队领导者，我们也应该体现出比其更高的素质修养，正确对待，权当磨砺自己的能力。倘若压制，恰好证明你事实上无能而只会以权欺人。要认真分析自己的不足，有则改之，无则加勉，以德服人。还有，有的下属总是以自我为中心，不顾全大局，经常会向上司提出一些不合理的要求，什么事情都先为自己考虑。有这样的下属，我们就要尽量公开、公正、公平，把每个计划中每个人的责任与利益都事先向大家交代清楚，让每个人知道该做什么，做了这些能得到什么，这样他就不会再有非分期望。同时要满足其需求中的合理成分，并对不合理要求阐明不能满足的原因。当然，还可以对他晓之以理，暗示他不要贪小利而失大义，或者在条件允许的情况下，做到仁至义尽，让他心悦诚服。

（3）同事关系。同一个团队，但大家来自五湖四海，习惯与价值观自然不尽相同。不管是哪种人，在一起工作只有分工不同，理当彼此相互支持、帮助、关心。即使对方有缺点，也要以"我为弥补同事的不足而存在"来理解。事实上，如果同事各方面都比你好，你自己则没有在这个团队存在的价值。①真心诚意与人相处。要对同事释放更多的善意，与人友好相处，用你心换取他心，相互关心，相互体贴，为集体齐心协力。②相互之间精诚团结。精诚合作，积极主动配合，齐心协力完成本团队的各项工作，以达到整体的最佳效应。同事之间如果出了差错，要及时帮助同事进行有效补救。补台不拆台，好戏才连台。③虚心向他人学习。处于同一个层面，由于每个人的资历、阅历和受教育程度等方面不同，因此在人的能力、水平、气质、修养等方面都存在着一定的差异。作为处于同一起跑线上的竞争者，我们要善于学习他人的长处，取长补短。④关心、尊重别人。要经常和同事交心、交流，多了解同事的工作、学习和生活状况，多了解同事的困难，并创造条件给予帮助。要尊重老同事，因为他们经验丰富；要尊重年轻同事，因为他们有开拓精神。切记：要想让别人尊重自己，自己先必尊重别人。⑤在生活、工作和学习中相互帮助。领导和同事或同事与同事之间有矛盾时，不要袖手旁观，要主动帮助调解。要为同事排忧解难：工作上有困难要积极帮助解决，生活上有困难要慷慨解囊。当然，人与人之间相处更要相互了解各自的脾气、品性、爱好、生活方式，这样会增加相互之间的了解和真正的友谊。⑥化解矛盾。工作过程中往往因对某些事情看法不一而发生分歧，甚至争吵、发脾气，在这种情况下，要学会控制自己的情绪，不要言辞过激，不要伤害对方，不要感情用事，要理智，要协商，要沟通，要交流，要多为对方想想，要做出一些让步。即使发生过激行为或言辞，也要事后主动向同事说明，以得到同事的理解。

人生在世，一定要懂得经营人际关系。熟人要多一点，他们可为事业奠基；友人要精一点，他们在关键时给你帮助；高人要强一点，他们可指导你把握人生；贵人要仁一点，他们可以提携你上台阶；敌人要对等点，他们可以把你磨砺得更锋利。切记：熟人与友人莫混淆；高人与贵人莫错误；敌人与小人莫嫌弃。

第五节　游戏感悟

在熙熙攘攘的人类世界里，我们并不是与任何一个人都建立良好的人际关

系，而是对人际关系的对象有着高度的选择性。在通常情况下，只有那些具有某种会激起我们兴趣特征的人，才会引起我们的特别注意。在一个团队中，我们在人际关系方面会将这些人放在注意的中心。

红与黑

人数：2队，每队人数不限。

准备：分出两个队伍，定为A队、B队。

（一）规则和程序

1. 通过2个队伍选择的颜色（红色和黑色）的不同，计算活动分数。

2. 若A、B两队均选择红色，则每队均 –1 分。

3. 若A、B两队分别选择了红色和黑色，则选择红色的队伍 –3 分，选择黑色的队伍 +3 分。

4. 若A、B两队均选择黑色，则每队均 –3 分。

5. 每一队的选择不能说出来，而是告知主持人，由主持人告知每一轮的得分。

6. 游戏进行至第4轮时，两队可以派出一名代表进行沟通。

7. 游戏进行至第8轮时，两队必须派出一名代表进行沟通。

8. 第9轮和第10轮的游戏得分乘以3后计入总分。游戏10轮后结束。

9. 得分最多的队伍获胜。

（二）总结

该游戏适合团队人际关系，可以反映以下几个问题：

1. 要取得长期利益，必须采取合作的方式。

2. 团队合作的基础是：相互信任。

3. 团队之间的信任来自于畅顺的沟通。

4. 信任一旦被破坏，将难以补救。

第六节　知识扩展

"人"是互相支撑的象形结构，作为群居动物，"四海之内皆兄弟"不仅仅是人们的美好向往，更是人们在特殊情境中的真实写照。美国著名作家海明威在长篇小说《丧钟为谁而鸣》的扉页上，曾引用过英国诗人、玄学派的创始人约翰·多恩（John Donne）的这样一段诗：没有人是一座孤岛，可以自全。每个人都是大陆的一片……

人缘、人情和人伦构成现实人际关系

中国人人际关系的本土模式是人缘、人情和人伦构成的三位一体，它们彼此包含又各有自身的功能。

一般来说，人情是人际关系的核心，它表现了传统中国人以亲情（家）为基本的心理和行为范式。人伦是这一基本模式的制度化，为这一范式提供一套原则和规范，使人们在社会互动中遵守一定的秩序。而人缘是对这一模式的设定，它将人与人的一切关系都限定在一种表示最终本源而无须进一步探究的总体框架中。

天命观、家族主义和以儒家为中心的传统思想是中国人人际关系中最基本的文化思想。无论是儒家、道家还是佛教，各自都有不同程度的天命论思想。老百姓一般坚信有一种强大力量可以操纵人的行为、扬善惩恶、安排人生。

家庭是构成不同人际关系的核心，更是中国人人生哲学的现实基点。中国的家族制度经历了从家庭向宗族、村落发展的趋向，最后导致中国人在纵向上对共同祖宗和家谱的认同，在横向上对各种亲属关系的重视。在儒家看来，只要能理解三种家庭成员关系，就能将其扩展到所有人际关系中去。其中，父子代表一切纵向关系，兄弟代表横向关系，夫妻意味着姻缘关系。

除以上情形外，中国人际关系还可以分为情感型关系、工具型关系、混合型关系三种基本类型：

情感型关系主要用以满足关心、温情、安全感、归属感等情感方面的需要，像家庭、密友等原级团体中的人际关系。人们遵循的伦理约束一般遵守"各尽所能，各取所需"的需求法则。

工具型关系是个人为了获得所需要的某些利益而与他人建立的社会关系。这种关系短暂而不稳定，人们遵循的是"一视同仁，童叟无欺"的社会交换法则。

混合型关系主要包含亲戚、邻居、同学、师生等角色关系，由此构成了现实社会一张张复杂的关系网。混合型关系中的交易法则是"以和为贵，礼尚往来"的人情法则。

要正确理解中国人人际互动的模式和特点，必须找准三个基点：价值支点、行为起点和行为控制点，同时，每个支点又可区分为文化理想模式和实际变式。

人际互动的价值支点是指互动双方在处理人际关系时所持的基本价值观。这一支点的理想设计是普遍的仁义，贯彻到行为上就要求天下为公、克己复礼、尽心奉献、耻于索取。而它的实际变式是特殊性私德，在行为上表现为内外有别：对圈内人讲仁义、尽义务；对无关的圈外人则循礼而讲利。

行为起点是指开始人际交往时的启动行为。各种文化都会倡导一种人际交往的启动机制。其理想模式是自足式范式（不求回报的主动奉献），实际变式是工具性示范（示范被工具化、物质化、形式化，成为投资行为或人情行为）。

行为控制点则指在人际互动中扮演主动的、主导的控制性角色的一方。其理想模式是互赖性控制，即互动双方并未完全分化，共同受人伦的控制，各尽自己的本分；实际变式是伸缩性控制，即控制点具有游离的特点，但核心还是在自己，可以根据对对方的诚、势、利的判断而伸缩自如，必要时转让控制点。

人是群居动物，人们总是通过属于一定的群体而参与社会活动。群体是人类存在的基本形式，也是个体实现理想、抱负，发挥聪明、才智的舞台。所以，人与人之间的交往，即人际关系，是人类最基本的社会需求。

课外练习

1. 结合应用演练项目试述团队人际关系建设的现实意义。

2. 以应用演练项目为基础，对照"六类思维模式"，检讨自己以往在人际关系思想上的错误，并制订新的利己利人计划。

3. 结合应用演练项目，简述自身团队上下左右关系存在的问题及改进措施。

第六章
高效能团队建设性冲突建设

每一个人都是与众不同的，因此只要存在两个以上的人的地方，就必然存在个性等种种差异，进而引发意见分歧。

团队的基本要素是人，当然在人际交往、工作协作等方面也同样不可避免地存在不同的见解、观点、主张，换言之，即必然存在冲突的可能。但各自为政显然会破坏团队合力，而事不关己、高高挂起，明知"皇帝"赤身裸体，还一味奉承是"皇帝的新衣"，如此也必然将团队逐渐推向灭亡的境地。所以，良性的、具有建设性的冲突应当成为团队活力的源泉。

第一节 入胜测试

团队冲突有破坏性冲突与建设性冲突之分。破坏性冲突直接危害团队的团结，影响团队发展；而建设性冲突则体现团队成员对团队的责任，群策群力促进团队良性发展。

团队冲突方式测试

请想象一下你的观点与另一个观点产生分歧的情景。在此情况下你通常是怎样反应的?

下列 30 对陈述描述了可能出现的行为反应。对应每一对陈述句中最恰当描述你自己行为特点的一项，在"答题表"的"a"或"b"上画圈。

许多情况下，a 和 b 都不能典型地体现你的特点，但请选择你较可能有的反应。

(一) 测试题目

1. a 有时我让他人承担解决问题的责任。

 b 我会与他人协商分歧之处，并试图强调共同之处。

2. a 我试图找到一个妥协性解决方法。

 b 我试图考虑到我与他所关心的所有方面。

3. a 我通常坚定地追求自己的目标。

 b 我可能尝试缓和对方的情感，来保持我们的关系。

4. a 我试图找到一个两全其美的方案。

 b 我有时牺牲自己的意志，而成全他人的愿望。

5. a 在制订解决方案时我总是求得对方的协助。

 b 为避免不利的紧张状态，我会做一些必要的努力。

6. a 我努力避免为自己造成不愉快。

 b 我努力使自己的立场获胜。

7. a 我试图推迟对问题的处理，使自己有时间考虑一番。

 b 我放弃某些目标作为交换以获得其他目标。

8. a 我通常坚定地追求自己的目标。

 b 我试图将问题的所有方面尽快摆在桌面上。

9. a 我感到意见分歧不总是值得人担心。

 b 为达到我的目的，我会做一些努力。

10. a 我可能会探索不同的方法，但绝不会动摇自己的目标。

 b 我更想找到一个适时调整的方案。

11. a 我喜欢全方位将问题开诚布公地讨论。

 b 我习惯照顾他人情感尽量维持好关系。

12. a 我有时避免选择可能产生矛盾的立场。

 b 如对方做一些妥协，我也将有所妥协。

13. a 我采取折中的方案。

 b 我极力阐明自己的观点。

14. a 我告知对方我的观点，询问他的观点。

b 我试图将自己立场的逻辑和利益显示给对方。

15. a 我常常采取措施舒缓他人情绪以维持和谐的氛围。

b 气氛紧张时，我只做一些必要的努力。

16. a 我试图不伤害他人的感情。

b 我试图劝说对方接受我的观点之长处。

17. a 我任何时候都坚定地追求自己的目标。

b 为避免不利的紧张状态，我会做一些必要的努力。

18. a 如能使对方愉快，我可能让他保留自己的观点。

b 如对方有所妥协，我也将做一些妥协。

19. a 我试图将问题的所有方面都展示给大家。

b 我试图推迟对问题的处理，使自己有时间考虑。

20. a 我试图立即对分歧之处进行协调。

b 我试图为我们双方找到一个公平的得失组合。

21. a 在进行谈判调解时，我试图考虑对方的愿望。

b 我总是倾向于对问题进行直接商讨。

22. a 我试图挑到一个介于我与对方之间的位置。

b 我极力主张自己的愿望。

23. a 我经常地尽量满足我们双方所有的愿望。

b 有时我会将解决问题的责任转移给他人。

24. a 如果对方观点似乎对其十分重要，我会试图满足他（她）的愿望。

b 我试图使对方以妥协的态度来解决问题。

25. a 我会想办法让对方理解我立场的逻辑与利益。

b 在进行谈判调解时，我试图考虑到对方的愿望。

26. a 我采取折中的方案。

b 我几乎总是关心满足我们所有的愿望。

27. a 我有时避免采取可能产生矛盾的姿态。

b 如能使对方愉快，我可能让对方保留其观点。

28. a 我目标明确，并坚定地追求。

b 在找出解决方案时，我通常求得对方的帮助。

29. a 分歧发生时，我喜欢采取折中方案。

b 我觉得分歧之处不总是值得担心。

30. a 我试图不伤害对方的情感。

b 我总是与对方共同承担解决问题的责任。

(二) 答题要求

根据你个人的认识，在每对问题中选择的字母上画圈。

表6-1 统计结果

1				a	b
2	b	a			
3	a				b
4			a		b
5		a		b	
6	b			a	
7			b	a	
8	a	b			
9	b			a	
10	a		b		
11		a			b
12			b	a	
13	b		a		
14	b	a			
15				b	a
16	b				a
17	a			b	
18			b		a
19		a		b	
20		a	b		
21		b			a
22	b		a		
23		a		b	
24			b		a
25	a				b
26		b	a		
27				a	b
28	a	b			
29			a	b	
30		b			a

126

（三）结果分析

每一个字母为 1 分，按列（竖栏）统计得分。第一栏是竞争，第二栏是协作，第三栏是妥协，第四栏是回避，第五栏是迁就。哪一栏得分最高，则表示你处理冲突的方式就是哪种。如果有两栏得分一致，那么说明你处理冲突的方式就有两种。

说明：在竞争策略、协作策略、妥协策略、回避策略、迁就策略五种策略中，没有哪种好或者不好，重要的是在什么情况下采取什么策略。

第二节　启智案例

在团队中，往往存在一种成员：他们能力超群，但他们桀骜不驯。他们的业务水平对于团队来说不可多得、贡献突出；他们我行我素的个性特别是目空一切的态度又常常对团队的和谐构成威胁甚至破坏。

"英雄式"团队成员引发的冲突

一位业绩一直第一的员工，认为一项具体的工作流程应该改进。她向经理提出，非但没有受到重视，甚至反被认为是多管闲事。

一天，她选择了私自违反工作流程。主管发现了，就带着情绪批评了她。而她不但不改，反而认为主管有私心，于是就和主管吵翻了，并退出了工作岗位。主管反映到部门经理那里，经理也带着情绪严肃批评了她。她置若罔闻，于是经理和主管就决定严惩，以儆效尤。这时，团队中认为开除她的也有、认为扣当月业绩奖金的也有。但任何处理意见，这位员工都拒不接受。于是部门经理就把问题报告到总经理那里。

总经理把这位早有耳闻的业务尖子叫到办公室谈话。他没有一上来就批评她，而是让她先叙述事情的经过，并和她交谈，交换意见和看法。总经理发现，这位员工确实很有思路，她违反的那项工作流程确实应该改进，而且她还谈出了许多现行的工作流程和管理制度中存在的不完善之处。

对于总经理能这样朋友式地平等地和她交流，而且如此真诚地聆听她的意见，这位员工感觉受到了重视和尊重，于是反抗情绪渐渐平息下来，从开始的只认为主管有错，到最后承认自己做得也不对。对于处分，在总经理试探性的询问下，她也自己说出了应该受到的处罚程度。

此后，总经理与部门经理以及主管交换了意见和看法。经理和主管也都认同了"人才有用不好用，奴才好用没有用"的道理，大家讨论决定以该员工自己认为应受的罚金减半罚款，并在班前会上公开做自我检讨，另补一个工作日。

后来，这位员工十分愉快甚至可以说是怀着感激之情接受了处罚，而公司也以最快的速度把那项工作流程给改进了。事情过后，大家发现这位员工一下子改变了原来那种心高气傲和特立独行的行为习惯，并积极配合主管的工作，工作热情大增。大家说她好像变了个人似的。

案例分析

恃才傲物似乎是普遍性的现象，有才者常常误认为自己比他人、比领导聪明，因而当上司管理他时，他内心有一种逆反情绪，这就是管理者常说的不服管。但更可怕的是团队管理者也往往带着情绪和偏见来管理这样的成员。

通过以上案例明显可以看到，在团队中如果一味压制不同观点，技术革新、流程再造等团队发展的源泉就会消失，团队成员的积极性、创造性就不复存在；但是，如果纵容或迁就那些"英雄"式成员的个人主义错误，团队就可能连起码的"步调一致"都做不到，进而"得胜利"的团队目标就全然变成奢望，整个团队也就与"乌合之众"的社会团伙无异。

上述案例中的总经理之所以能让员工心悦诚服，关键在于他非常清楚：员工违反了规章制度，就必须处罚，不然，就等于有错不咎，赏罚不明。但如何罚，则必须围绕团队根本目标，绝不可意气用事，从而本末倒置。简单地照章办事，罚款了事，这样就有可能造成人才的流失，甚至让人才跑到自己的竞争对手那里去而弱己强敌；如果真的人才得不到保护，长此以往，团队就会陷入劣胜优汰的恶性循环。

因此，明智的做法应该是：在必须处罚的前提下，不仅要留住人才本身，更要留住人才的心，这才是从根本上解决冲突的应有策略。那位员工后来之所以愉快地接受处罚，最关键之处是她的意见被采纳了，她认为不正确的问题得到了改进，她的才能得到了证明与肯定。同时，最终的经济处罚比她心理预期的要轻，相当于她准备花 100 元为这次错误埋单，而结果只掏了

50元，在一定程度上等于领导奖励了她50元钱。在朋友式的沟通交谈中，她自己认识到自己做错了（而不是领导或他人指责她做错了），如此变"要罚我"为"我要罚"——这是让员工自己改正错误，是积极有效的改正错误，而不再是领导要人改而员工被动地改、消极地改。事实上，被动地改、消极地改不是根本的改、彻底的改，完全有可能留下"哪里有压迫，哪里就有反抗、有斗争"的后遗症，随时有可能反弹。朋友式的平等交流，给员工以被尊重的心理满足感，员工会感觉到这样的领导可信赖，能够解决问题，因而就会把自己看到的问题毫无保留地倒出来，这等于让她积压已久的意见得到了倾诉。心理的压抑感解除了，员工的精神状态定然焕然一新。

化消极为积极、化被动为主动、化问题为机遇、化失败为成功、化干戈为玉帛、化处罚为奖励、化约束为激励、化严肃为活泼、化漫天乌云为晴空灿烂，这样才是团队冲突的解决之道。

第三节　应用演练

冲突是团队建设及团队工作中一个普遍而无法回避的事实，也是改进工作、修正错误不可或缺的有效形式。在市场经济高速发展的今天，任何团队管理者对于团队冲突管理的重要性都应该高度重视、积极认可、因势利导加以解决。

开展批评与自我批评

事实上，冲突的管理已经成为团队运行过程中的重要内容，随之良好的冲突管理也已成为提高团队运行效率的重要途径。因此，团队冲突建设性管理能力，已经成为任何形式的团队其管理者的基本能力。

（一）综合项目

继续将第一章虚拟的项目（如创建"高效能团队建设研习所"）或确定的某个真实项目（如自己所在的班级）作为实训项目。

（二）单元任务

根据项目特点，召开一次阶段总结会议，重点分析团队建设及项目各项工作中存在的问题，并开展批评与自我批评，最后统一认识，进而确定出今后团队建设与项目工作的改进意见。

（三）演练目标

素质目标：认识团队冲突的客观性和建设性冲突对于团队发展的积极意义；培养群策群力、齐心协力的团队观念和作风。

知识目标：了解团队冲突的实质；理解团队建设性冲突对于团队发展的作用；认识团队冲突的原因；领会团队冲突的建设要点和主要艺术。

能力目标：能够科学地表达建设性意见，并艺术性地让团队认同；能够客观分析他人意见，并能提出不同看法，并让他人心悦诚服地接受自己的建议。

（四）演练形式

全体参与，逐个发言，集体讨论。提倡营造民主的会议气氛，做到知无不言、言无不尽，多讨论、少争论，可争论、不争执。最后要以民主方式，形成统一意见。

第四节　理论升华

团队是一个民主性的群体组织，在这样一个特殊的组织中，人人承担责任、个个献计献策应该成为一种风尚。因此，在团队建设过程中，冲突应该是一种常态，但对于冲突，我们要客观认识，正确把握，任何时候都必须因势利导。

一、团队冲突的含义及类型

在团队运行过程中，无论是上下级之间还是同级之间，甚或团队内外成员之间，由于人格区别、信仰不同、文化差异等原因，必然导致个人对个人、个人对团队的相关事物持有不同的态度，产生不同的行为，这些观点与行为的不一致，必然引起意见分歧及其争议，甚至为维护个人观点与利益，进而引发不同程度的争斗，这就是团队的冲突。可见，差异必然导致分歧，分歧发展到一定程度则导致冲突。因此，冲突是矛盾的表面化、分歧的情绪化、情绪的对立化。

实践中，团队冲突指的是两个或两个以上的团队成员或团队群体在目标、利益、认识等方面互不相容或互相排斥，从而产生的心理或行为上的矛盾，导致的抵触、争执或攻击事件。

因为冲突意味着意见分歧和对抗，并可能造成组织、团队、个体之间不和，进而破坏和谐的关系，甚至影响团队目标和组织目标的实现。因此，20世纪40年代之前，传统观点认为所有冲突都是不良的、消极的，是破坏性的，必须避免或尽量减少。20世纪40年代末到70年代中期，曾经非常流行的人际关系观点认为，对于所有团队与组织来说，冲突都是与生俱来、无法避免的。因此，我们应该接纳冲突，发挥其对团队和组织的有益之处。从20世纪70年代末至今，冲突的互动观点在理论界和实践界占据上风。该观点指出，过于融洽、和谐、安宁和合作的组织或团队容易对变革表现出静止、冷漠和迟钝，因此可能使组织缺乏生机和活力；适当的冲突反而有利于组织的健康发展。"鲶鱼效应"非常直观地显示了适当的冲突可能带来的积极效果。

"鲶鱼效应"来源于一个故事，故事说的是：挪威人爱吃沙丁鱼，尤其是活鱼。渔民在海上捕得沙丁鱼后，如果能让其活着抵港，卖价就会比死鱼高好几倍。但是，由于沙丁鱼生性懒惰，不爱运动，加上返航的路途又很长，因此，捕捞时鲜活的沙丁鱼往往一回到码头就大多都是死的，即使有些活的，也是奄奄一息。可有一位渔民的沙丁鱼总是活的，而且很生猛，所以他赚的钱总是多得让人羡慕。该渔民严守成功秘密，直到他死后，人们打开他的鱼槽，才发现其秘籍只不过是多了一条鲶鱼。鲶鱼本来以鱼为主要食物，装入鱼槽后，由于环境陌生，就会四处游动，而沙丁鱼发现这一异己分子后，自然就紧张地躲避，加速游动，如此一来，沙丁鱼便活着回到港口。这就是所谓的"鲶鱼效应"。

所以，从"鲶鱼效应"我们不难看到，不同的冲突在性质上常常具有本质区别——有的是破坏性的，有的是建设性的。据此，团队中的冲突起码可以分为两类：建设性冲突与破坏性冲突。建设性冲突是指其目标是积极的，常常表现为冲突各方目标一致，是实现目标的途径手段不同而产生的冲突。这种冲突可以使组织中存在的不良功能和问题充分暴露出来，防止事态的进一步演化。同时，可以促进不同意见的交流和对自身弱点的检讨，有利于促进良性竞争。破坏性冲突则是非建设性冲突，是指由于认识上的不一致，或者组织资源和利益分配方面的矛盾，成员发生相互抵触、争执甚至攻击等行为，从而导致团队效率下降，并最终影响到组织发展的冲突。在这种冲突中，各方目标不同，往往形成对抗性矛盾，对组织和团队绩效具有破坏性。

可见，建设性冲突的特点主要有：冲突双方对实现共同的目标都十分关心；彼此愿意了解对方的观点、意见；大家以争论问题为中心；互相交换的情况不断增加。破坏性冲突的特点主要是：双方对赢得自己观点的胜利十分关心；不愿听取对方的观点、意见；由问题的争论转为人身攻击；互相交流的情况不断减少，以致完全停止。

一般来说，团队中需要适当的建设性冲突；破坏性冲突则应该避免或减少到最小程度。

二、团队冲突的必然成因

哲学常识告诉人们：矛盾是事物本身的必然属性，因此因矛盾所表现的冲突可谓无处不在。据此可知，在团队合作中，"冲突"或矛盾同样不可避免。

导致团队之间冲突的原因很多，对建设性冲突"对症下药"至关重要。只有"对症下药"，才能改善和优化团队及其成员之间的关系，才能因势利导。"对症下药"需要把脉寻"症"——团队冲突的潜在因素有以下几个。

（1）个体间的差异。每个人都有独特的个性特点和行为习惯，世界上没有完全相同的两个人。在团队中，由于成员个人因素方面存在着不同的差异，必然会导致各种各样的冲突。这些引发冲突的差异主要包括以下几个方面：①年龄差别。不同年龄的人由于社会经历以及社会知识的差异，会出现不同的定性反应，致使双方难以相互理解，因而可能酿成冲突。②职位不同。在一个团队中，各个不同职位的人其代表的利益主体不同，责任范围也不同。所以，人们应当认真把守好自己的岗位，尤其是领导。如果本位思想严重，就会涣散团体士气，从而导致冲突。③思维不同。由于人们在知识、经验、态度、观点等方面存在差异，往往对同一事物有不同的认识，由此也会产生一定的冲突。

（2）团队间资源竞争。社会资源在总量或结构上总是稀缺的，任何组织也不例外。因此，组织在分配资源时，总是按照各个团队的工作性质、岗位职责、在组织中的地位，以及组织目标等因素，进而分配资金、人力、设备、时间等资源，这个分配过程不会也不可能绝对公平。各类团队在成员数量、权力大致相同的情况下，必然会为了组织内有限的预算、空间、人力资源、辅助服务等资源而展开竞争，随之冲突相应产生。例如，企业里生产部门与销售部门在周转资金、时间安排、人力分配等方面的冲突；大学里院与院、系与系之间为争取科研经费、教学设备、职称名额等发生的冲突……另外，团队之间虽然可能会共用一些组织资源，但是在具体使用过程中也会出现谁先谁后、谁多谁少的矛盾。

（3）职能目标矛盾。每一个团队及其成员都有自己的目标，而这些目标都是为实现组织的总体目标服务的。因此，每个团队及其成员都需要其他团队及其成员的协作。比如，市场营销部门要实现营销目标，就必须得到生产部门、财务部门、人事部门、研发部门及其成员的配合与支持。但现实情况是，各个团队及其成员的目标经常发生冲突。例如：营销部门及其成员的目标是赢得客户，提高客户满意度，这就要求生产部门及其成员生产出质优价廉的商品；而生产部门及其成员的目标是降低成本，减少开支，以尽可能少的资源生产尽可能多且性价比优的产品，这就意味着生产部门及其成员只供应合适的产品，而不一定能保证供应最好的商品。还有，营销部门及其成员总是希望生产部门及其成员根据市场需求量供应商品，而生产部门及其成员又总是希望均衡生产，而不是时紧时松，更不愿加班加点。如此一来，营销部门及其成员与生产部门及其成员就不可避免地会发生目标冲突。

（4）相互依赖性。组织内的团队及其成员之间总是相互依赖的，不存在完全独立的工作团队及其工作成员。这种相互依赖性产生的冲突，时常表现为团队与团队、团队成员与成员之间在前后相继、上下相连的相关环节上，一方的工作不当会造成另一方工作的不便、延滞；或者一方的工作质量影响到另一方的工作质量和绩效。相互依赖的团队及其成员之间在目标、优先性、人力资源方面越是多样化，越容易产生冲突。例如，前面已经提到的营销部门与生产部门在市场需求、均衡生产方面的冲突；又如生产部门及其成员希望采购部门及其成员尽可能增加存货，以便在生产需要时能及时获得原材料，而采购部门及其成员却希望尽可能减少存货，以减少仓储费用。

（5）责任模糊。百密一疏总是难免的，因此组织内有时会由于职责不明造成职能缺位、责任断层，出现谁也不负责的管理"真空"，以致造成团队及其成员之间的互相推诿，甚至敌视，发生"有好处抢，没好处躲"的情况。现实中的官僚主义、"踢皮球"现象，就是管理上责任模糊导致的冲突结果。

（6）地位斗争。管理实践界有一个形象的说法，叫作"屁股决定脑袋"，意思是指：坐在什么位置、坐在哪一边，则可能为哪一个位置或哪一边思考和说话。可见，组织内团队及其成员之间相关地位的竞争也会引发冲突。对地位的不公平感更是产生冲突的原因。当一个团队及其成员努力提高自己在组织中的地位，而另一个团队及其成员视其为对自己地位的威胁，或团队及其成员地位不能体现团队价值时，冲突就会产生。同时，在权力与地位不同的团队及其成员之间

第六章　高效能团队建设性冲突建设

133

也会发生冲突，例如管理层与工人、教师与学生都可能因为立场的不同而发生冲突。

（7）沟通不畅。团队最大的特点之一是分工协作，而协作的首要基础性工作是沟通。团队之间的目标、观念、时间和资源利用等方面的差异是客观存在的，如果沟通不够，或沟通不成功，就可能引起信息的差异、评价指标（如任务完成标准）的差异、语言理解的困难、沟通过程中的噪声（即干扰）等，这些因素可能加剧团队之间的隔阂和误解，加深团队之间的对立和矛盾。美国 1998 年发射火星气候探测器之所以失败，正是由于负责项目的两组科学家没有沟通而分别使用了公制单位和英制单位。

三、建设性冲突的形态与意义

一个充满民主气氛的团队，其日常最大的特点是大家能够畅所欲言，人人没有压迫感，人人都有归属感。对于面临变革需要的团队来说，层出不穷的意见和建议会成为产生团队"冲突"的诱因。但对期望通过变革来获得更佳发展的团队来说，团队之中因意见相悖产生的些许"冲突"，特别是建设性冲突，完全应该被理解、接受，甚至鼓励。

第一，建设性冲突双方都关心实现共同目标和解决现有问题；

第二，建设性冲突双方愿意了解彼此的观点，并以争论问题为中心；

第三，建设性冲突双方争论是为了寻找较好的方法解决问题；

第四，建设性冲突相互信息交流不断增加。

可见，适当合理的"冲突"不仅可以带来更好、更全面意见的产生，甚至会成为团队迈向成熟发展的催化剂。

首先，冲突是亲密关系的开始。我们知道，凡是大有作为的人都是有鲜明个性的人。两个以上的人相处于一个团队，如果没有冲突，都是相互谦让而不发生碰撞，人和人之间的关系就会停留在某一个距离上。如果要想有进一步的发展，必然要有冲突。它是亲密关系、紧密合作的开始。由于有冲突，人们才能真正表明自己的立场，才能真正地开始了解对方。因此，冲突是表明个人立场和打造个人品牌的方式之一。

其次，冲突是团队人际关系的晴雨表。在一个团队中，有没有保持一定的冲突，是保持良性的冲突还是让恶性的冲突无限地发展，据此可以预测这个团队能不能坚持发展，成员是不是还可以在一起工作、能合作多长时间。考察一个团队是不是能够发展，看看它的冲突频率、冲突性质和对冲突的处理能力，便多少能窥一斑而知全豹。

一个团队通常都是在不断冲突的动态平衡中存在和发展的。好比人类、食草动物、食肉动物、自然环境的生态平衡关系——食肉动物会吃食草动物，也会伤人，但如果食肉动物都被杀光，食草动物则会繁殖过多过快，结果草等自然资源又被食草动物等消耗得太快，最后造成草原沙漠化。于是，食草动物就活不下去。没有了食草动物，食肉动物在草原上也待不下去。虽然如此一来食草动物和食肉动物的冲突没有了，食草动物和自然环境的冲突也没有了，但人类的生存环境也随之或者恶化或者失衡。何况，食肉动物往往进攻的是老弱病残的食草动物，如此客观上能够推动食草动物的优胜劣汰。同时，由于食肉动物的存在限制了食草动物的无限发展，使自然环境得到了保持，这样间接地使人类获益。这种现象就是动态中的平衡。

那么，若善于利用"冲突"发现员工需要和潜力，并且将此转化为组织和团队前进的能量，则"冲突"就是团队及其个人发展的需要，是推动团队和个人发展的动力。如此，我们需要做的，就是将整个团队"冲突"的出发点引导到为了整体的共同利益和发展上来，在这样的基础上，任何"冲突"只要因势利导，就都能转化成组织与团队成长的催化剂。

值得反复强调的是，冲突并不都是坏事。组织冲突过少，一团和气，可能成为死水一潭。相反，团队有效激发建设性冲突，将推动团队实现良性循环。

（1）建设性冲突在优秀组织中都是希望寻求实现目标的最佳途径，都能够取长补短，推动组织目标的实现。

（2）建设性冲突有利于组织变革，促使组织重新评价其目标，并发现那些过去一直忽略的问题，进而促使组织打破现状，革新创造。

（3）建设性冲突有利于组织内部竞争，使组织中的不良现象和问题暴露出来，防止事态的进一步演化。它可以促进不同意见的交流和对自身弱点的检讨，有利于促进良性竞争。

（4）建设性冲突有利于激发组织潜能，使组织在竞争中，可以客观地评价和发现局限性，提高运作水平，激发组织活力，推动组织进步。

（5）建设性冲突可防止思想僵化，激发团队成员的创造力，使组织适应外界环境，提高团队的决策质量。

（6）建设性冲突使团队上下左右信息畅通，沟通方便，能增加成员的彼此了解与信任，最终形成和谐的工作氛围。

四、团队冲突一般过程

团队的冲突是一种动态过程，是从冲突相关主体的潜在矛盾映射为彼此的冲突意识，再酝酿成彼此的冲突行为意向，然后表现出彼此显性的冲突行为，最终造成冲突的结果与影响。这是一个逐步演进和变化的互动过程。美国学者庞地（Pound）将冲突的过程分为五个阶段：

（1）潜在对立或不一致阶段。潜在的对立和不一致，是团队中发生交互关系和互动过程的不同主体，彼此之间存在能够激发冲突的一些必要条件，如前文的"团队冲突的必然成因"等。这些条件虽然不一定直接导致冲突，但往往都潜伏在冲突的背后，成为冲突产生的"导火索"。

（2）认知和个性化阶段。冲突的认知是指当潜在的对立和不一致出现后，双方意识到冲突的出现。也就是说，在这一阶段客观存在的对立或不一致将被冲突主体意识到，产生相应的知觉，开始推测辨别是否会有冲突以及什么类型的冲突。

意识到冲突并不代表着冲突已经个性化，个性化的处理将决定冲突的性质，因为此时个人的情感已介入其中。双方面临冲突时会有不同的心理反应，他们对于冲突性质的界定在很大程度上影响着解决方法。例如，团队决定给某位成员加薪，这在其他成员中，有人可能认为与自己无关，从而淡化问题，冲突不会发生。而另外一些人可能会认为对别人的加薪就意味着自己工资的下降，这样使得冲突升级。

（3）行为意向阶段。冲突的第三个阶段是行为意向，指团队成员意识到冲突后该怎么办。团队成员会根据自己对冲突的认识、定义判别，开始酝酿和确定自己在冲突中的行为策略以及各种可能的冲突处理方式。行为意向的几种可能性包括回避、合作、妥协、竞争、迁就。

回避是团队成员的自我不肯定且互不合作的处理冲突的消极行为意向。这种行为意向指由于冲突而采取的既不合作，也不维护自身利益，使其不了了之的做法。此方法适用于解决起因是琐碎小事并无关宏旨的团队冲突。

合作是团队成员的自我肯定并相互合作处理冲突的积极行为意向。这种行为意向指通过与对方一起寻求解决问题，进行互惠互利的双赢（Win-Win）谈判来解决冲突。此方法适用于由于成员之间共同利益较多和具有理解、沟通基础而可消除的冲突。

妥协是团队成员的相互合作程度与自我肯定过程均处于中等水平的处理冲突

的行为意向。妥协可以看作是半积极的行为意向。由于这种行为意向，双方都放弃一些应得的利益，以求事物的继续发展，双方也共同承担后果。妥协在一定程度上类似于合作。此方法适用于团队中为复杂问题寻求一个暂时的解决方案。

竞争是团队成员的自我肯定但互不合作处理冲突的行为意向。这种行为意向指采取寻求自我利益的满足，而不考虑他人，它在团队中具有一定的对抗性。这种方法适用于当需要团队做出快速的、重大的决策后执行重要的但不受欢迎的行动。

迁就是团队成员的自我不肯定并相互合作的处理冲突的行为意向。这种行为意向指为了维持整体的友好共存关系，冲突一方愿意让步而自我牺牲，以服从他人的观点。此方法适用于团队工作的重点放在营造和谐、平静的气氛的条件下。

（4）冲突爆发阶段。冲突的爆发阶段指冲突公开表现的阶段，也称为行为阶段。进入此阶段后，表现为双方的活动、态度和反应等的外显，即冲突出现。

不同团队冲突的主体在自己冲突行为意向的引导或影响下，正式做出一定的冲突行为，以贯彻自己的意志，试图阻止或影响对方的目标实现，努力实现自己的愿望。往往是一方提出要求，另一方进行争辩，你威胁我，我反过来威胁你，是一个相互的、动态的过程。

在冲突爆发的过程中，对冲突双方而言都是一个刺激，可能会由于判断失误或者缺乏经验导致冲突背离了本来的意图。这个时候特别要引起团队领导者的注意。

（5）冲突的结束阶段。任何一次冲突总会有一个解决的结果，以最后的结果来结束冲突。

冲突对团队可能造成如下两种结果：一是积极的结果。这是团队建设性冲突的建设性结果，有益于团队目标的实现，可以增强团队内部的凝聚力、团结性，提高决策质量，调动员工的积极性，提供问题公开、紧张解除的渠道等，而且还有利于创新。二是消极的结果。这是破坏性的冲突结果，会给团队带来一些消极的影响，如凝聚力降低、成员的努力偏离目标方向、组织资源的流向与预期相反、浪费团队的资源等。

五、团队冲突的日常管理

团队冲突是客观存在的，而且适当的冲突反映着团队的活力和生命力，代表着团队有创造力，同时说明团队有发展前途。因此，团队建设中，我们不要消灭

冲突，而要提高驾驭冲突的能力。

（1）要理性判断"冲突"的本质。团队领导在"冲突"产生的时候，首先要做的判断就是这样的"冲突"出发点到底是基于整个团队利益还是出于谋求个人利益。若是出于谋求个人利益、破坏团队整体合力的"冲突"，其方向可能朝向破坏性，这时团队领导者需要有一双精明的眼睛洞察"冲突"的本质，应该在分析"冲突"的过程中辨明"冲突"产生的原因，采取措施协调解决，并且趁热打铁因势利导。

（2）要善于分析而化解"冲突"。在团队中，常常需要化干戈为玉帛。简而言之，就是领导者要用心考察"冲突"出现的情况，细心剖析"冲突"产生的原因，做到具体情况具体分析，因时因事制宜采取具体措施。若"冲突"的本质是基于整体团队利益的，那就可以积极鼓励、动员所有团队成员参与到讨论解决"冲突"的过程中来。若是潜在破坏性的冲突，领导者也需要积极洞察团队成员产生想法的原因，并且积极进行沟通，给予相应合理的解决方法或者是补偿，从而最终将整个团队引领到团结一心、健康发展的轨道上来。

（3）要让大家尽情地表达。在团队中，要让大家觉得能够毫无顾忌、旗帜鲜明地表明自己的观点。人们通常害怕冲突，因而回避冲突。但回避冲突不等于解决了冲突，而且回避后，人们一旦进行负面猜疑，可能潜伏更大的冲突。回避、猜测、负面假设，这是人们通常的思维模式。按照这一模式，一旦引起更大的冲突后，则再一次回避、再一次猜测、再一次负面假设，一直到不可调和为止。所以，一定要让大家尽情地表达，以避免上述恶性循环。

总之，在团队建设活动中，对于冲突要积极地发现，坦然地接受，深入地分析，转化为财富。对于良性的建设性冲突要保留、引导、扩大和利用。对于恶性的破坏性冲突，要面对、控制、消除和转化。

充满冲突的团队相当于一座火山，没有任何冲突的团队类似于一潭死水。因此，团队建设中既要预防破坏性冲突，更要激发建设性冲突。常见的管理团队冲突的方法有以下几种：

（1）交涉与谈判。交涉与谈判是解决问题的较好方法，这是因为：通过交涉，双方都能了解、体谅对方的问题，同时交涉也是宣泄各自情感的良好渠道。具体来讲，要将冲突双方召集到一起，让他们把分歧坦露出来，辨明是非，找出分歧的原因，提出办法，最终选择一个各方都能接受的解决方案。

（2）第三者仲裁。当团队之间通过交涉与谈判仍无法解决问题时，可以邀请局外的第三者或者较高阶层的主管调停处理，也可以建立联络小组促进冲突双方的交流。

（3）吸收合并。当冲突双方规模、实力、地位相差悬殊时，实力较强的团队可以接受实力较弱团队的要求，并使其失去继续存在的理由，进而与实力较强的团队完全融合为一体。

（4）强制。即借助或利用组织的力量，或是利用领导地位的权力，或是利用来自联合阵线的力量，强制解决冲突。这种解决冲突的方法往往只需要花费很少的时间就可以解决长期积累的矛盾。例如，朱镕基刚刚上任国务院总理时，东三省"三角债"问题最严重、最持久。当时朱镕基总理即提出注入资金、压货挂钩、结构调整、扼住源头、连环清欠等一整套铁拳式的解决措施，只用了26天，清理拖欠款125亿元，从此东北问题基本解决。

（5）回避。当团队的冲突对组织目标的实现影响不大而又难以解决时，团队管理者或当事人不妨采取回避的方法。通过冲突造成的不良后果，冲突双方能够意识到冲突只会造成"两败俱伤"，因此自觉由冲突转向合作。这是一种"冷处理"方法，现实生活中警察经常采取这种方法处理"扯皮"事件。

（6）激发。团队建设中，我们常常需要借助冲突，引发良性冲突活动，推动团队发展。具体方法有：在设计绩效考评和激励制度时，强调团队的利益和团队之间的利益比较；运用沟通的方式，通过模棱两可或具有威胁性的信息来提高冲突水平；引进一些在背景、价值观、态度和管理风格方面均与当前团队成员不同的外人；调整组织结构，提高团队之间的相互依赖性；故意引入与组织中大多数人的观点不一致的"批评家"。

（7）预防。具体方法有：加强组织内的信息公开和共享；加强团队之间正式和非正式的沟通；正确选拔团队成员；增强组织资源；建立合理的评价体系，防止本位主义，强调整体观念；进行工作轮换，加强换位思考；明确团队的责任和权利；加强教育，建立崇尚合作的组织文化；设立共同的竞争对象；拟订一个能满足各团队目标的超级目标；避免形成团队之间、成员之间争胜负的情况。

六、团队建设性冲突的建设

虽然冲突时常让人感到不快，但完全可以理性将其认识为一种沟通方式。这种方式更能让人真实地表达自己的见解，让大家有机会面对面地更好交换意见，更彻底地了解彼此的想法。因此，创建高效能团队，有必要利用冲突发掘不同意见，激发更多创意。箭牌口香糖执行长小威廉来格礼（William Wrigley, Jr.）曾

说道："如果两个人的意见永远一致，就表示其中有一个人是不需要的。"

冲突除了可以分为建设性冲突和破坏性冲突外，我们还可以分为认知层面的冲突和情感层面的冲突两种类型。认知层面的冲突是针对工作内容等相关问题上的争辩；情感上的冲突则是针对个人的批评与责骂。

身为团队的管理者，应该适时地引导认知层面的正向冲突，让成员彼此之间公开而直接地交换意见，同时避免情感层次的冲突发生，并确保最后可以达成实质的结果。其中具体的方法包括：领导人应主动鼓励成员表达不同的意见；在过程中领导人应多听、多观察；厘清冲突发生的原因，让冲突的过程有明确的焦点；在适当的时机提出问题，打破僵局。

引导正向冲突的方法主要有以下几个。

（一）主动激发不同意见

建设冲突的第一个重点是鼓励所有人公开而直接地面对冲突。团队管理者应该清楚地让所有人知道，当他们有任何不同的意见或是心里有丝毫的疑惑时，就应该直接说出来，当下解决，这是每个成员应有的责任。

《如何解决主管之间的冲突》的作者霍华德·葛特曼说道："每个人只有两个选择：直接面对冲突，否则就闭口不提。"所以，对于私下的抱怨或是事后的批评，团队管理人员必须旗帜鲜明地表示反对和加以拒绝，否则便是间接鼓励大家在台面下解决问题，破坏了团队成员彼此之间的信任关系。

可以运用一些方法，鼓励大家在会议中主动发表不同的意见，例如，从主管自身开始做起、接受情绪上非理性的反应。

从主管自身开始做起。古人说：多"种花"，少"种刺"。有时候要提出反对意见，总是让人感觉不自在，不情愿。这时团队管理者要以责任感做出表率，从自己做起，提出不同的想法或是意见让大家讨论，或是主动反驳自己的意见。在这样的引导下，团队成员可能比较愿意说出一些不同的想法。

当有人提出不同的意见时，团队管理者自己也可以表示认同，以增加对方的信心或是减小对方心里的压力，最好能具体说出这个想法好在哪里，而不只是简短地表述"很好"两个字。

接受情绪上非理性的反应。在争辩的过程中，每个人都尽力维持客观，但难免会有情绪上的波动，例如愤怒的情绪。

心理学研究显示，一旦情绪受到压抑或是批评，反而更难摆脱无谓的争执。当一个人感觉受到威胁或是遭受攻击时，就更难改变立场或是接受别人的想法。因此，主管人员不应该批评或是指责这些情绪反应，而应鼓励团队成员诚实面对自己的情绪、意识到自己的情绪变化。

除此之外，团队管理者必须了解每个团队成员的个性以及响应冲突的模式，尤其是个性内向或是比较不喜欢主动发言的成员，团队管理者应该适时地给予鼓励或是引导，避免发言集中在少数人或是每次讨论时发言的那几个人。

（二）多听多观察少言论

除了主动鼓励之外，在过程中，团队领导不应过度地介入或是干预，"有时候你必须让紧张的气氛持续下去。"海湾集团（Bay Group International）顾问公司的行销研发执行副总裁保罗·汉尼瑟（Paul Hennessey）如此说道：让成员彼此挑战与刺激，才有可能激发出最好的创意以及解决方法。

"领导人必须让冲突自然得到解决，尽管过程中会有些混乱，也不要试图指正。"《团队失败的五大错误》作者派翠克·伦乔尼如此说道。

所以，主管人员应该要多听、多观察。《第五波领导》的作者莫里斯·夏契曼说道："倾听与说话的比例应该是9：1。"当然，在倾听过程中，应该适时地重复某个人所说的话，确认自己以及其他成员没有误解对方的意思。

要当所有人都表达完意见后，最后再提出自己的想法。通常团队成员很容易受到团队管理者意见的影响，所以，团队管理者不应该在冲突一开始的时候就先开口，这样反而容易导向单一的思考，压缩了讨论的空间。

陈述自己的意见时，主管人员应该明确表达心中确实的想法或是立场。"最糟糕的领导人就是模棱两可，没有人知道他确实的想法。"《第五波领导》作者夏契曼如此批评：如果你自己都有所保留，又如何说服团队其他人坦白？

（三）厘清冲突起因

加州大学管理研究所教授华伦·史密特（Warren H. Schmidt）与罗伯特·坦能鲍姆（Robert Tannenbaum）认为，领导人在面对任何的冲突时，必须厘清冲突的根本原因，如此才能让讨论过程有明确的焦点，并达成具体的结果。一般而言，冲突的发生原因如下：

事实：彼此取得的信息不同，对问题就有不同的判断。因此，冲突讨论的焦点应该是重新评估资料的有效性或是搜寻其他有效的资料。

目标：对于最后应达成什么样的结果如果意见不同，就应该花一些时间让每个人再更为明确地描述彼此相互冲突的目标，确认大家都没有误会对方的意思。

方法：每个人都同意达成某种目标，但是对于执行面的流程或方法等相持不下。这时应先讨论要依据哪些标准来评价何种执行方法是可行的，最后再分别评量个别的执行方案。

价值：关于最后的结果所代表的价值意义，例如，对产品的定位等有不同的想法时，讨论抽象意义很容易沦为空谈，因为同一个概念对不同的人来说代表不同的意义，很难有交集。因此，必须引导大家专注于实际作业面的讨论。例如，可以问："在这样的定位前提下，你会怎么做？"

（四）适时提出问题

有时候讨论的过程可能会陷入僵局，争论的各方彼此争执不下，这时可以采取比较间接的方法，提出一些问题，提醒大家讨论的重点。例如：我们争论的目的是什么？这个问题有什么重要性？我们现有的资料能够确认哪些事实？如果我们换另外的角度，可以有什么样的想法？我们希望达成的结果可能有哪些？

当然，也可以针对之前大家提出的意见做简短的总结，提醒大家先前讨论的重点。或是针对某一个大家一直争执不休的问题，直接指定讨论的方向。

值得注意的是，如果发生以下情况，必须立即加以制止，避免让情况继续恶化。例如：当讨论成为彼此之间相互的责难或是攻击；如果牵涉到意识形态或是价值观等的争论，也容易导向人身攻击，必须加以阻止；如果大家的情绪都过于激动，不妨休息几分钟再开始。

华顿（Wharton）商学院中小企业发展中心讲师里拉·博思（Lila Booth）说："如果你希望团队多元化，就必定会有冲突的发生。关键在于你必须把冲突视为沟通的机会。"

第五节　游戏感悟

每个人都会遇到尴尬的事情或者小错，遇到这种状况，我们不必挂怀。如果我们连这种小小的挫折都不能逾越的话，更会遭到许多无端的阻碍。

这个游戏就模拟了几个类似的场景，让学员认识和适应这种状况，以帮助他们坦然自信地面对小错。

坦然面对

人数：全体参与，每组 5~10 人。

时间：15 分钟。

道具：题板纸和几个形状怪异的物品，如镊子、挂钩等。

场地：开阔的教室或室外。

应用：创造性地解决问题，避免冲突。

（一）规则和程序

1. 将大家分成几个小组，每组 5~10 人。

2. 让大家即席想一想，假如这时在你面前出现一个炸弹，你会怎么反应？让大家尽可能多地提出一些他们的反应，把这些话写在题板纸上。

3. 然后教大家"小丑鞠躬"的反应。当其他方法失败时，小丑鞠躬意味着面对观众，正视自己的失误，谦虚地说："谢谢你们，非常感谢你们。"

4. 鼓励大家试一试小丑鞠躬效应的几个变形。比如，他们可以用深情的口气说，也可以像主持人一样热情地说，还可以像一个演讲者一样慷慨激昂地说。无论什么形式，只要大家喜欢，教师应该鼓励学员探寻自己的风格。

5. 然后把奇形怪状的物品拿给学员看，告诉他们，他们不同组的任务就是尽可能多地说出这些物品的用途。

6. 让小组做好准备，跑到放东西的地方捡起一件物品，说出它们的名字，再尽可能多地说出几种用途。然后跑回队伍中，再派下一个人去。以此类推。

（二）相关讨论

1. 在接下来的日子里，你是否会犯一些小错？如果回答是肯定的，那么请试着运用游戏中的技巧，看看别人会有什么反应？

2. 人生中总是会有许多的风风雨雨，怎样克服全看一个人的意志和态度。

（三）总结

1. 这个游戏的挑战性在于，它为学员设计了无数的场景，激发他们的想象力和表演技巧，鼓励大家摸索出自己的风格。只有这样，他们才可能真正学到其中的精髓，将这种精神内化。另一个挑战是，面对稀奇古怪的东西，说出它们的名字和用途。这不仅依靠一个人的人生经验，还考察他的反应力。

2. 化解尴尬的方法有很多。除了这种坦然面对外，还可以运用一些幽默手段，不仅可以化解尴尬，还能体现出各人的智慧。当然，幽默感还可以使这个游戏更加有趣。

第六节 知识扩展

知识不是没有用，而是很多人没运用。现在，让我们看看解决冲突的五种策略在实践中是怎样应用的。

解决冲突的方式应用

为了提高软件部的开发能力，阮经理向人力资源部提出了用人申请。很长时间过去了，人力资源部没有能够提供这样的程序员。看看阮经理和人力资源部的任经理是怎么对待这件事的。

（一）如果采用竞争的方式

阮经理当仁不让地说："开始让你们招时，你们可没说这么多，你们也没说招不到。这么长时间，才招到一个人，真不知你的人力资源部整天都在忙什么！"他生气地吼道："不管怎么说，软件开发部要是完不成任务，你们人力资源部有不可推卸的责任……"

任经理辩解道："现在做广告效果也不好，人才交流会哪有什么好人才。请猎头公司招，老总又觉得费用高，不同意。你说让我们怎么办？"

或者说："你们部门提出的用人要求不对，条件太高了，你们要求的那种人以咱们公司的薪资水平人家根本不来。招到人，你们又不满意。"

结果一：发生激烈的争吵，甚至将官司打到老总那里去，让他评出一个是非曲直，双方的裂缝和矛盾不断加大，可能会影响到其他的合作，甚至因这次冲突会产生个人恩怨。

结果二：问题得不到解决。白争吵半天，不仅浪费时间和精力，还会造成新的问题。

结果三：只好由双方的上司来"摆平"，结果人力资源部上面的人事副总和软件开发部上面的技术副总产生高层间矛盾，由招聘的事影响到业务推广的大局。

结果四：将两个部门的各自成员都拖入这场冲突当中，引发更大范围的不和。

结果五：问题的根源还在，即使老总采取强硬或怀柔的办法消除了这场冲突，将来在其他工作上可能仍会出现冲突。

其实，这场冲突是结果，不是原因。

（二）如果采取回避的方式

阮经理：“你们人力资源部不能按时给我招聘到程序员，我也不去找你要。我该怎么干还怎么干。软件开发部现在有几个人，我们就干几个人的活。没办法，谁让招不来人啊！到时候完不成任务总经理问起来，我也有的说，是人力资源部招不来人，不是我们软件开发部不干活。”

任经理：“我也不说你软件开发部职位描述不清楚等问题。我就按你提出的条件帮你招，招来你愿不愿意留下，那是你软件开发部的事。反正省下招聘费用也是公司的，我自己一分钱也拿不回家。只要有人才招聘会，能给你招尽量给你招，这也是对工作负责任。但实在招不到我也没办法，到时候公司总经理问起，我就实事求是汇报：现在人才市场竞争这么激烈，软件开发方面的人才本身就少，再说软件开发部要求又那么高，招不来是正常的。我也尽心尽力了，也对得起公司了！”

结果一：矛盾潜伏下来。等到某一日回避不了时，冲突就爆发了。

结果二：问题没解决，却带来连锁反应，导致形成一种团队规则——凡遇到可能引起冲突的工作都躲着走，整个团队绩效降低。

结果三：解决问题的时机错过或拖延，增加了今后解决问题的成本。

结果四：公司的事情没人管，团队成员明哲保身，大家不求有功，但求无过。

（三）如果采取迁就的方式

阮经理在总经理面前说好话：“任经理他们也不容易，又是联系打广告，又是上人才交流会，连星期六、星期日都不能休息，还要忙着面试。虽然只招到一个人，也比一个没招到强。现在人才市场竞争这么激烈，软件开发人员本来就缺乏，再加上咱公司给的工资也不多，哪那么容易招？他们也确实尽力了，再给他们1个月时间吧！”

任经理对阮经理说好话毫不领情：“我们每次有招聘会都会为你们招，实在招不到我也没办法。不用说再给我1个月的时间，就是10个月，把我们杀了，招不到还是招不到。”

结果一：冲突暂时被防止，也许以后不再发生此类矛盾，也许以后又会重复发生。

结果二：一方总要做出牺牲和让步，这种让步表面上看来是以牺牲某个部门或某个团队成员的要求、权力和利益为代价，实质上是牺牲了整个团队利益，换取了暂时的合作。

结果三：管理严谨的组织是环环相扣的，一般很难做出较大让步，或者说，让步几乎没有余地。这说明这个团队成员要么工作不重要，要么整个公司的管理是懈怠的。

结果四：如果让步总能换来安稳，谁不愿让步呢？当让步成为一种团队风气或传统时，团队绩效无疑会不断下降。

结果五：团队成员平等关系被破坏，培养了部分"牛人"。

（四）如果采取妥协的方式

阮经理："你们虽然没有按时为我们招到人，但我们也很清楚你们也确实做了许多工作。你不知道，这一阵要开发新软件，每天一大堆事，又是技术问题，又是人员安排问题，手底下的人手又不够用，事太多，真是忙不过来！这事就先这样吧，我抽时间把职位描述写得再清楚点。招来一个人先让他干着，下个月你们一定得尽量帮我们招到人，否则到时候完不成工作任务，公司老总怪罪下来，我们谁都不好交代。你说是吧？"

任经理："上个月没给你们招到5个人，真是不好意思，影响你们工作了，我有责任。你可能不知道现在人才市场竞争有多激烈。你知道本来软件开发人才就缺乏，现在又新成立了许多软件公司，再加上咱公司给的工资又不算高。本来我想咱们用人这么急，又要水平高的，就找猎头公司帮招，可老总又嫌费用高！这个月我再去找老总说说，多拨点招聘费，努力一把，争取这个月把人招到。你看怎么样？"

结果一：起码表面上，事情得到了"圆满"的解决。团队的团结与"友爱"得到了维护，一团和气，甚至皆大欢喜。

结果二：处理冲突的成本较低，又能维护团队成员的面子和平等关系，又能很快处理分歧，操作容易。

结果三：丢失原则。本来应该坚持的制度、规则和目标要求等，可能就在妥协当中被放弃，从而引起公司管理松懈、纪律松弛、目标降低等一系列"并发症"。

结果四：以延误工作为代价。

结果五：问题没有得到根本解决并且积累下来，到双方都无法妥协的时候会出现总爆发。

（五）如果采取合作的方式

阮经理："你们人力资源部一向对我们软件开发部的工作很支持，我们真是从心里表示感谢！可这次招聘程序员的事可能有些问题，比如：软件开发部对职位描述得不太清楚，我回去把职位描述重新写一份。你看你还有什么不太清楚的地方，或是需要软件开发部配合的地方，你别不好意思说，咱们不都是为把工作做好吗！"

任经理："招聘的职位描述是写得简单了点。其实，这也不能全怪你们。我向搞人力资源管理的专家咨询了一下，关于职位描述说明书的事，应该由人力资源部来组织，总经理参与，并组成包括你们软件开发部专家在内的专家组来评议。这件事我马上就办。我也向总经理请示，这个月全力以赴为你们招人，为你们解决人手不够的问题。放心吧！你们的任务也是我们的任务。"

结果一：问题被事先预防或被消灭在萌芽状态。

结果二：某个问题或影响团队合作的某个问题得到彻底的解决或根除。由于是从对方的角度、从整个团队目标的角度考虑问题，本次的良好合作将出现良好的循环，今后此类问题也将得到防止或大大降低。

结果三：团队价值得到提升。

结果四：双方的工作目标均得以达成。

课外练习

1. 结合应用演练项目试述团队建设性冲突的意义。

2. 以应用演练项目为基础，联系实际试述团队建设性冲突的建设。

3. 结合应用演练项目，举例说明面对团队中的冲突，你自己的应对策略。

第七章

高效能团队沟通机制建设

沟通是人类的必要能力，更是团队建设的日常事务与基本工具。事实上，无论是生活还是工作，95%以上的人际矛盾都可能因为沟通不畅而引起。所以，石油大亨约翰·戴维森·洛克菲勒曾感叹："假如人际沟通的能力也是同糖或咖啡一样的商品的话，我愿意付出比太阳之下任何东西更高的代价购买这种能力。"

第一节　入胜测试

在工作中，经常会遇到一些比较尴尬的、难于应付的情境。这些问题看似无足轻重，但是工作中的小事和细节往往决定了别人对你的看法和态度。能否正确地处理这些问题，反映你是否了解和掌握了正确的沟通知识、技能。

你会应付这些难于应付的情境吗

每个人都有独特的与人沟通、交流的方式。下面是一组沟通能力的小测试，请认真阅读下面的情境性问题，选择出你认为最合适的处理方法。请尽快回答，不要遗漏。

（一）测试题目

1. 你上司的上司邀请你共进午餐，回到办公室后，你发现你上司对此颇为好奇，此时你会：

　　A. 告诉他详细内容；

　　B. 粗略描述，淡化内容的重要性；

　　C. 不透露蛛丝马迹。

　　2. 当你主持会议时，有一位下属一直以不相干的问题干扰会议，此时你会：

　　A. 告诉该下属在预定的议程结束之前先别提出其他问题；

　　B. 要求所有的下属先别提出问题，直到你把正题讲完；

　　C. 纵容下属。

　　3. 当你跟上司正在讨论事情，有人打长途电话来找你，此时你会：

　　A. 告诉对方你正在讨论重要的事情，待会再回电话；

　　B. 接电话，而且该说多久就说多久；

　　C. 告诉上司的秘书说：不在。

　　4. 有位员工已经连续 4 次在周末向你要求提早下班，这次你会说：

　　A. 你对我们相当重要，我需要你的帮助，特别是在周末；

　　B. 今天不行，下午 4 点钟我要开个会；

　　C. 我不能再容许你早退了，你要顾及他人的想法。

　　5. 你刚好被聘为部门主管，你知道还有几个人关注这个职位。上班的第一天，你会：

　　A. 把问题记在心上，但立即投入工作，并开始认识每一个人；

　　B. 忽略这个问题，并认为情绪的波动很快会过去；

　　C. 找个别人谈话，以确认哪几个人有意竞争此职位。

　　6. 有位下属对你说，"有件事我本不应该告诉你的，但你有没有听到……"你会说：

　　A. 谢谢你告诉我怎么回事，让我知道详情；

　　B. 跟公司有关的事我才有兴趣听；

　　C. 我不想听办公室的流言。

　　7. 你认为你的文字和口头表达能力强吗？

　　A. 是的　　　　　　B. 一般　　　　　C. 很差

　　8. 你能很好地运用肢体语言表达你的意思吗？

　　A. 是的　　　　　　B. 一般　　　　　C. 很差

9. 一个陌生的人你能很容易地认识他吗？

A. 是 　　　　　B. 有时 　　　　　C. 否

10. 你能影响别人接受你的观点吗？

A. 是的 　　　　　B. 有时 　　　　　C. 不能

11. 与人交谈时，你能注意到对方所表达的情感吗？

A. 是的 　　　　　B. 有时 　　　　　C. 不能

12. 你是否能用简单的语言来表述复杂的意思？

A. 是的 　　　　　B. 一般 　　　　　C. 否

13. 朋友评价你是个值得信赖的人吗？

A. 是的 　　　　　B. 一般 　　　　　C. 不是

14. 你能积极引导别人把思想准确地表达出来吗？

A. 是的 　　　　　B. 有时 　　　　　C. 不能

15. 你是否善于听取别人的意见，而不将自己的意见强加于人？

A. 是的 　　　　　B. 有时 　　　　　C. 不能

（二）评分规则

选择 A 得 2 分，选择 B 得 1 分，选择 C 得 0 分，然后将各题所得的分数相加。

（三）结果分析

（1）总得分为 22~30 分：沟通能力很强，是沟通高手；口头表达能力强，说话简明扼要，很容易让对方接受你的观点。

（2）总得分为 15~21 分：沟通能力中等，沟通能力发挥得不稳定，有时会引起沟通障碍。要想提升自己的沟通能力，就要努力加强沟通锻炼。

（3）总得分为 14 分及以下：沟通能力差，想要表达的意思常常被别人误解，给别人留下不好的印象，甚至无意中对别人造成伤害。

如果你的分数偏低，不妨仔细检查一下你所选择的处理方式会给对方带来什么样的感受，或会使自己处于什么样的境地。

第二节 启智案例

话说有一天，某消防部队接到火警报告——消防队员问：哪里着火了？报警人答：我家。消防队员想了解得更清楚：我是问在什么地方？报警人斩钉截铁地回答：在厨房！消防队员着急地说：我是说我们怎么去？报警人不解地回答：你们不是有消防车吗？

这只是一个典型的沟通失败事例。不过，通过以下案例分析，我们可以更多地获得团队沟通相关启示。

由败到胜的沟通

某公司从各院校招聘了一批学习成绩优秀的毕业生充实到各个部门。从南京某大学金融专业毕业的小洁在导师的推荐下，被招聘到该公司风险管理部，由一位做财务出身的李女士带她学习业务。

小洁的学习成绩一直很好，成长的道路比较顺利；性格比较开朗，喜欢把自己的想法告诉大家，一起讨论研究问题。她认为，经过4年的学习，自己掌握了扎实的金融知识，之所以选择这份工作，是因为目前该公司规模适中，发展速度较快，因此给自己施展能力的空间比较大。

但到公司一个星期后，小洁就陷入困境。学习业务时，许多问题让她困惑不解，而带她学习业务的李女士又并不是很愿意和她说话。这让她很纠结，甚至认为这是前辈不愿意带而故意疏远。

李女士到部门主管张经理那儿汇报工作，把几天来小洁的情况汇报给张经理，并希望张经理找小洁谈话，促进她进步和改进。

"小洁啊，你在跟李女士学习业务过程中有些浮躁，语气不太谦和，态度不行啊。"部门主管张经理找到小洁。

"是吗，咦？有这个问题？怪不得李女士最近都不愿意跟我说话，感觉她不愿意带我呢。"

"小洁，你上进心很强，工作也很认真，在公司今后的发展中会有作为。但李女士说你有时直呼她为'哎'，让她感到很不舒服。你没有尊重前辈的态度啊。"

"啊？是吗？真的太不好意思了，这可能是在学校养成了习惯。"

"嗯。还有啊，你经常打断她说话，这点不好呀。不能认真地把她说的话听完就'这个我知道了'，这是不耐心倾听啊。"

"嗯，是的。我以为我弄明白了，会做了呢。这我会改善自己的，以后一定耐心倾听。"

"而且，李女士认为你迫切寻求答案，在她手头有工作或者有会议时，你总是很急；在部门其他同事讨论问题时，你也经常插入发言并使用'我认为'语句，等等。这让李女士很头痛啊。希望小洁你能很好地改进，跟李女士和部门同事多多沟通。"

"嗯，我知道了。我会尽快地适应公司的工作、生活，学会为人处事的——和同事们关系融洽，向李女士认真学习。"

案例分析

大量的理论和实践研究表明，建设性沟通是可以做到的。在本案例中，小洁之前之所以与业务前辈沟通不畅，其主要原因是没有很好掌握沟通原则和运用沟通技巧。

（1）忽略了信息组织原则。所谓信息组织原则就是沟通双方在沟通之前应该尽可能地掌握相关信息。在向对方传递这些信息时应尽可能简明、清晰、具体。小洁仅仅是一个新进员工，以前也没有任何工作经验，对公司了解不多，这时她既不愿倾听，还总是"我认为"，其信息量显然不足以支持她的沟通。

（2）忽视了沟通技能。沟通是一门艺术。只有双方在信息交换的基础上了解了彼此的需要和意图，才能找到最佳的平衡点，从而实现有效的沟通。小洁步入社会后，仍然带着学生的习惯和生活中的个性，在沟通中几乎是处于"无技能"状态。

任何沟通都是有目的的，沟通双方都希望通过沟通满足自己某方面的需要。如果沟通双方在沟通中能够清楚地了解对方的沟通目标，在沟通中站在对方的角度，在不损害自身利益的前提下提供对方期待得到的东西，那么沟通就会实现双赢。

在本案例中，张经理之所以实现了与小洁的有效沟通，一是他把握好了公司留住人才、培养人才，并希望小洁能与前辈处理好关系这些目的；二是

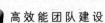

张经理充分针对了小洁倾向于通过沟通满足解决自己的困惑和自我实现的需要。

除很好地掌握目标原则外，张经理还以小洁"有上进心，认真工作"等作铺垫，先曲后直，进而指出小洁在公司工作中的不足，使得小洁心悦诚服。这显然是沟通技巧所发挥的作用。

本案例上级主管及时地找到小洁谈话，并要求她改进，学会角色的转换，虽然是一个十分普通的案例，但这种"普通"恰好在本质上成功地做好了上下级的沟通，并且能够更好地培养人才，让"小洁们"在团队中长远地发展。

第三节　应用演练

未来学家奈斯比特指出："未来竞争是管理的竞争，竞争的焦点在于每个社会组织内部成员之间及其外部组织的有效沟通上。"

人事调整

团队人事安排体现团队的战略布局，事关团队工作能力及其效率、效益和效能，同时又涉及团队成员个人的切身利益。为了使大家能够做到以大局为重，从而愉快地接受工作调整，积极地投入新的工作，作为思想与感情传递、反馈的有效形式——沟通，这时的作用至关重要。

（一）综合项目

继续将第一章虚拟的项目（如创建"高效能团队建设研习所"）或确定的某个真实项目（如自己所在的班级）作为实训项目。

（二）单元任务

根据上一次阶段总结会议所确定的团队建设与项目工作改进意见，修正岗位职责和人员分工，调整人事安排。据此，要求领导与下属、下属与领导分别进行下行与上行的沟通。

（三）演练目标

素质目标：客观认识团队沟通在团队建设中的特殊意义与作用，正确理解正式沟通与非正式沟通、语言沟通与非语言沟通的不同功能，培养正确的沟通理念，形成科学沟通、艺术表达的辩证思想。

知识目标：掌握团队沟通的主要原理，了解团队沟通的基本要素，理解团队沟通的一般障碍，掌握语言沟通与非语言沟通的各自特点。

能力目标：善于选择正确的沟通方式；能够运用有效的沟通手段，实现团队建设的各项职能；具备一定的沟通策略及其策划能力；能在合适的时间、合适的地点，针对特定的对象，运用合适的方式，传送合适的信息；熟练语言沟通和熟悉非语言沟通艺术；能够综合运用现代沟通媒介与沟通工具。

（四）演练形式

全体参与，单个沟通，书面与口头不限。提倡在保证全体参与的前提下，以涉及调整的人员为重点，力争全体人员对新的安排心悦诚服。

第四节　理论升华

沟通既是一门科学，又是一门艺术。

某个团队搞联谊会，时间过了，还有一大半客人没来。负责人心里很焦急，便说："怎么该来的客人还不来？"一些敏感的客人听到了，心想："该来的没来，那我们是不该来的啰？"于是悄悄地走了。一看又走掉好几位客人，负责人越发着急了，便说："怎么这些不该走的客人又走了呢？"剩下的客人一听，又想："走了的是不该走的，那我们这些没走的倒是该走的了！"于是又都走了。最后只剩下一个跟负责人较亲近的朋友，看了这种尴尬的场面，就劝他说："你说话前应该先考虑一下，否则说错了，就不容易收回来了。"负责人大叫冤枉，急忙解释说："我并不是叫他们走哇！"朋友听了大为光火，说："不是叫他们走，那就是叫我走了。"说完，头也不回地离开了。

从这个故事可见，正确的沟通非常重要。

一、团队沟通的内涵与内涵条件

沟通渗透于人们生活、工作的各个方面，以至于大家误以为对沟通非常熟悉。团队工作中，很多人习惯以偏概全地把开会、谈话等形式理解为沟通，却全然不顾沟通的目标与本质。

沟通是人际关系中最重要的一部分，它是人与人之间为了达成共识，运用语言符号系统或非语言符号系统传递信息、表示态度、陈述事实、交流思想、表达情感的行为和过程。它是人际交往的起点，是建立人际关系的基础。

沟通的含义强调"沟"和"通"两个基本点，而不是目前大多教材或读物强调的单纯信息传递。其中，"沟"是方法、渠道等有效途径；"通"指的是让对方接受而达成共识。因此，团队工作与建设中的沟通，应该从四个方面认识：首先，沟通是有目的的活动，其目的是为了达成共识；其次，沟通的内涵在于社会信息及思想与情感的传递；再次，沟通的实质是人与人之间的意识交流与情感交通；最后，沟通的载体是语言符号或语气、语调，或肢体、姿势系统。

沟通的外在表现是传递信息的过程。这是一个先由信息发送者将信息源通过编码形成信息，再选择有效途径发送给信息接受者，之后再由信息接受者通过正确解码进而付诸行为的过程。

团队沟通，从其概念上来讲，是在团队活动中为了一个设定的目标，把信息、思想和情感在特定个人或群体间传递，并且达成共同协议的过程。沟通是自然科学和社会科学的混合物，是团队建设的有效工具。沟通还是团队建设技能，是团队及其成员对本身知识能力、表达能力、行为能力的发挥。

所以，团队沟通是通过一定的方法、渠道、途径等"沟"而使团队内外与团队活动相关的人们达成共识，实现思想之"通"的活动或过程。换句话说，团队沟通就是为了实现团队目标，达成某一共识，而将信息源（思想、情感、信息等）通过有效途径传送到目的受众的过程。可见，"沟"是手段，"通"是目的。

达成有效沟通须具备两个必要条件：首先，信息发送者清晰地表达信息的内涵，以便信息接收者能确切理解；其次，信息发送者重视信息接收者的反应并根据其反应及时修正信息的传递，免除不必要的误解。两者缺一不可。

有效沟通主要指团队内外的沟通应实现团队沟通的目的，达成团队所期望的共识。尤其是管理者与被管理者之间的沟通。

有效沟通能否成立关键在于信息的有效性，其有效程度决定了沟通的有效程度。信息的有效程度则主要取决于信息的透明程度和信息的反馈程度，以及信息的合理性。

（1）信息的透明程度。当一则信息应该作为公共信息时，信息必须是公开的，不应该导致信息的不对称性。当然，公开的信息并不意味着简单的信息传递，而要确保信息接收者能理解信息的内涵。如果以一种模棱两可的、含糊不清的文字或语言等传递一种不清晰的、难以使人理解的信息，对于信息接收者而言就没有任何意义。另外，信息接收者也有权获得与自身利益相关的信息内涵，否则有可能导致信息接收者对信息发送者的行为动机产生怀疑。

（2）信息的反馈程度。有效沟通在形式上有单向沟通与双向沟通。单向沟通是一种不要求互动的沟通方式，比较适合传达精神、传递信息、发布公告等；双向沟通是一种有来有往的动态互动行为，对信息发送者来说在发出相关信息后，同时应得到充分的反馈。只有沟通的主体、对象双方都充分表达了对某一问题的看法，才真正具备有效沟通的意义。

（3）信息的合理性。要实现沟通的高效能，除了有效信息的透明性和互动反馈以外，还进一步涉及信息的合理性。只有公正的、适度的有效信息才是合理的。

（4）信息的公正性。人具有多重特性：作为"经济人"，他要追求最大限度地满足。而在人类资源相对稀缺的前提下，人们对各自利益的追求必然产生一定的矛盾。解决矛盾的方法只能是坚持公平、公正原则。公正的信息能让每一个人都能凭着自身的努力获得相对满足的利益。

（5）信息的适度性。适度的信息不但可以规范团队内个体的行为，更重要的是它能为组织内个体的能力发展和积极性、主动性、创造性的发挥留下广阔的空间。

此外，合理的信息应与组织目标相一致。或者说，与组织目标冲突的信息会令团队内个体左右为难。同时，冲突目标下的个体的不同行为会发生矛盾，甚至可能会相互破坏。

二、团队沟通的重要意义

尽管"沟通"说起来如此简单，但现实中无论是实践界还是理论界，重"沟"轻"通"、有"沟"无"通"现象却处处皆是。比如，不少理论书籍将"沟通"解释为：人与人之间、人与群体之间信息、思想、感情的传递和交流活动；又如实践界许多团队管理者将开会传达、发号施令奉为"沟通"至宝，全然不顾

任务执行者是否从思想上认同与接受。

　　所以，团队管理者不要想当然地认为受众会领受或领悟自己表达的意思。有时，我们想当然地认为听众和我们一样了解问题的背景信息，可以轻松理解所讨论的问题，但实际上，可能很多受众对这些信息根本一无所知或毫不认同。

　　然而，事实上沟通又是人类集体活动的基础，是人类存在并发展的前提。可以说：没有沟通就没有协调的群体活动；没有协调的群体活动也许人类终将灭绝——正是沟通才形成了原始人群和部落，且不断进化形成了现代人类社会。同时，沟通也是现代管理的命脉——没有沟通或者说沟通不畅，管理效率就会损失甚至断送。沟通还是人际情感的基石——良好的沟通才可以造就健康的人际关系。此外，沟通更是人们生存、生产、发展和进步的基本手段和途径——现代人如果没有人际沟通、网际沟通、通信沟通，可能寸步难行。

　　人之所以是社会人，就是因为人生活在社会这个大家庭中，有人与人之间的信息交流、思想传播、语言表达。小到一个家庭、工作团队、机构组织；大到一个城市、一个国家，甚至整个世界，社会中的每一个活动分子——自然人或法人，都需要与自身之外的活动分子进行信息的交流，表达各自的观点、意念，指导和规范他人或各自的行为，或进行内容的分享，进而实现各自的目的。这些不外乎于沟通。

　　管理的过程更是一个通过发挥各种管理功能，充分调动人的积极性，提高机构的效能，实现共同目标的过程。沟通从一定意义上讲就是管理的有效方式——管理离不开沟通，沟通渗透于管理的各个方面。

　　目前，沟通在管理工作中的作用日益凸显：沟通有助于组织决策的正确性、针对性、有效性；沟通能促使组织成员协调有效地开展工作；沟通有利于形成氛围良好、有战斗力的团队，提高员工的士气……

　　无论是组织管理者还是普通团队成员，大家都是组织竞争力的核心要素，做好沟通工作，无疑是一个组织各项工作顺利进行的前提。有效沟通在团队建设中的重要性主要表现在：

（一）准确传达组织决策，提高工作效率，化解管理矛盾

　　团队决策需要一个有效的沟通过程才能施行。沟通的过程是对决策的理解、传达的过程。决策表达得准确、清晰、简洁是进行有效沟通的前提，而对决策的正确理解是实施有效沟通的目的。在决策下达时，决策者要与执行者进行必要的沟通，以对决策达成共识，使执行者准确无误地按照决策执行，避免因为对决策的曲解而造成执行的失误。

团队及其成员之间所进行的交流，包括相互在物质上的帮助、支持和感情上的交流、信息的沟通，这是理解共同目的和进行有效协作的桥梁。而同样的信息由于接收人的不同却可能会产生不同的效果。信息的过滤、保留、忽略或扭曲等，是由接收人主观因素决定的，是他所处的环境、位置、年龄、教育程度等因素相互作用的结果。由于对信息感知存在差异性，需要加强有效的沟通来弥合这种差距，以减小由于人的主观因素而造成的时间、效能上的损失。准确的信息沟通无疑会提高工作效率，使人们舍弃一些不必要的工作，以最简捷、最直接的方式取得理想的工作效果。为了使决策更贴近市场变化，组织内部的信息流程也要分散化，使组织内部的通信向下一直到最低的责任层，向上可到高级管理层，并横向流通于团队的各个部门、各个群体之间。当然，在信息的流动过程中必然会产生各种矛盾和阻碍因素，这恰好需要在部门之间、成员之间进行有效的沟通，如此才能化解这些矛盾，使工作顺利进行。

（二）发现问题，未雨绸缪

团队管理要讲求实效，只有从问题的实际出发，实事求是才能解决问题。而在沟通中获得的信息是最及时、最前沿、最实际、最能够反映当前工作情况的。比如，在企业的经营管理中出现的各种各样的问题，如果单纯从事物的表面现象来解决问题，不深入了解情况，不接触问题本质，只会给组织和团队带来灾难性的损失。

任何一个团队都是在不断解决各种问题中前进的，而团队中问题的解决需要通过有效的沟通来实现。个人与个人之间、个人与团队之间、团队与团队之间开展积极、公开的沟通，这样可以帮助人们从多角度看待同一问题，进而就能在管理中统筹兼顾，做到未雨绸缪。只要平时做好沟通，许多问题在未发生时，管理者就能从表象上看到、听到、感觉到，这样事先就能把一些不利于团队稳定与发展的因素消除了。

（三）激励成员，形成健康、积极的组织文化

人具有自然属性和社会属性。实际社会生活中，人们在满足其物质需求时还要满足精神需求。每个人都希望得到别人的尊重、社会的认可和自我价值的实现。一个优秀的管理者，要通过有效的沟通影响甚至改变成员对工作、对生活的态度，让全体成员始终保持旺盛的工作热情，甚至把那些视工作为负担、对工作三心二意的员工转变为对工作非常投入，工作中积极主动，对业务超群出众的具有自发性、创造性的人。在有效沟通中，团队管理者要对成员按不同的情况划分为不同的群体，从而采取不同的沟通方式。如按年龄阶段划分为年轻成员和中老

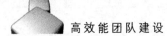

年成员，进而对年轻的资历比较浅的成员给予信任，在一定情况下让他们独立承担重要工作，并对其工作成绩认可、鼓励；对于资历较深的老同志，团队管理者应重视和尊重他们，发挥他们的经验优势，与他们经常接触，相互交流，适当举行专题座谈和研讨，以调动其工作积极性。

沟通就是生产力。有效沟通不但能够提高工作效率、提高经济效益，而且能够提高团队效能。在工作中，团队的每一个人都需要不断掌握和运用有效沟通的方法，创造工作动力，激发工作潜能，使团队的战略目标早日得到实现。

三、团队沟通的要素及特点

一般说来，团队沟通的要素包括规范的制度、成员的角色和领导者个人风格等。

（一）团队的行为规范

团队的行为规范是团队成员共同遵守的行为准则，是团队内部的法律。一般说来，团队的规模越大，团队的行为规范可能越复杂。

团队行为规范可以以明文规定的方式存在，如规定、条例等，也可以约定俗成、心照不宣的方式存在。前者容易被遵守，后者往往被团队新成员所忽略，或在不经意中触犯。

团队行为规范对团队来说非常重要，通过理解并遵守团队规范，不仅可以使团队成员知道自己该做什么，不该做什么，而且能够建立起相应的团队规则和秩序，增强团队成员相互合作的主动性和自觉性。但团队行为规范也有其消极的一面，例如，它们会阻碍团队成员创造性地工作，维护低效率或已经过时的做法，也有可能产生团队内的不公平现象等。所以团队领导者要将团队行为的消极作用降到最低程度。

（二）团队成员的角色

每个团队由若干个成员组成，这些成员在团队成立之后到团队解体之前都扮演着不同的角色。按在团队中所扮演的角色及对团队工作所起的作用，可将团队成员角色分为积极角色和消极角色两大类。在团队中，起积极作用的角色主要包括：①领导者，善于确立团队目标，并激励下属完成任务；②创新者，善于为团队出谋划策，能为解决团队存在和遇到的问题提出改进和处理的新方法、新见解；③信息员，善于为团队工作提供信息、数据及事实依据；④协调员，善于通过积极有效的沟通妥善解决团队成员之间的矛盾和冲突，缓解团队工作压力；

⑤评估者，善于承担工作方案分析和计划等工作；⑥激励者，善于增强团队凝聚力，提高团队成员士气；⑦追随者，善于认真负责地实施计划，避免消极作用的角色。起消极作用的主要角色有支配者、绊脚石、自我标榜者、逃避者。一个团队中，如果积极角色多，消极角色少，则该团队会畅通有效。

（三）团队领导者的处事风格

团队领导者的处事风格不同，团队工作的目的、性质、结果也会有着千差万别。所以团队领导者的风格对团队成员之间的沟通具有积极或消极的作用。

团队沟通实质上是为了更好地实现团队目标，形式上是团队成员之间所进行的信息传递与交流。因此，概括来说，团队沟通的特点有五大方面：

（1）平等。在团队内部，团队成员之间的沟通关系是平等的，是一种任务的协作与分工，而不是管理与被管理的关系。因此，团队形成了内部平等的沟通网络，团队成员之间是平等沟通关系。

（2）规范。与非正式团队相比，由于团队是一种协作工作方式，团队成员为着一个共同目标而工作，团队中的每一个成员对团队所要达到的目标负责任，同样也对团队采用的工作方法负责。所以在这种情况下，团队的沟通是以任务为导向的，并且有一定的群体规范和路径。

（3）融洽。健康、坦诚的沟通气氛使团队内部成员之间不仅能有效地进行工作任务方面的沟通，而且能进行情感上的沟通。每个成员还能做到有效地倾听他人意见，并清楚地表达自己的观点。

（4）外协。团队要有效地实现自己的目标，必须处理好各方面的关系。首先，团队要与组织内处于垂直关系的部门建立良好的关系，使信息和资金流动通畅。其次，团队要与水平层次上的其他团队及企业的职能部门关系融洽，从而能方便地获得技术支持和职能部门的帮助。最后，团队要处理好与外部顾客的关系、社会公众的关系以及与团队制度、作风、文化、整个组织的制度、文化间的关系。只有处理好这些关系，才能实现自己团队与其他团队之间的配合与协调，并最终更好地实现团队的目标。

（5）引领。善于沟通的团队领导者，首先，能够将团队的目标和对成员的期望有效地传达给成员。其次，在团队的实际动作中，有效的领导者能够充分倾听成员的心声，根据实际情况适当放权，调动成员的积极性，共同决策参与计划的制度，当好"教练员"的角色。也就是说，作为领导者，应了解和理解团队成员的心理，尊重他们的要求，通过自己的组织协调能力以及令人拥戴的领袖魅力去引导团队成员按照既定方向完成组织目标，而不是监管、控制他们。

四、团队沟通的原则与技巧

美国斯隆学院的行为科学家们对语言沟通过程中的说话、聆听、思考三个活动的速度进行了多次试验，得出了这样的结论：思考速度>聆听速度>说话速度。另外，行为科学家还通过不同的信息传递手段，对获取信息的有效性进行了多组比对试验，得出的结论是：信息经提炼后再传递给聆听者，其记忆的效果远远好于不加整理且没有重点的叙述和图片展示。

结合沟通是为了达成"共识"这一目标，团队沟通中有必要遵循以下原则：

（1）有效果。这里强调的是沟通目标的明确性。通过交流，沟通各方必须就某个问题达成共同认识。

（2）有效率。这里强调沟通的时间概念。沟通的时间要简短，频率要增加，在尽量短的时间内完成沟通的目标。

（3）有效能。这里强调长期性作用。沟通要能激发参与人员的潜能，帮助人们认识并发挥自身的价值。只有心情愉快、心悦诚服的沟通才能实现双赢或多赢。

至于有效沟通手段问题，应根据实际情况采取不同的方法。例会、个别谈心、集体座谈、专题研讨、日志报告、聚餐联欢等形式都是行之有效的沟通措施。

团队建设中，团队领导者要善于利用各种机会进行沟通，甚至创造出更多的沟通途径，与成员充分交流。特别要注重创造一种让团队成员在需要时可以无话不谈的沟通环境。

对于个体成员来说，要进行有效沟通，可以从以下几个方面着手：

（1）必须知道说什么。这就要明确沟通的目的。如果目的不明确，则意味着自己不知道要沟通什么，这样勉强沟通，自然也不可能让别人明白，当然也就达不到沟通的目的。

（2）必须知道什么时候说。这就要掌握好沟通的时间。在沟通对象正大汗淋漓地忙于工作时，你要求他与你商量下次聚会的事情显然不合时宜。所以，要想很好地达到沟通效果，必须掌握好沟通的时间，把握好沟通的火候。

（3）必须知道对谁说。这就是要明确沟通的对象。虽然一些人善于表达，但如果选错了对象，自然也达不到沟通的目的。

（4）必须知道怎么说。这就是要掌握沟通的方法。即使知道应该向谁说、说什么，也知道该什么时候说，但如果不知道怎么说，仍然难以达到沟通的效果。本章节一开始的导言中提到的那位"联谊会"负责人，就是因为不懂得"怎么说"，才导致沟通失败，最后事与愿违。

沟通的艺术成分非常丰富，很难以放之四海而皆准的某种理论一言以蔽之。如果一定要用一句简短的语言帮助人们理解，那可能应该是：说到听者想听，听到说者想说。至于具体的沟通技巧，我们主要应该把握以下六点：

（1）充分运用非语言技巧。从沟通组成看，一般包括三个方面：沟通的内容，即文字；沟通的语调和语速，即声音；沟通中的行为姿态，即肢体语言。这三者的比例为：文字占7%，声音占38%，行为姿态占55%。同样的文字，在不同的声音和行为下，表现出的效果可能截然不同。所以，有效的沟通应该是更好地融合好这三者，特别是不可忽略语调、语速与行为姿态加在一起其作用高达93%的非语言技巧。

（2）巧妙激发心灵共鸣。从心理学角度看，沟通中包括意识和潜意识层面，而且意识只占1%，潜意识占99%。由此，团队沟通中应该十分注意激起情感，着重于潜意识层面，做到动之以情、晓之以理，富有感情地、真诚地沟通。

（3）时刻不忘"身份确认"。针对不同的沟通对象，如上司、同事、下属、朋友、亲人等，即使是相同的沟通内容，也要采取不同的声音和行为姿态。特别是对于性格内向、自尊心极强的团队成员，应该多用单独沟通方式；而对于性格外向的一些成员，则不妨"响鼓重锤"。

（4）当众表扬私下批评。俗话说：人有面子树有皮。在中国这样的礼仪之邦，给人面子可能会让人舍生忘死，剥人面子可能会让人逆反而行。所以，在团队沟通的场合选择方面，让人引以为荣的内容应该当众褒扬——场面越大越好；而让人难堪的事情则应私下批评——范围越小越好。

（5）过程中不时肯定。即要多以欣赏、正面的方式给予对方回应，如在当面沟通中，要以注目、点头、语言回应等形式肯定对方的语言内容。这不仅仅是说一些敷衍的话，而应该是真诚的用心回应。比如，通过重复对方沟通中的关键词，甚至能把对方的关键词语经过自己语言的修饰后，回馈给对方。这是对人的尊重，也会让对方觉得他的沟通得到了你的认可与肯定。

（6）真诚友善地用心聆听。聆听不是简单地用耳，而是需要把对方沟通的内容、意思把握全面，如此用心才能使自己在回馈给对方的内容上，与对方的真实想法一致。例如，有很多属于视觉型的人，在沟通中有时会不等对方把话说完，就急于表达自己的想法，结果有可能无法达到深层次的共情。

五、团队沟通的影响因素

团队沟通的效力要通过参与沟通过程的团队成员的认可来体现。在团队中，领导有效性的确立主要取决于组织内的信息接收者而非信息发送者。团队的权力不是管理层的所有物，其流动不是从上至下而是从下至上的。

在团队沟通过程中，常会受到各种因素的影响和干扰，使沟通受阻碍，影响沟通的效果。团队有效沟通的最大障碍主要来自于社会因素、个人因素、心理因素、客观因素四大方面。

（一）社会因素障碍

社会因素是指团队的组织规模与形式及其成员的地位、职业的差异而构成的影响因素。

（1）组织结构障碍。在管理中，合理的组织结构有利于信息的沟通。如果团队规模过大，中间层次过多，信息传递既浪费时间又影响效率，直接会影响到沟通的效果。同时，如果团队成员太多，大家相互之间也很难形成充分的认识和理解，自然更难以形成凝聚力和组织信任感。

（2）成员地位障碍。发送者和接收者由于地位悬殊，会产生畏惧感，容易造成沟通障碍。研究表明，一般上级与主管人员容易存在一种"心理巨大性"，下属则容易产生一种"心理微小性"。前者易使上级满不在乎，后者易使下级不敢畅所欲言，如此必然阻碍上下级之间的真实交流。如果主管过分威严，给人造成难以接近的印象，或管理人员缺乏必要的同情心，不愿体恤下属，都容易造成下级人员的恐惧心理，影响上下级沟通的畅通。如果管理者和蔼亲切，以普通劳动者的身份和下属接触、交流，就容易消除地位障碍。

（3）职业障碍。俗话说"隔行如隔山"，由于职业不同，或者研究领域的不同，听不懂对方的行业用语，也会造成沟通困难。消除障碍的办法是最好使用双方都能听懂的语言进行沟通，并在社会交往的场合中尽量不用专业术语。

（二）个人因素障碍

个人因素障碍主要是由团队成员个体的文化、知识、经验等方面的因素所造成的。

（1）文化障碍。由于团队成员中沟通双方的教育程度、文化素质、信仰背景相差太大，许多问题会使对方理解不了或难于接受，特别是价值观、人生观、世界观、文化背景等形成的差异。

（2）经验障碍。团队中的沟通双方由于经验水平差距太大，也会产生沟通的障碍。这是因为发送者将信息编码时，只是在自己的知识、经验范围内进行编码；同样，接收者也只能在自己的知识、经验范围内进行解码，并理解对方传送信息的含义。因此，当发送者与接收者的知识、经验水平差距太大时，往往在发送者看来很简单的问题，接收者却因为没有这方面的知识、经验，而理解和接收不了。造成这种情况的原因是双方面没有"共同经验区"；相反，如果沟通双方有较多的"共同经验区"，则信息就能很容易被传送和接收。

（3）表达障碍。沟通双方如果用词不当、词不达意、口齿不清或字体难以辨析，或者语句含糊、逻辑混乱，或者无意疏漏、模棱两可等，都会使对方难以了解发送者的意图。

（4）语言障碍。人与人之间的沟通主要借助于语言来进行，包括口头语言和书面语言。语言作为交流思想的工具，并不是思想本身，而是用以表达思想的符号系统。因此，在日常生活中一词多义的情况是常见的，这就使沟通产生主观上的障碍。人的语言修养不同，表达和理解的能力就有所不同，对同一种思想、观念或实物，有些人表达得很清楚，有些人则表达得很糊涂。同样，某一信息有的人能马上理解，有的人则听来听去还不明白；有的人接收信息后做这样的解释，有的人则会做那样的分析。因此，用语言表达意思，往往会产生语义上的障碍。

（5）以推论当事实。通常在观察外界事物的时候，人们往往在获得所有的必要事实之前，就以部分事实进行推论。这种推论的形成相当快，以致人们很少仔细地考虑它们是否真的确实能代表事实。

（三）心理因素障碍

由于沟通双方的心理因素，如认知障碍、态度障碍、情绪障碍和人格障碍等都会给沟通造成一定的障碍。

（1）认知障碍。认知方面的障碍是由于双方认知失调而引起的。由于各人的认识水平不同，需求动机不同，看问题的角度不同，对同一信息有不同的认识，何况认知常常会有认知偏差。如刻板印象，就会使人们对于自己无法获取经验的事物，以一般经验认知具体现象。如认为年轻人都毛躁、老人都落后等。刻板印象一旦形成，不但影响沟通时的诚意和信心，还会加深彼此的怀疑与猜测。还有对知觉的选择性。由于人们的知觉具有选择性，因此对信息的重视程度不同。凡是认为价值大的信息可能就会引起人们注意，并认真接受；凡是认为价值不大或没有价值的信息，人们可能就会不重视甚至不予理睬。

（2）态度障碍。态度是个体对特定对象（人、观念、情感或者事件等）所持有的稳定的心理倾向。这种心理倾向蕴含着个体的主观评价以及由此产生的行为倾向性。可见，如果沟通双方本身存在偏见，持不同的态度，如此沟通必然不可能顺畅。

（3）情绪障碍。情绪对信息的传递影响很大。如果双方都处于情绪和心境不佳的状态，就难以沟通意见，甚至会歪曲对方的信息。当某人情绪较好时，对别人的意见和建议会格外乐于接受；当某人情绪不佳时，则对别人的意见和建议本能排斥，接受程度可能就差。即使是同一个人，由于其接受信息时的情绪状态不同，也有可能对同一信息做出不同解释和行为反应。

（4）人格障碍。一个人的性格、气质、价值观等方面的差异，常常会成为沟通时的障碍。通常一个诚实、正直的人，发出的信息容易使人相信；反之，一个虚伪、狡诈的人，发出的信息即使是真实的，也常常遭人本能地防御。

（四）客观因素障碍

有时候，沟通的客观条件也必然地影响着沟通的效果。这些因素主要有：

（1）自然障碍。如刮风下雨、电闪雷鸣或环境中存在较大的噪声干扰，都会给沟通造成障碍。当然，还有机械障碍，如通信设备的性能不好、质量不高甚至发生故障，都会造成沟通困难甚至信息失真、沟通中断。

（2）距离障碍。空间距离过远、环节过多，同样会影响信息的传递，造成沟通困难。如人与人之间距离过远，听不清对方的声音或看不清对方的表情、手势，都会影响沟通的效果。

六、以同理心实现高效能沟通

《人格创新人生——高效能人士的 11 项锤炼》书中，叙述了这么一则故事：有一位大学教授，在课堂上要求全体同学用双手的食指搭一个"人"字给他看。结果，全体同学都不约而同地左食指往上伸出一点倚靠在右食指上，迅速地搭出一个"人"字。于是，教授再次强调：搭一个"人"字给我看。这时，少数几个同学将左右手换了一个位置，搭了一个反向的"人"字，这才让教授从正面清楚地看到了正确的"人"字。

生活中其实常常这样，很少人从他人的角度思考问题，做事情也很少考虑到他人的感受。比如在团队沟通中，人们总是要说出自己的道理，却忽略了别人的道理；大家总是要说出自己的感受，却往往听不进别人的感受。如此种种，即使有人能够从别人的角度思考问题，做事情会考虑到他人的感受，但往往也只是把对方置于弱势地位，以同情心对待他人，而不能将心比心，设身处地地去感受和体谅别人，并以此作为人际沟通的依据。

所以，团队沟通中非常需要换位思考，做到深入、移情、共情，即通过自己对自己的认识，来认识他人。

同理心是指在人际交往过程中，能够体会他人的情绪和想法，理解他人的立场和感受，并站在他人的角度思考和处理问题。简单地说，同理心是站在对方立场思考的一种方式，就是进入并了解他人的内心世界，并将这种了解传达给他人。

同理心要求人们把自己放在既定已发生的事件上，想象自己因为什么心理以致有这种行为，从而触发这个事件。因为自己已经接纳了这种心理，所以也就接纳了别人的这种心理，以致谅解这行为和事件的发生。就算是看法与人不同时，自己的不认同也不能据以判定对方的一定是错；尝试反复地思考，认真从其他角度去看，针对事而不是针对人，便会发现自己原本的定夺不一定完全正确。因为事情发生在"我"身上（主观）跟发生在"你"、"他"、"她"、"它"身上（客观）分别非常大，别人的想法和行为总有他的原委。

同理心重要的是要站在对方的角度来理解问题，将心比心，这样可以知道对方为什么会那么想，从而更能理解对方的做法，减少误会和冲突。

细想起来，人们在评价他人的时候，常常是"我看"、"我认为"、"我觉得"，但"我"凭什么把自己作为标准去衡量他人？自己本身是不是标准？如果自己本身并不是标准，那又怎能够"我看"、"我认为"、"我觉得"？

因此，我们要尽量接受和理解别人的处事方式、作风和行为习惯，调节自我的反应，就算因此而改变原本的做法甚或打消初衷，也并不代表被同化，而是体谅和尊重。

同理心的基本观点有：①我怎样对待别人，别人就怎样对待我；我替人着想，他人才会替我着想。②想要得到他人的理解，就要首先理解他人；只有将心比心，才会被人理解。③别人眼中的自己，才是真正的自己；要学会以别人的视角来看问题，并据此改进自己在他人眼中的形象。④只能修正自己，不能修正别人；想成功地与人相处，想让别人尊重自己，唯一的方法就是先改变自己。⑤真诚坦白的人，才是值得信任的人；要不设防地，以我最真实的一面示人。⑥真情流露的人，才能得到真情回报；要抛弃面具，真诚对待每一个人。

现实生活中常说"人同此心，心同此理"。强调的就是同理心。无论在日常工作还是生活中，凡是有同理心的人，都是善于体察他人意愿、乐于理解和帮助他人的人。这样的人最容易受到大家的欢迎，也最值得大家信任，因而其沟通也

往往最有效。

同理心的培养可以分为四个主要步骤：①先收听自己的感觉。假如无法触及自己的感受，而要想体会别人的感受就太难了。因为这个领域对你来说还是一片空白，因此，首先我们必须能把自己调整为可以发掘自己的感受和能体会这些感受。②表达出自己的感觉。重要的是选择表达感受的方式。③收听他人的感觉。一旦自己的感受与表达方式不再干扰倾听别人后，就要开始练习体会他人的感觉。④用体谅来回答他人的感觉。最后，你一听到别人的感觉就会出现某种反应，并能让对方感觉到你听进去了，且能心灵相通地体会他的感觉。

实践证明，无论在团队沟通中涉及什么问题，只要人们坚持设身处地、将心比心，尽量了解并重视他人的想法，就比较容易找到解决问题的方法。尤其在发生冲突和误解时，当事人如果能够把自己放在对方的处境中想一想，也许就可以了解到对方的立场和初衷，进而求同存异、消除误会。

团队沟通没有公式可循，只能以关心为出发点。当然，人与人之间只是关心还不够，还需要爱，需要对别人的处境感同身受。有了同理心，我们将不会处处挑剔对方，抱怨、责怪、嘲笑、讥讽便也大大减少，取而代之的是赞赏、鼓励、谅解、扶持。这样一来，人与人的任何沟通终将变得愉快、和谐。

第五节　游戏感悟

建设性沟通是在不损害或不改变人际关系的前提下进行的确切的、诚实的沟通。它具有三个特征：①实现信息的准确传递；②人际关系至少不受损害；③不仅是为了他人喜欢，而且更是为了解决问题。

不要激怒我

语言和态度是人与人之间沟通时的两大主要方面。面对对抗的时候，有的人说出话来是火上浇油，有的人说出来就是灭火器，效果完全不同。

道具：卡片或白纸一沓。

目的：教会大家避免使用那些隐藏有负面意思的甚至有敌意的词语。

（一）规则和程序

1. 将学员分成 3 人一组，但要保证是偶数组，每两组进行一场游戏；告诉他们：他们正处于一场商务场景当中，比如商务谈判，或是老板对员工进行业绩评估。

2. 给每个小组一张白纸，让他们在 3 分钟时间内用头脑风暴的办法列举出尽可能多的会激怒别人的话语，比如：不行、这是不可能的等，每一个小组要注意不使另外一组事先了解到他们会使用的话语。

3. 让每一个小组写出一个一分钟的剧本，当中要尽可能多地出现那些激怒人的词语。

4. 告诉大家评分标准：①每个激怒性的词语给 1 分；②每个激怒性词语的激怒程度给 1~3 分不等；③如果表演者能使用这些会激怒对方的词语表现出真诚、合作的态度，另外加 5 分。

5. 让一个小组先开始表演，另一个小组的学员在纸上写下他们所听到的激怒性词汇。

6. 表演结束后，让表演的小组确认他们所说的那些激怒性的词汇，必要时要对其做出解释，然后两个小组调过来，重复上述的过程。

7. 第二个小组的表演结束之后，大家一起分别给每一个小组打分，给分数最高的那一组颁发"火上浇油奖"。

（二）相关讨论

1. 什么是激怒性的词汇？我们倾向于在什么时候使用这些词汇？

2. 如果你无意间说的话被人认为是激怒性的，你会如何反应？你认为哪个更重要：是你自己的看法重要，还是别人对你的看法重要？

3. 当你无意间说了一些激怒别人的话，你认为该如何挽回？是马上道歉吗？

（三）总结

1. 很多时候往往在不经意之间说出很多伤人的话，即便他们的本意是好的，也往往因为这些话被人误解，达不成应有的目的。

2. 我们在说每一句话之前都应该好好想想这句话进到别人耳朵里面会是什么感受，会带来什么后果，这样就可以避免我们无意识地说出激怒性的话语。

3. 实际上，在我们得意扬扬的时候，往往是我们最容易伤害别人的时候。要保持谦虚谨慎的态度，不要像骄傲的孔雀一样。

第六节　知识扩展

沟通是一个信息交流过程，而人们在交流时，表达信息的方式却是多种多样的，其中主要是语言与非语言。借助语言之外的大量信息，能够更有效地进行人际沟通，以实现信息的更准确传递。

沟通中肢体语言的应用

人的躯干活动幅度比较大，因此它所反映的人的内心世界也比较明显。有心人可以从对方的表现和身体姿势体察对方的内心世界，以及他要表达的信息。

（一）眼神的信息语言

（1）眼睛从眼镜上面的缝隙中窥视的动作：一般是对方的鄙视和不敬的情感流露，没有诚意。

（2）对方不停地转动或左右自己的眼珠，并频繁而急促地眨眼：有可能是掩饰某种不可告人的事情，且大多与内疚或恐惧紧张的情感有关。

（3）不适度地注视对方，或有意回避对方的视线，将目光移到别处：这是不诚恳、有所隐瞒、不够自信、没有把握、不感兴趣或厌恶的表现。

（4）长时间注视对方：注视的时间占整个谈话时间的 30%~60%，这是正常值。超过这一平均值者，有两种意思：一是说明对对方本身比对谈话内容更感兴趣；二是向对方挑衅或施加某种压力，以起到震慑作用。

（5）瞳孔放大：表示爱慕，喜欢这个人，对某些事情感兴趣；瞳孔收缩表示厌恶、戒备、愤怒，对某些事情不喜欢。

（6）眼睛炯炯有神：说明心情愉快，对整个谈判充满自信，可以赢得别人好感，促进沟通。

（二）眉毛展示心情的变化

（1）皱眉：通常表现出的都是愤怒或为难的情绪，代表很忧郁、疑惑、怀疑。

（2）双眉上扬：表示一种非常欣赏或极度惊讶的神情。

（3）单眉上扬：表示不理解，有疑问的意思。

（4）眉毛完全抬高：表示太难以置信的神情。

（三）不同笑容体现的含义

（1）对对方感兴趣的微笑：一般采取亲密注视的方式（即视线停留在对方双目与胸部三角区域），眉毛轻扬或持平，嘴角向上。

（2）交际应酬时常用的微笑：社交注视方式（视线停留在双目与嘴之间的三角区域），眉毛平，嘴角向上。

（3）快乐、高兴的微笑：眼睛睁大，瞳孔放大，闪动频率加快，眉毛上扬、嘴张开。

（4）与对方保持距离或冷静观察的微笑：平视或视角向下，眉毛平，嘴角向上，视线停留在前额，表情严肃。

（5）开怀大笑：笑声非常爽朗的人，多是坦率、真诚而又热情的。行动果断迅速，绝对不会拖泥带水。

（四）嘴部与嘴唇隐藏着的信息

（1）嘴唇闭拢：表示的是和谐宁静、端庄自然。

（2）嘴角向上：表示善意、礼貌、喜悦之意，让对方感到真诚、善解人意。

（3）嘴唇噘着：一般表示生气和不满意的意思，也是不尊重对方的表现。

（4）嘴唇紧绷：多半表示愤怒、对抗或者决心已定。而故意发出咳嗽声并借势用手掩住嘴是表示"心里有鬼"，有说谎之嫌。

（五）下巴可以映射内心

（1）用下巴和颌部来指使他人者：属于骄横、傲慢和具有强烈自我主张的表现。

（2）用力缩下巴：表示畏惧和驯服的意思。

（3）抚摸下巴：往往是为了掩饰不安、话不投机的尴尬场面。然而与面部积极的表情相配合，也可以理解为洋洋自得和胸有成竹之意。要动静结合进行分析。

（4）女性手支下巴：反映出内心需要有人给以安慰。

（六）手势表达沟通的态度

（1）双臂交叉，用一只手握住另一只胳膊：这是一个人处于陌生的场合，缺乏自信，有些紧张不安时采取的姿态，同时也是一种试图控制紧张情绪的方式；两个拇指往上翘：表示泰然自若，或超然度外，或冷静旁观，是优越至上的信息，其中又包含着一定的防御态度。

（2）双手插在胸前：一般表明胸有成竹，对将要发生的事早有思想准备。这样的姿态具有防御性信号。

（3）轻轻抚摸下巴：说明他在考虑如何做出决定，有可能接纳对方意见。

（4）用手指敲击桌子：表示显得很无聊或不耐烦。

（5）交谈中用手指做小幅的动作：表示对某些事情不感兴趣、不耐烦或持反对态度。

（6）说话时喜欢玩弄身边的小东西：表示特别紧张和掩饰内心恐慌。

（7）双手置于双腿上，掌心向上，手指交叉：希望得到别人的理解，并给予支持。

（七）头部反映的内心表现

（1）头部微微侧向一旁：基本含义是"关注"，这说明对谈话很感兴趣，正在集中精神地听。结合面部表情的不同，显现"感兴趣"、"怀疑"两种意思。

（2）低头：对对方的谈话不感兴趣或持否定态度，同时也表示顺从、羞涩、内疚、沉思等。

（3）头一摆：一般是告诉某人快走的意思。

（4）摇头晃脑：在点头或者摇头时紧抿嘴唇的女人很自信，甚至有点唯我独尊的专断。

（5）身体直立，头部端正：表现的是自信、正派、诚信、精神旺盛。

（八）身体姿态可能的传情达意

（1）站姿的语言信息：两腿站直，胸部挺起，双手自然下垂，双目平视，表示精神振作，充满自信；若上述站姿，将双手自然下垂改成背后相交，就更显得精神饱满而有气势；两腿略屈，两脚稍微分开，身体重心不断由这只脚移到另一只脚，胯骨放松，显示轻松自如，神态自若；两腿分开、上身挺直，双手叉腰，这表明的是极端自信，乐观豁达，积极向上；挺身直立，双肩上耸，双手扣在裤线上，全身肌肉绷得很紧，往往显得拘谨和胆怯；弯腰曲背，两手无力下垂，甚至脑袋低俯，这是精神不振或意志消沉的表现。

（2）肩传递的信息：肩部舒展，说明有决心和责任感；两人肩膀相依，手与肩互相接触，可以确认这两人的关系十分深厚；用手拍打对方肩膀，具有双重的意义：一方面表示友好，另一方面是借机擅自闯入代表着尊严的部位，是轻视对方人格的表现，可以看作是一种软硬兼施的行为。

（3）腿脚的姿势语言：人在站立时，脚往往朝着心中惦念或追求的方向。将手和腿交叉，表示心中不安，或想拒绝对方；把腿架起来，表示他对对方的建议不感兴趣；把脚搁在桌子上和拉开的书桌抽屉上，表示有着强烈的支配欲和占有欲，想扩大自己的势力范围，表现自我；坐在椅子上，一只脚跷起来横跨在椅子扶手上，表示此人对他人漠不关心，甚至还有点敌意；分开双腿面向椅子背倒坐，表示富于统治性和侵略性；双方谈判时，把腿架起来，就是发出要竞争、挑战的信号。

（4）坐姿的信息含义：手脚伸开懒洋洋地坐在椅子上，说明此人相当自信，表示拥有权力和自信，或是对谈话对象稍有些瞧不起和轻视；骑在椅子上，说明对对方抱有敌意，或采取一种寻衅斗殴的自卫立场；习惯坐在椅子边上，说明不自信，还有几分胆怯；重重地坐下去的人，此时的心情一定是烦躁的；喜欢与人对着坐的人，说明希望能够被理解；有意识从并排坐改为对着坐的人，或是对人抱有疑惑，或是对人有了新的兴趣；斜成一个半躺姿态或深坐入椅内（沙发内），腰板挺直头高昂的人，心理上有优越感，想在气势上压住对方；椅背朝前，跨骑在椅子上的人，是想显示自己对别人的讲话感到厌烦而想压抑；跷起二郎腿的女性，或是她对自己的容貌有信心，或是她想引起对方注意；一个人想做出某种决定时，他不但会在座位上坐立不安，而且还会无意识地猛扯裤子，等到下了决心之后，这些动作就会停止。

（九）动作细节显露的心态

（1）边说边笑：让人感到非常轻松愉快，性格开朗，对生活要求从不苛刻，很注意知足常乐，富有人情味，感情专一，珍惜友情亲情。

（2）掰手指节：通常精力非常旺盛，非常健谈，喜欢钻"牛角尖"，对事业和工作环境都比较挑剔。喜欢干的事，他会不计任何代价而踏实、努力地去干，若不喜欢的事无论如何他也不会去干。

（3）摆弄饰物：多数是性格内向的女性，她不会轻易使自己的感情外露。她们做事认真踏实，凡有座谈会、晚会，人们都散了，到最后她会收拾会场。

（4）抹嘴捏鼻：大多都喜欢捉弄别人，却又不能"敢作敢当"，爱好哗众取宠，最终还是被人支配；购物时表现为拿不定主意。

（5）解开外衣纽扣：内心真诚友善，向外人开放自己，不隐藏自己，有包容力。

（6）顺手在纸上乱涂乱画：说明对现在谈话内容十分不感兴趣，认为根本没有必要听。

课外练习

1. 结合应用演练项目，试述团队沟通的障碍。

2. 以应用演练项目为基础，联系实际试述团队沟通中肢体语言的应用。

3. 结合应用演练项目，简述如何改善团队沟通效果。

第八章

高效能团队能力建设

团队是一个由技能互补性个体组合而成的群体,成员有时来自四面八方。为了使团队能够灵活、快速地适应组织目标及市场环境的需要,客观要求团队成员具有统一协调的分析和解决问题的技能和专长,以形成合力;同时要灵活善变,迅速适应工作转换及环境变化。所有这一切,最切实有效的措施是开展团队思想与技能培训,开发团队能力,建设团队能力。

第一节　入胜测试

了解团队成员的综合能力,是高效能团队能力建设的重要前提。测试团队成员的能力,一般有必要从数理分析能力、空间推理能力、演绎逻辑能力、归纳逻辑能力、书面语言理解能力、专业技术工作能力等方面进行。为适应课堂教学特点,这里我们仅作创造力测试。

测测你的创造力如何

下面是 20 个问题,要求每一个人据实回答。如符合你的实际情况,则请在（　）里打上"√",不符合的则打"×"。

（一）测试题目

1. 听别人说话时，你总能专心倾听。（　　　）

2. 完成了上级布置的某项工作，你总有一种兴奋感。（　　　）

3. 观察事物你向来很精细。（　　　）

4. 在说话，以及写文章时你经常采用类比的方法。（　　　）

5. 你总能全神贯注地读书、书写或者绘画。（　　　）

6. 你从来不迷信权威。（　　　）

7. 对事物形成的各种原因你喜欢寻根问底。（　　　）

8. 平时你喜欢学习或琢磨问题。（　　　）

9. 你喜欢经常思考事物的新答案和新结果。（　　　）

10. 你能够经常从别人的谈话中发现问题。（　　　）

11. 从事带有创造性的工作时，你经常忘记时间的推移。（　　　）

12. 你能够主动发现问题，喜欢并善于寻找和问题有关的各种联系。（　　　）

13. 你总是对周围的事物保持好奇心。（　　　）

14. 你总是经常预测事情的结果，并采取措施去正确地验证这一结果。（　　　）

15. 你总是有些新设想在脑子里涌现。（　　　）

16. 你有很敏感的观察力和提出问题的能力。（　　　）

17. 遇到困难和挫折时，你从不气馁。（　　　）

18. 在工作上遇到困难时，你经常能采用自己独特的方法去解决。（　　　）

19. 在问题解决过程中，一旦有了新发现、找到新方法时，你总会感到十分兴奋。（　　　）

20. 遇到问题，你能从多方面多途径探索解决它的可能性。（　　　）

（二）结果分析

如果20道题答案都是打"√"的，则证明你创造力很强；如果16道题左右答案是打"√"的，则证明你创造力良好；如果有10~13道题答案是打"√"的，则证明你创造力一般；如果低于10道题答案是打"√"的，则证明你创造力较差。

第二节　启智案例

　　1987年11月12日，肯德基在北京前门繁华地带设立了在中国的第一家餐厅。由此，北京肯德基有限公司也成了北京第一家经营快餐的中外合资企业。来到中国近30年的时间里，肯德基为"把最贴心的服务回馈给广大中国消费者"，在950多个城市和乡镇开设了4600余家连锁餐厅，遍及除西藏以外中国内地的所有省、市、自治区，是中国规模最大、发展最快的快餐连锁企业，并成为中国最受欢迎的快餐品牌。

肯德基：人员变人才

　　肯德基的发展速度是惊人的。在全球企业家普遍感叹一才难求的今天，肯德基的人才供给无非得益于其"人员变人才"的独特机制。

　　1. 人力资本管理机制：人员变人才。

　　作为劳动密集型企业，肯德基奉行"以人为核心"。因此，员工是肯德基在世界各地快速发展的关键。肯德基不断投入资金、人力进行多方面各层次的培训，从餐厅服务员、餐厅经理，到公司职能部门的管理人员。这些培训不仅帮助员工提高工作技能，同时还丰富和完善了员工自身的知识结构和个性发展。

　　工作和受训的经验，使肯德基员工变成人才，人力资源变成人力资本，进而成长为中国经济发展进程中出色的企业管理人才。

　　2. 教育培训基地：员工学堂。

　　肯德基在中国特别建有适用于当地餐厅管理的专业训练系统及教育基地——教育发展中心。这个基地成立于1996年，专为餐厅管理人员设立，每年为来自全国各地的2000多名肯德基的餐厅管理人员提供上千次的培训课程。中心大约每两年会对旧有教材进行重新审定和编写。培训课程包括品质管理、产品品质评估、服务沟通、有效管理时间、领导风格、人力成本管理和团队精神等。这所独特的"企业里的大学"，就是肯德基在中国的所有员工的智囊部门、中枢系统。

3. 内部培训制度：分门别类。

肯德基的内部培训体系分为职能部门专业培训、餐厅员工岗位基础培训以及餐厅管理技能培训。

职能部门专业培训：每位职员进入公司之后都要去肯德基餐厅实习7天，以了解餐厅营运和企业精神的内涵。职员一旦接受相应的管理工作，公司还开设传递企业文化的培训课程，一方面提高员工的工作能力，为企业及国家培养合适的管理人才；另一方面使员工对公司的企业文化也有深刻的了解，从而实现公司和员工的共同成长。

餐厅员工岗位基础培训：作为直接面对顾客的"窗口"——餐厅员工，从进店的第一天开始，每个人就都要严格学习基本的操作技能。从不会到能够胜任每一项操作，新进员工要接受公司安排的平均近200个工作小时的培训，通过考试取得结业证书。从见习助理、二级助理、餐厅经理到区经理，每一段的晋升，都要修习5天的课程。

餐厅管理技能培训：当一名新的见习助理进入餐厅，适合每一阶段发展的全套培训科目就已在等待着他。最初时他将要学习进入肯德基每一个工作站所需要的基本操作技能、常识以及必要的人际关系的管理技巧和智慧。随着他管理能力的增长和职位的升迁，公司会再次安排不同的培训课程。当一名普通的餐厅服务人员经过多年的努力成长为管理数家肯德基餐厅的区经理时，他不但要学习领导入门的分区管理手册，同时还要接受公司的高级知识技能培训，并获得被送往其他国家接受新观念以开拓思路的机会的资格。除此之外，这些餐厅管理人员还要不定期地观摩录像资料，进行管理技能考核竞赛等。

4. 横纵交流：传播肯德基理念。

为了密切公司内部员工关系，肯德基还举行不定期的餐厅竞赛和员工活动，进行内部纵向交流。在肯德基，员工学到的最重要的东西就是团队合作精神和注重细节的习惯。

另外，肯德基从1998年6月27日起开始强化对外交流，进行行业内横向交流。时年，肯德基和中国国内贸易局就已经共同举办了数届"中式快餐经营管理高级研修班"，为来自全国的中高级中式快餐管理人员提供讲座和交流机会，由专家为他们讲述快餐连锁的观念、特征和架构，市场与产品定位，产品、工艺、设备的标准化，快餐店营运和配送中心的建立等。

这种种举措，在经济效益和社会效益双丰收的同时，也让肯德基品牌的核心竞争力得到了不断提升。实践表明，肯德基已经在用行动努力把创造利润和创造知识结合在一起。现在，更多的企业也意识到了这一点：未来，创造财富不仅仅是靠资本、资源，更多的是靠知识。

案例分析

肯德基所处的是餐饮服务行业，人的因素对企业的经营成败具有很大的影响。因此，肯德基坚持以人为本的管理理念，把管理好员工、使员工发展作为企业经营的重要内容。同时，他们科学合理、切合实际的培训，不仅为肯德基提供了充足的合格员工，而且还极大地调动了员工的积极性，为其不断发展创造了条件。

餐饮行业属于劳动密集型的服务型行业，人员的流动性比较大，员工的知识层次不太高。肯德基把所有的操作流程分解细化，把每一个动作都制定成浅显易懂的标准，然后通过培训，使新员工学会和掌握；同时，各连锁店对新员工实行由训练员负责的带训体系，全面细致地进行培训，使每个员工上岗前都能100%地掌握操作标准。通过有效的培训，极大地提高了肯德基产品的品质，并且保证了其产品的一致性，使顾客在任何一家肯德基连锁餐厅都能享用到真正的肯德基炸鸡，如此才使企业的迅速扩展成为可能。

现实中，任何组织要在竞争中获胜，必须拥有高素质的人才。而员工的培训和开发，正是提高员工素质的关键性环节。事实证明，员工的招聘只是企业人力资源管理的开始，员工的培训和开发才是人力资源开发中的重心内容，是人力资源投入的主要形式。如何使新员工成为符合企业要求的服务提供者，这是企业内部培训必须解决的问题。

肯德基虽然创立至今不过几十年，比起那些百年老店只能是小字辈。但是，他们已在全球开设了超过40000家连锁机构，成为世界闻名的跨国企业。取得如此骄人的业绩，除了正确的发展和销售战略以外，其培训体系功不可没。

第三节　应用演练

团队因组织某项或某系列任务的需求而组成，因此，每一个成员要与其他成

员配合，大家要以共同的努力来谋求团队目标的达成。这是团队的基本特点，也是团队建设的基本要求。

制作团队年度培训计划表

团队要完成特定任务，要团结协作共同实现团队目标，就既要团队成员人人有能力完成各自岗位工作，同时还要能够形成整体合力。要适应这种要求，最有效的措施就是开展团队培训。

（一）综合项目

继续将第一章虚拟的项目（如创建"高效能团队建设研习所"）或确定的某个真实项目（如自己所在的班级）作为实训项目。

（二）单元任务

根据项目特点，制作团队年度培训计划表。要求综合考虑团队文化、专业技能，以及短期工作需要、长期团队发展等因素。

（三）演练目标

素质目标：培养"学习力"是未来最主要的核心竞争力的现代观念；认识团队培训的必要性和重要性；牢固树立建设学习型组织的思想。

知识目标：熟悉团队培育的方式方法，理解团队培育的主要内容，了解团队培育效果测评种类与工具，掌握团队培训的讲授法、案例分析法、游戏活动法等基本方法。

能力目标：熟练掌握团队培育的步骤；能够策划并制订团队培训计划；会根据培训要求选择不同的培训方法。

（四）演练形式

全体参与，单个策划或分组合作策划。提倡在保证全体参与的前提下，以小组为单位调动组员个人积极性，充分发挥各自特长，实现分工协作。

第四节　理论升华

团队能力建设是建立一个高效能团队过程中非常重要的事情，其相关工作对于提升团队战斗力具有不可替代的作用。我们无法想象一个没有经过培训教育的团队是如何开展工作、进行配合和创造价值的——即使是承担简单劳动的工作团队，它也需要大家共同对使命、对文化的认同；需要团结协作；需要步调一致、齐心协力。因此，以教育培训为主要形式的团队能力建设，在任何地方、任何时候都不可或缺。

一、团队能力建设的含义与特性

高效能团队能力建设主要是基于胜任当前工作并以团队持续发展为目标进而培植团队发展后劲所进行的培训、教育等活动，包括团队精神培养、业务技能培训、成员素质提升等方面。团队能力建设重在协调为达成共同目标而努力工作的不同个人之间的合作，特别是目标的统一性、能力的互补性、步伐的一致性。

团队能力建设是指团队为实现其战略发展目标，所进行的改进成员观念、提升成员能力水平的一系列有目的、有计划，具有前瞻性、连续性的活动，是通过增强所属成员完成现在或者将来工作所需要的技能、工作态度，以改善成员在现有或将来职位上的工作业绩，最终提升团队整体绩效的各种活动组合。

对团队能力建设的准确理解，需要把握以下几个要点：

（1）团队能力建设的对象是团队的全体员工，而不只是某部分员工，尽管每次培训的对象不一定必须是全体员工。

（2）团队能力建设的内容应当与员工的工作有关，与工作无关的内容不应当包括在能力建设的范围之内。以培训为主要形式的建设内容应当全面，所有与工作有关的内容都应列入培训的范畴，如知识、技能、态度、组织的战略规划以及组织的规章制度等。

（3）团队能力建设的目的是要改善员工的工作业绩并提升团队的整体绩效，这是团队能力建设的初衷和根本原因，也是衡量培训工作成败的根本性标准。如果不能实现这一目的，团队能力建设工作就是不必要或是不成功的。

（4）团队能力建设的主体是团队，也就是说培训应当由团队来组织实施。有些活动虽然客观上也实现了培训的目的，但是实施主体并不是团队，因此也不属于团队能力建设的范畴。例如员工进行自学，虽然同样会改善工作业绩，但不能算作是以团队为主体的能力建设。但如果这种自学是由团队来组织实施的，那么就属于团队能力建设。

团队能力建设一般包括培训与开发两大方面，二者既紧密联系又相互区别。

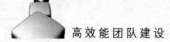

一般来讲，培训是表现形式，开发是战略目的。

团队能力建设不同于普通文化教育或政治教育，也不同于一般性的市场经营活动，它是团队有明确目的性与针对性的战略性活动，具有如下主要特征：

（1）广泛性。团队能力建设涉及面十分广泛，不仅要求培训的内容及重点要围绕团队不同的战略多层化，而且要求根据员工所承担工作任务的不同，设计不同的知识和技能培训内容。同时，在对象上，不仅决策层管理者需要培训，而且一般员工也需要培训。此外，员工培训的内容也涉及当前经营活动或将来需要的知识、技能以及其他问题。还有，团队能力建设的方式与方法也表现得广泛且多样。

（2）战略性。团队能力建设是团队及其组织人力资本的投资行为，是创造智力资本的基本途径，是团队赢得智力资本竞争优势的重要手段。区别于传统的操作训练，战略性、超前性的团队能力建设是以一种长期的眼光看待团队需要具有什么技能、知识和能力水平的员工，目的在于最大限度地培养、激发员工的创造力，为开发员工的最大潜能创造机会。虽然超前性的培训开发可能很难像传统的操作训练那样有立竿见影的效果反馈，也可能很难用投入、产出的量化比较进行价值评估，但是它的作用能够渗透到从组织的战略决策到产品开发等各个领域和各个时期，这种更大范围和更多样性的成效可能也是无法估量的。目前，各类组织十分注重学习型组织的构建。在学习型组织中，培训被看作是所设计的智力资本构建系统的一部分。

（3）系统性。团队能力建设不是在不同的员工群体或员工个人职业生涯的不同阶段简单地提供短期的和孤立的课程。学习是一个连续的过程，团队能力建设要求推行持续发展的政策，培训的各环节、培训的各项目都要求有机协调，前后连通。

团队能力建设的系统性还表现在时间上的长期性。随着科学技术的日益发展，人们必须不断接受新的知识，必须不断学习，由此决定任何团队对其员工的培训必将在时间上保持协调性。

（4）实用性。团队能力建设是有目的的活动，其投资应产生一定回报，即培训成果应转移或转化成生产力，并能迅速促进团队竞争优势的发挥与保持。

团队能力建设所组织的员工学习，其主要目的是为了让员工更好地为团队工作，所以，培训一般针对性较强，周期短，具有速成的特点。许多培训是随经营的变化而设置的，如为掌握已决定进行的攻关课题、革新项目急需的知识和技能，或为强化团队内部管理急需掌握的管理基本技能，等等。

（5）实践性。团队能力建设，注重岗位培训、在岗学习，即使是集中性培训，也要求根据员工的生理、心理以及一定工作经验等特点，在教学方法上突出可操作性等实践教学方法。教学中十分强调针对工作实际采用启发式、讨论式、研究式以及案例剖析式的教学，使员工培训有显性效果。

（6）经常性。团队的内部、外部环境总是处于不断变化之中，各类矛盾随之表现为此消彼长。通过团队能力建设，可以使员工获得新的知识和技能，从而不断适应新环境、克服新矛盾、解决新问题，由此决定团队能力建设必须具有经常性。只有通过及时的充实和长期的积累，才能使团队成员保持思想上、技术上的先进地位，从而获得最大的技术开发潜能与劳动态度动力。

二、团队能力建设的基本意义

团队能力建设的本质是，通过对团队的关键资源——人的投资增值来帮助团队达到经营和发展的目标。团队在面临全球化、高质量、高效率的工作系统挑战中，团队能力建设显得更为重要——培训使员工的知识、技能与态度明显提高与改善，由此提高团队与组织（特别是企业组织）效益，获得竞争优势。团队能力建设的意义，具体体现在以下几个方面。

（1）有利于提高员工的职业能力。员工培训的直接目的是要发展员工的职业能力，使其更好地胜任现在的日常工作及未来的工作任务。在能力培训方面，传统上的培训重点一般放在基本技能与高级技能两个层次上，但未来的工作需要员工更广博的知识，因此，团队能力建设注重培训员工学会知识共享、创造性地运用知识来调整产品或服务的能力。同时，培训使员工的工作能力提高，为其取得好的工作绩效提供了可能，也为员工提供更多晋升和较高收入的机会。

（2）有利于组织获得竞争优势。人力资源是团队最基本但却是最重要的战略资源。目前，许多远见卓识的企业家都聚焦并致力于人才战略——这些企业力图通过人力资源培训与开发，构建企业的核心竞争力。这是具有战略意义的举措。在如今的市场竞争中，面对日愈激烈的国际竞争，一方面，企业需要越来越多的跨国经营人才，需要为进军世界市场做好人才培训工作；另一方面，员工培训又可提高企业新产品研究开发能力，进而提高产品竞争能力。

（3）有利于改善团队的工作质量。工作质量包括生产过程质量、产品质量与客户服务质量等。培训能改进员工的工作表现，降低成本；培训可增加员工的安全操作知识，提高员工的劳动技能水平；培训能增强员工的岗位意识，增加员工的责任感，规范生产质量规程；培训能增强质量管理意识，提高管理者的管理水平。毫无疑问，培训使员工素质、职业能力提高并增强，将直接提高和改善组织工作质量。因此，团队加强对员工敬业精神、质量意识和知识的培训，必定全面改善团队及其组织的工作质量。

（4）有利于高效能工作绩效系统的构建。在21世纪，科学技术的发展导致员工技能和工作角色随之发生变化，由此各类组织需要对组织结构进行重新设计，如工作团队的建立等。当今的员工已不是简单接受工作任务，提供辅助性工作，而是参与提高产品与服务的团队活动。在团队工作系统中，员工扮演着许多管理性质的工作角色，他们不仅具备运用新技术获得提高客户服务与产品质量的信息、与其他员工共享信息的能力，还具备人际交往技能和解决问题的能力、集体活动能力、沟通协调能力等，尤其是培训员工学习使用互联网及其他用于交流、收集信息的工具的能力，可使团队工作绩效系统高效能运转。

（5）满足员工实现自我价值的需要。人的需求总是朝着"价值实现"目标而从低到高发展的。在现代组织中，员工的工作行为更多地表现为围绕组织愿景、个人及团队希望、社会责任等目标进行，他们看重"高级"需求——自我价值实现。团队能力建设不断给员工创造新的知识与技能，使其能适应或能接受具有挑战性的工作与任务，从而实现自我成长和自我价值，这不仅会使员工在物质上得到满足，而且会使员工得到精神上的成就感。

三、团队能力建设的原则

团队能力建设的成功实施要遵守团队能力建设的基本原则。尽管培训、开发的形式多种多样、内容各异，但各类培训、开发活动坚持的原则基本一致。主要有如下几项原则：

（一）战略性原则

我们应该有一个正确的认识：团队能力建设的目的是为了提高团队的执行能力，培养一些能帮助组织实现战略目标的人，进而各司其职、各负其责，并且将团队领导与管理者从日常事务中解脱出来，从而有时间、有精力去关注团队成员关注不到的问题、做他们做不了的事。所以我们的培训目的是制造和复制很多"管理者"，即培养更多的与团队管理者一样有干劲、有热情、有能力的人，并让他们实现自主管理、自我组织，分担管理人员应该承担的事情。所以，团队能力建设本身要从战略的角度考虑，要以战略眼光去组织团队的培训，让大家有能力独立地处理事情，而不是简单地让大家继续和过去一样等指令、混工资。

另外，培训的战略原则还包括两层含义：其一，团队培训要服从或服务于组织的整体发展战略，最终目的是为了实现组织的发展目标；其二，团队培训要着眼于和有利于团队未来的发展，从效能角度培养团队的发展后劲。

（二）长期性原则

团队培训的内容上相对较多，尤其是业务部门的培训，不可能在单一时间里培训完，因此，应该制订一定的培训计划，并就不同培训内容，定期和不定期地安排培训工作。

团队培训应该长期、持续进行的原因主要有三个方面：

（1）团队工作内容始终处于动态变化中，它会随着季节、项目、组织发展方向和战略等因素有所调整，如此，对于新的业务、新的工作内容就要进行相应的培训。

（2）团队成员基于领悟能力、努力程度、工作态度和其他影响因素导致的能力提高程度各有不同，因此需要在个人的发展道路上针对人们特殊的短板进行因材施教式的培训。

（3）团队工作中会不断地出现或发现新的问题，如出现商品和服务的质量投诉问题等，对于这些新的问题，我们应该合理分析其发生的原因。因此，有必要培训团队成员对新问题的认识敏感性以及处理的方式方法。

员工培训需要组织投入大量的人力、物力和财力，这对企业的效益可能会造成一定的影响。有的员工培训项目有立竿见影的效果，但有的培训要在一段时间以后才能反映到员工工作效率或企业经济效益上，尤其是管理人员和员工观念的培训。因此，要正确认识智力投资和人才开发的长期性和持续性，抛弃那种急功近利的员工培训态度，坚持员工培训的长期性。

（三）需求性原则

团队能力建设的目的在于通过培训等措施，开发和提高员工的知识技能，以完成规定的工作，最终为提高组织的经济效益和发展效能服务。不同的岗位，工作性质、内容不同，要达到的工作标准也不同，因此，员工培训工作应当充分考虑培训对象的工作性质、任务和特点，实行按需培训。培训时不但要让大家了解做什么，还应该告诉他们怎么做和为什么这样做。要将重点集中于让大家知道为什么要这样做和怎么做好。总之，培训的内容必须是员工个人的需要和工作岗位需要的知识、技能以及态度等。培训过程中，应该传授如何发现问题、如何分析问题、如何解决问题、如何涵养素质、如何处理人际关系、如何协调相关关系、

如何进行时间管理，等等。要传授工作方法、学习方法。

(四) 多样性原则

团队中不同员工的能力有差异，具体工作分工也不同，因此能力建设应坚持多样性、全方位。包括培训方式的多样性，如岗前培训、在岗培训、脱产培训等；也包括培训方法的多样性，如专家讲授、教师示范、教学实习等。

在内容方面，也不能只局限于某一个培训项目或某一项培训需求。不仅要不局限其岗位所需的工作知识，还需要培训团队的组织文化、行政制度、财务制度、特殊业务知识、服务技巧，甚至包括日常内部配合、流转方面的要求和制度等。这主要有两个原因：其一，作为团队的一员，除了要具备针对岗位的特殊知识、特殊操作规定、团队群体规范外，团队成员还必须要了解和执行所在组织对所有员工制定的统一规定，尤其是组织文化和行政及财务制度等。其二，团队成员作为一个独立的个体和供职的人员，团队及组织要注重他们在供职期间能力上的全面提高，尤其是基于其岗位应该具备的能力培养。

(五) 共同发展原则

对团队而言，培训是调动大家工作积极性、改变成员观念、提高团队凝聚力的一条重要途径；对团队成员个人而言，培训使大家学习并掌握新的知识和技能，增强个人的管理水平，这会有利于个人职业的发展。因而有效的团队能力建设，要能使成员和团队及其组织共同受益，以促进员工和组织共同发展。

(六) 全员与重点结合原则

强调全员教育培训，主要是对所有员工进行培训，以提高团队全员素质。但对团队技术中坚、管理干部（特别是中高层管理人员）要加大培训力度，进行重点培训。同时，对不同人员，要在培训内容方面同样做到有所侧重。例如在军队，对士官要侧重培训其操作技术；对专业技术干部要侧重教授科学技术知识；对指挥、管理类军官，要侧重开发其领导指挥能力。

(七) 反馈性原则

反馈的作用在于巩固学习技能，及时纠正错误和偏差。反馈的信息越及时、准确，培训的效果就越好。要将反馈结果与受训人员的奖励和惩罚相结合，这项工作不仅要在培训结束后马上进行，而且应该体现在培训之后的上岗工作中。

(八) 效能性原则

团队能力建设是团队及其组织的一种投资行为，所以，与任何其他投资一样，团队能力建设也要从投入产出的角度考察其效益大小，既考虑远期效能又考虑近期效益问题。团队能力建设这类投资属于智力投资，它的投资收益应高于实物投资收益。但对这种投资的投入产出进行衡量具有特殊性，培训投资成本不仅包括可以明确计算出来的显性成本，还应将机会成本纳入考量范畴；培训产出不能纯粹以传统的经济核算方式来评价，还应包括潜在发展因素，以及社会的因素。所以，相关培训工作不能简单地流于形式，尤其是组织文化、行政制度、财务制度等和自身业务、职责工作联系不紧密的培训内容，同样不能走过场。

总之，在培训项目实施中，要把培训内容和培训后的运用衔接起来，如此，培训的效果及其效能才能体现到实际工作中去，才能真正达到培训目标。

四、团队能力建设的基本流程

按照培训管理的国际标准 ISO100015，完整的培训开发程序至少包含五个步骤：培训开发的需求分析、计划制订、实施，以及效果评估、过程监督。一般来说，团队能力建设的培训开发程序的各个步骤还需要遵循一定的流程，具体为：培训开发调查、确定培训需要、设置培训目标、拟订培训计划、实施培训活动、评价和反馈培训效果，等等。

（一）培训开发调查

培训开发调查集合了为团队能力建设战略的形成和实施所收集的最全面的信息。可以通过与有关人员面谈来明确培训开发需求，与正在接受培训开发的员工或与那些刚刚完成一次培训开发项目的员工讨论有关培训开发项目的有效性。态度调查可以获得员工对当前提供的培训的质量和水平的看法，可特别注意现有培训开发计划满足团队建设需求的程度。当然，进一步的信息应从培训开发评价中得来；有必要认真、详细地评价通过培训开发的员工所达到的绩效水平。

（二）确定培训开发需求

培训需求确定是整个培训管理活动的第一个环节，它决定了培训能否瞄准正确的目标，进而影响到能否设计与提供有针对性的培训课程。团队能力建设作为组织的团队建设资本性投资，其成败在很大程度上依赖于培训需求分析，因此其对培训的有效性具有至关重要的作用。

培训与开发需求分析是分析和确定培训内容和培训对象的一种活动或过程。培训需求分析集中从不同来源得到的大量数据和信息，对员工出现的绩效问题进行系统的思考，以便更加准确地进行决策。分析的内容主要有组织层次的分析、工作岗位层次分析、员工层次的分析。

组织层次的分析是从组织经营管理角度进行培训需求分析，主要分析组织战

略、可获得的培训资源、组织支持等，保证培训计划符合组织的整体目标与战略需求。

工作岗位层次分析指分析员工达到理想的工作绩效所必须掌握的技能和能力，主要是对照岗位职责和岗位目标，结合绩效考核结果，确定技能培训的内容和方法。

员工层次的分析是根据员工现有的人力资源信息库的记录，结合员工的职业生涯规划，将员工现有的水平与预测的未来对员工技能的要求进行比照，发现两者之间是否存在差距。主要包括工作绩效评估分析，人员技能、能力和综合素质分析等。要对工作者本人的工作行为与期望行为标准之间的差异进行研究，当工作大于能力时，则需要进行培训。

（三）设置培训开发目标

培训目标是指培训活动的目的和预期成果，可以针对每一培训阶段设置，也可以面向整个培训计划来设定。一般包括三方面的内容：一是说明员工应该做什么；二是阐明可被接受的绩效水平；三是受训者完成指定学习成果的条件。

培训目标的设置有赖于培训需求分析，设置培训目标可为培训计划提供明确方向和依循的构架。有了目标，才能确定培训对象、内容、时间、教师、方法等具体内容，并可在培训之后，对照此目标进行效果评估。

培训总目标是宏观上的、较抽象的，它需要不断分层次细化，使其具体化，具有可操作性。要达到培训目标，就要求员工通过培训掌握一些知识和技能，即团队希望员工通过培训后了解什么？培训后能够干什么？有哪些改变？把培训目标细化、明确化，即能转化为各层次的具体目标。目标越具体越具有可操作性，越有利于总体目标的实现。

（四）培训计划的拟订

这一阶段必须通过将培训开发的技术、地点和时间有机地结合，然后制订培训开发方案，以满足培训开发需求和达到培训开发目标。

（1）明确内容。在一定时期内，团队能力建设计划应该是对实施培训开发的一个翔实权威的表述。培训开发计划源于对培训开发需求的优先考虑和协调，以及培训开发政策与可用资源，特别是人力资源培训开发预算之间的协调。培训开发计划的内容应该完全根据培训开发的需求分析来决定，并确定要达到培训开发目标必须做什么。

（2）规划长度。培训开发计划的长度依赖于内容，但也应该考虑到借助诸如计算机的培训开发技术。为保证正在接受培训开发的员工都能有机会去充分理解和掌握他们接触到的新知识、新观点或新技术，培训开发计划需要留出充足的时间。

（3）选定地点。培训一般有组织内在岗（在职）、组织内脱岗（职外），以及组织外脱岗三种形式，因此与之相适应，培训开发一般也在岗位上、组织内专业培训场所、组织外专业培训场所三种地点发生。这里的每一种地点都各有其优势，如：技术类、销售类、手工艺类员工主要依靠在职培训；外部脱岗培训能够提供高水准的理论指导和高度精细化的知识和更先进的技术，必须选择与培训开发内容相匹配的地点。

（4）优选顺序。团队全部的培训开发需求都应该得到满足，但当组织没有充分的资源或培训资源可能与其他目的的资源要求相竞争时，不同培训开发的先后顺序必须按重要性的等级来确定。那些与组织战略目标最紧密相关的培训开发方案必须优先获得资源支持。

（5）确定技术。培训开发技术可以分为群体培训开发技术、个体培训开发技术，或分为在岗培训开发技术、岗外培训开发技术。应该结合各种技术本身的特点，考虑培训开发的目标要求，参考培训开发的内容与教材、受训员工的层次与水平、训练的时间、场地与人数等因素加以选择使用。

（五）培训的实施

培训开发的具体实施方法很多，应确保使用最恰当的方法使接受培训开发的人员获得他们需要的技能、知识、能力水平和态度。这里唯一普遍适用的原则是：培训开发的实施应该得到连续的监控，以保证培训开发计划在认可的预算内进行。此外，全部培训开发应该在培训开发项目实施结束后进行评价，以便检查培训开发达成预期结果的程度。

（六）效果评估

评价培训开发是用于监控培训开发的有效性，评价培训开发的影响力，以便明确培训开发目标达成的程度。评价培训开发应该确定两个问题：一是评价的方法设计；二是衡量培训开发哪方面的效果。

就培训评估的目的与类型而论，一般将评估的类型划分为形成性评估和总结性评估两大类。

形成性评估适用于培训需求分析至培训实施阶段，主要探究各阶段实施的细节及其成果（如学习目标、教材、教学法等）是否有缺失。除确保各个阶段的品质之外，也使整个培训课程合乎教学科技的标准。因此，形成性评估是以培训过程控制的方式运作，通过严格控制各程序细节及成果，以求得最好的培训课程。

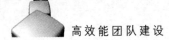

　　总结性评估适用于学习活动结束之后，主要衡量培训课程的效果、效率、价值，或贡献。可分为结果评估、证实评估、终极评估三大类。

　　结果评估：主要探讨学员是否获得了培训目标所列的知识技能，继而判断培训课程的好坏及成本效益，再决定是否继续采用或舍弃该培训课程。

　　证实评估：适用于培训活动实施一段时间后，定时搜集、分析资料，以决定学员是否能继续表现其能力，或检视培训课程的持续效果。

　　终极评估：适用于培训课程已结束，而且学员回到工作岗位一段时间之后，以了解学员将所学转移应用于其工作的程度，以及所学知识对于其工作与组织的实际贡献。终极评估不仅针对学员学习课程的效果，更注意所学应用于组织营运的整体绩效，可以说这是一种最切实际但却不容易达成的方法。

　　一般说来，评估层级依序为感受、学习、行为、成效，而每一层级均有其中心议题。如评估层级为感受时，主要评估参与者是否喜欢或满意该培训；评估层级为学习时，主要评估参与者自该培训学习到了哪些知识或技能；评估层级为行为时，主要评估通过培训所学，参与者于学习结束后是否改变了其行为；评估层级为成效时，主要评估参与者所改变的行为对其组织是否有贡献及贡献为何。

五、团队能力建设的内容与类型

　　团队能力建设必须与组织的战略目标、员工的职位特点相适应，同时考虑适应内、外部经营环境变化。它是团队及其组织通过各种形式的教育方式改进员工能力水平，提高组织业绩的一种有计划的、连续性的工作，培训内容主要分为知识培训、技能技巧培训、素质培训三个部分。

　　（1）知识培训。员工要了解：团队的发展战略、组织愿景、规章制度、组织文化、市场前景及竞争；岗位职责及本职工作基础知识和技能；如何节约成本，控制支出，提高效益；如何处理工作中发生的一切问题，特别是安全问题和品质事故等。

　　（2）技能技巧培训。技能是指为满足工作需要必备的能力，而技巧是要通过不断的练习才能得到的，熟能生巧的，像打字之类越练越精的窍门。高层干部必须具备的技能是战略目标的制定与实施，以及领导力方面；中层干部的管理技能是目标管理、时间管理、有效沟通、计划实施、团队合作、品质管理、营销管理等，也就是执行力的训练；基层员工是按计划、按流程、按标准等操作实施，其培训相应则是完成任务必备能力的训练。

（3）素质培训。俗话说：态度决定一切！素质培训主要是态度等内容的培训。没有良好的态度，即使能力好也没有用。员工的态度决定其敬业精神、团队合作、人际关系和个人职业生涯发展，所以能不能树立正确的人生观和价值观，塑造职业化精神，是团队成员的基本素质，当然也就成为素质培训的基本内容。

团队能力建设要视团队的需要和员工的具体情况而定，因此，培训与开发从不同的角度可以划分为不同的类型。按照市场实践的常用培训与开发方式，我们将培训与开发以四种不同的标志从四个不同角度作四种分类：

（1）按照培训的内容不同，可以将培训分为基本技能培训、专业知识培训和员工态度培训。

基本技能培训是通过培训使员工掌握从事职务工作必备的技能；专业知识培训是通过培训使员工掌握完成本职工作所需要的业务知识；员工态度培训是通过培训改善员工的工作态度，使员工与团队之间建立起互相信任的关系，使员工更加忠诚于组织。这三类培训对于员工个人和团队绩效的改善都具有非常重要的意义。因此，在培训中应予以足够的重视。

（2）按照培训的对象不同，可以将培训开发划分为新员工培训和在职员工培训。

新员工培训又称向导性培训或岗前培训，是指对新进员工进行的培训，主要是让新员工了解组织的工作环境、工作程序、人际关系等；在职员工培训是对组织中已有人员的培训，主要是为了提高现有员工的工作绩效。

（3）按照培训的目的不同，可以将培训开发分为应急性培训和发展性培训。

应急性培训是组织急需什么知识、技能就培训什么。例如，某企业计划新购一台高精度的仪器，而目前又没有员工能够操作，这就需要进行针对此仪器的应急性培训。发展性培训是从组织长远的发展需要出发而进行的培训。

（4）按照培训的形式不同，可以将培训开发分为岗前培训、在职培训和脱产培训。

岗前培训也称入职培训或引导培训，是为了员工适应新的岗位工作需要而进行的培训；在职培训就是在工作中直接对员工进行培训，员工不离开实际的工作岗位；脱产培训是让员工离开工作岗位，进行专门性业务和技术培训。

六、团队能力建设的形式

借由培训实现的团队能力建设，其形式可以从不同角度采用不同的方式。实

践中，与前文第四种培训类型对应，普遍而常用的形式也有三种：

（一）岗前培训

这是员工在进入团队正式工作之前，组织或团队为他们提供的有关组织背景、团队基本情况、操作程序和规范的教学活动。这种培训组织性和规范性强，物质条件好，有时间保障，通过一段时间使员工迅速掌握岗位要求必备的技能，以便尽快进入角色，对于新员工具有导向性作用，通常是在组织开办的新员工培训班内进行，主要采取课堂教学、开办讲座等方法进行，但它不适合于技术性强、对操作经验要求高的岗位。

岗前培训是基础性培训，目的是使任职者具备成为一名合格成员的基本条件。同时，岗前培训是适应性培训，对于原有一定工作经验者，除要求了解新团队的概况、规章制度外，还要熟悉新团队的产品和技术开发的管理要求。另外，岗前培训还是非个性化培训，这种培训是为了使新员工能够达到工作的要求，而较少考虑他们之间的具体差异。

（二）在岗培训

在岗培训也称在职培训、不脱产培训，是指团队为了使员工具备有效完成工作所需要的知识、技能和态度，在不离开工作岗位的情况下对员工进行的培训。目前，在岗培训已经得到各类组织及各类团队的广泛认同，诸多团队都采取在岗培训的方式培训员工。

在岗培训的优点是简单易行、成本较低，不需要另外添加设备、场所，有时也不需要专职的教员，而是利用现有的人力、物力来培训，培训对象不用脱离工作岗位，可以不影响生产或工作。但这种培训往往缺乏良好的组织，较不规范，不易较快地取得效果。因此，这种培训一般用于涉及面广，不要求很快见效的培训任务。

在岗培训所运用的培训方法有很多种，较为常用的方法有工作指导法、工作轮换法、计划的提升、设立"助理"职位、建立"委员会"或"下级委员会"、特殊任务的委派等。这种工作中的培训，使员工在工作过程中逐步提高综合能力、新岗位的适应能力、创新能力和应变能力，也造就了组织运作的灵活性和有效性。

（三）脱产培训

脱产培训是指离开工作或工作现场进行的培训。有的培训是在本单位内进行，有的则送到国内外有关的教育部门或专业培训单位进行。这种培训能使受训者在特定时间内集中精力于某一特定专题的学习。如参加研讨会、去国外优秀企业短期考察、到高等院校进修和出国进修等。

脱产培训的费用一般比较高，对工作影响大，因此并不适合于全员培训。其主要是用来培养团队紧缺人员，或为团队未来培养高层次技术人才、管理人才，或为了引进新设备、新工艺，由团队选送员工去国内外对口组织、高等院校、科研机构进修。脱产培训的方法很多，特别是发达国家设立的培训中心培训手段非常丰富，如电视录像、分组讨论、角色扮演、案例研究等。

七、团队能力建设的常用手段与方法

团队能力建设的效果在很大程度上取决于培训方法的选择。在团队能力开发和人员培训的过程中，员工培训与开发的手段与方法可谓百花齐放、推陈出新、层出不穷。不过，常用的训练方法主要有以下几种。

（1）讲授法。讲授法是指对某一议题有深入研究的专家，经过充分准备后，以口头叙述的方式，将该议题系统地讲述给学员。讲授法的优点是易于安排整个讲述程序，比单纯的阅读成效高，适合任何数量的听众。这种方法的局限性在于：学员处于被动的位置，不容易调动其积极性；不容易找到所谓的名嘴或讲手；专家并不见得就具备良好的表达能力；不适当的环境容易影响倾听的效果；由于是单向沟通，学员的回馈有限，学习的成效并非很高。

（2）游戏法。游戏法是指由两个或更多的学员在一定的规则的约束下，相互竞争以达到某种目标的训练方法，是一种高度结构化的活动方式。由于游戏本身的趣味性，这种训练方法能激发学员的学习兴趣，使学员在不知不觉中学习、巩固所学的知识、技能，开阔思路，提高解决问题的能力。游戏法是员工培训常用的一种辅助训练方法，如我们在本书各章安排的游戏项目，以及"沙漠遇险"、"海上沉船"、"黑红游戏"、"瞎子摸象"等都是常用的游戏方法。

（3）案例研究法。案例研究法是目前培训领域应用最多的培训方法之一。案例研究法可以界定为通过对一个具体问题情境的描述，引导学员对这些特殊情境进行讨论的一种培训方法。由培训顾问按照培训需求向培训对象展示真实性背景，提供大量背景材料并做出相关解释后，由培训对象依据背景材料来分析问题，提出解决问题的各种方案，找出最佳方案，达到训练人员解决实际问题能力的目的。案例讨论一般由四个基本环节所构成：案例设计、讨论前的准备、讨论过程和对案例研讨的过程。

（4）视听法。视听法就是运用电影、电视、投影或录像等手段对职工进行培训，员工在观看相关内容影片的过程中学习。在人的五官中，有83%的信息是由眼睛传递的，即视觉在感官中是最强有力的，因而也是令人信服的。因此在培训中，我们应多采用视觉刺激，如彩色、资料、笔记、实物、图示及各类视听教材等，使学员对所学的知识有全方位了解，从而加深印象。其优点在于直观、形象，便于说明学习要点。但如果缺乏现场讲解，效果会受到很大影响，而且这种方法不易于员工集中精力掌握重点。

（5）头脑风暴法。头脑风暴法又叫畅谈法、集思法等，它是采用会议的方式，利用集体的思考，引导每个参加会议的人围绕中心议题广开言路，激发灵感，在自己的头脑中掀起风暴，毫无顾忌、畅所欲言地发表独立见解的一种创造性思维的方法。

头脑风暴法的应用步骤可分为三个阶段：①准备阶段：主要是准备会场，安排时间；确定会议组织者，明确会议议题和目的；准备必要的用具，如白纸、笔，并选定记录人，以便在开会时将大家的创意要点迅速记录下来。②引发和产生创造思维的阶段：在这个阶段，教学主持人应熟悉并重温头脑风暴法的意义、精神实质和做法，不断调动与会者积极参与讨论，最大量地产生创意思维。③整理阶段：将每个人的观点重述一遍，使每个成员都知道全部观点的内容；去掉重复的、无关紧要的，对各种见解进行评价和论证；最后集思广益，按问题进行归纳。

（6）角色扮演。角色扮演即学员在观众面前，一般未经预先演练且无预定的对话剧本而表演实际遭遇的情况，并讨论在类似情况下的各种反应与行为；其演出具有即兴表演的意味。角色扮演的目的是为了给学员提供不同的工作问题处理技巧，寻求在相应情境下解决问题的可能方法。

角色扮演的好处是能激发学员解决问题的热情，可增加学习的多样性和趣味性；能够激发热烈的讨论，使学员各抒己见；能够提供在他人立场上设身处地思考问题的机会；避免可能的危险与尝试错误的痛苦。角色扮演的局限性是观众的数量不宜太多，演出效果可能受限于学员过度羞怯或过深的自我意识。

（7）远程培训。广播电视曾经是较长时间应用的远程培训手段。随着互联网的普及与发展，网上培训将成为远程培训的主流模式。这是将现代网络技术应用于人力资源开发领域而创造出来的培训方法，它以其无可比拟的优越性受到越来越多团队的青睐。网上培训指老师将培训课程存储在培训网站上，散布在世界各地的学员利用网络浏览器进入该网站接受培训。该方法的优点是课程选择灵活，计算机技术、管理、语言类课程数量众多，满足了现代科学技术和社会主体模式的转换。此外，授课时间、地点灵活，可以实现个性化教学的目的。网上培训的缺点是要求组织建立良好的网络培训系统，需要大量的培训资金；某些培训内容不适合用网上培训的方式，如关于人际交往的技能培训等。

第五节　游戏感悟

一个人在紧急情况下才能更好地发挥其潜在的创造力和主观能动性。下面的游戏将帮助我们练习在遇到困难时如何做计划，如何合作，以及如何有效地利用有限资源。

泰坦尼克号

人数：10~12 人一组。

道具：木砖每组 6 块，凳子 4 把，25 米长绳 2 条。

（一）规则和程序

1. 教师给大家讲下面一个故事：泰坦尼克号即将沉没，船上的乘客（学员）须在"泰坦尼克号"的音乐结束之前利用仅有的求生工具——浮砖逃离到一个小岛上。

2. 教师指导学员布置游戏场景：将 25 米的长绳在空地上摆成一个岛屿形状；在另一边摆 4 把长凳，用另外的绳子作为起点。

3. 给学员 5 分钟时间讨论和试验。

4. 出发时，每一个人必须从长凳的背上跨过，就如同从船上的船舷栏杆上跨过，踏上浮砖。在逃离过程中，船员身体的任何部分都不能与"海面"——地面接触。

5. 自离开"泰坦尼克号"起，在整个的逃离过程中，每块浮砖都要被踩住，否则教师要将此浮砖踢掉。

6. 全部人到达小岛，并且所有浮砖也被拿到小岛上之后，游戏才算完成。

（二）相关讨论

1. 你们组可以想出什么样的好办法来达成目标？

2. 小组是否确定出领导者？是根据什么确定的？撤离方案的形成是领导

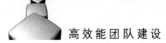

的决定还是小组讨论的结果？

3. 你们的方案是否坚决贯彻到底了？中间发生了什么变化？为什么？

4. 事后回顾当初的方案觉得是否可行？有更好的方案吗？为什么当时没有想到或没有提出来？

5. 小组是如何分配组员撤离的先后次序的？考虑到了什么因素？

（三）总结

1. 如何应付突如其来的紧急情况，反映了一个人头脑的清醒程度和他的应变能力。同时，如何利用有限的资源更大程度地达成我们的目的，也是观察一个人想象力和创造力的最好途径。

2. 在我们面临危险的时候，每个人都会有不同的想法，此时就需要把各自的想法和能力统一协调起来，最好要有人贡献领导能力，否则大家不能有效贡献能力，或七嘴八舌互相不服，最后只会使得整个集体都受到损失。

第六节　知识扩展

知识经济的增长带动整个世界的变化，使知识快速更新，整个人类的步伐加快。在这样的社会，我们被驱赶得疲于奔命，却总会在某一个时刻发现自己已经不能适应这个社会的高速运转。时间在流转，我们在变老，世界却在一天天更新。于是，我们需要知识的填充。所以，学习已经成为人人必须要做的事情。

行动学习法

行动学习法（Action Learning）又称"干中学"，是通过行动来学习，即通过让受训者参与一些实际工作项目，或解决一些实际问题，如领导企业扭亏为盈、参加业务拓展团队、参与项目攻关小组，或者在比自己高好几等级的卓越领导者身边工作等，来发展他们的领导能力，从而协助组织对变化做出更有效的反应。

行动学习建立在反思与行动相互联系的基础之上，是一个计划、实施、总结、反思，进而制订下一步行动计划的循环学习过程。

行动学习法之于经营管理方面的基本概念就是，经理人获得管理经验的最好方法，是通过实际的团队项目操作而非通过传统的课堂教学。行动学习法的目的不仅是为了促进某一具体项目或个人的学习发展，而是更致力于推动组织变革，将组织全面转化成"一个学习系统"。行动学习包含4类重要的学习过程：

（1）学习知识：从已有的知识中学习；

（2）体验经验：从个人的经验中学习；

（3）团队学习：从小组其他成员的经验中学习；

（4）探索性的解决问题：在解决实际问题的过程中学习。

行动学习法是建立在对团队成员所积累经验的激发和重新诠释的行为上。在商业活动中，行动学习体现为经理人们以团队合作的形式解决实际案例中的关键问题。这里所说的团队是由相互平等的成员组成的集体，而不是由某个主要负责人或导师带头组成的委员会。在团队工作过程中，工作的重心将放在互相支持、相互促进和广泛提出问题方面，而非简单地各自提出观点。

行动学习法的核心要点是需要人们在思想上的根本改变，同时，因为身处其中的学习者可以借此超越思想、行为、信仰的极限，把行为、信仰和价值观统一起来，使个人的行为更具效力，所以，它是塑造组织文化、打造学习型组织和建立知识管理系统的关键。提出问题和倾听回答是一门日益重要的管理技巧；行动学习法两者并重。但行动学习理论也并不是速效药丸，它需要一个过程，需要人们在思想上的根本改变。

行动学习法的本质是通过努力观察人们的实际行动，找出行动的动机和其行动可能产生的结果，从而达到认识自我的目的。主要特征是：以实践活动为重点、以学习团队为单位、以真实案例为对象、以角色扮演为手段、以团体决断为要求。

作为一种培训的组织模式，行动学习包含四个层面：

（1）行动学习是一小组人共同解决组织实际存在问题的过程和方法。行动学习不仅关注问题的解决，也关注小组成员的学习发展以及整个组织的进步。

（2）行动学习是一个从自己行动中学习的过程。行动学习的关键原则：每一个人都有潜能，在真正"做"的过程中，这个潜能会在行动中最大限度地发挥出来。

（3）行动学习通过一套完善的框架，保证小组成员能够在高效的解决实际存在的问题的过程中实现学习和发展。行动学习的力量来源于小组成员对已有知识和经验的相互质疑和在行动基础上的深刻反思。因此，行动学习可以表述为以下公式：

$$AL = P + Q + R + I$$

式中，AL（Action Learning），行动学习；P（Programmed Knowledge），结构化的知识；Q（Questions），质疑（问有洞察性的问题）；R（Reflection），反思；I（Implementation），执行。

即，行动学习=结构化的知识+质疑+反思+执行。

（4）行动学习是一种综合的学习模式，是学习知识、分享经验、创造性研究解决问题和实际行动四位一体的方法。

以终结汇讲为形式（Presentation），行动学习法的一般步骤如下：

（1）开宗明义。向全体小组成员说明所面临的困难、所要执行的任务。一个专门小组通常能够处理一项或多项任务。

（2）成立小组。学习小组成员包括志愿者或指派人员，他们既可以致力于同一个组织问题，也可以协同解决各自部门所独有的难题。应召人员要有互补的专业技能和经验知识。学习小组可以聚会一次或多次，这取决于问题的难易程度以及时间限度。

（3）分析问题。分析小组所面临的各项问题，思考解决问题的行动计划。

（4）说明问题。问题提供者向小组其他成员介绍他的问题。问题提供者可以作为小组成员留在组内工作，或者退出，或者等待小组给出具体建议。

（5）问题重组。在对各项难题分析之后，并经由行动学习法督导员的指导，学习小组将就亟待解决的关键问题、核心问题达成共识。学习小组还要找出困难、问题的症结所在，这一发现很有可能不同于起初的判断和认定。

（6）确立目标。关键问题被找到之后，学习小组要确立目标，并就此达成共识。这一目标就是要立足长远，从个人、团队及组织的三方立场出发，积极稳妥地解决经由小组重新认定的问题。

（7）制定战略。学习小组大部分的时间和精力将要用在问题辨析、方案测试上。同样，行动战略的制订和产生也要通过小组成员的相互交流和深思熟虑。

（8）采取行动。在学习小组聚会前后的时间里，小组成员合作或者独立工作，收集相关信息，搜寻支持要素，执行经由小组议定的行动战略。

（9）工作循环。小组成员反复聚会、研讨、学习、行动，直到认定的困难、问题被解决，或者又有新的指导方案被提出为止。

（10）见缝插针。在小组举行研讨会期间，行动学习法督导员被允许在任何可能的情况下打断小组会议，向小组成员提出问题，借以帮助他们澄清问题，寻找更佳的途径，使得团队行动表现得更好，并思考是否能够将个人的学习收获应用到个人成长、团队和组织发展上去。每隔一段时间，要重新召集会议，讨论进展情况、吸取经验教训、审议下一步工作。每次会议都要做好会议记录，以备未来查询参考，并重点记录每一学习阶段所吸取的经验教训。

课外练习

1. 结合应用演练项目试述团队能力建设的方法。
2. 以应用演练项目为基础，联系实际谈谈团队能力建设的步骤。
3. 结合应用演练项目，拟订一份自己团队的培训方案。

|第九章||
高效能团队绩效建设

市场经济社会是一个时时、处处不出彩就出局的社会,落后即意味着败退。

目前,各类组织特别是企业正面临新的、激进的发展目标以及最大限度地发挥员工潜力的压力,竞争性和全球化的商业环境向人们提出了越来越多的要求,这决定了许多组织必须努力打造高绩效的团队,以期在市场领先。

第一节　入胜测试

对于当今的中国各类组织,绩效管理已经不再是一个陌生的管理术语,人们也不再去争辩绩效管理与绩效考核之间的关系。随着绩效管理各种应用工具的推广,强制分布法、加权计算当量法、360度评估法等已经为人熟知。

团队成员行为绩效测试

请根据下面给出的5大方面14个部分共60点现象,测试一下你的行为绩效:

(一)测试题目

1.工作态度。

共4个部分,每部分最高分为6分,共24分。请根据个人情况对应的其中某一小点，在参考分值范围内据实评定分值。

（1）作风纪律：①工作热情高，遵守纪律，对同事和上级热情（5.6分以上）；②有工作热情，不违反纪律，对同事和上级较热情（4.6~5.6分）；③工作热情一般，偶尔有违反纪律现象，对同事和上级一般（3.5~4.5分）；④工作热情不高，经常违反纪律（0~3.4分）。

（2）积极性：①不满足现状，积极改进工作，全面提高工作成效（5.6分以上）；②能主动提高工作水平，完成工作任务（4.6~5.6分）；③能按时完成工作任务，工作水平一般（3.5~4.5分）；④积极性不高，工作拖沓（0~3.4分）。

（3）责任感：①责任感强，全面达成交付工作，勇于面对困难并解决，可信任（5.6分以上）；②责任感较强，能解决工作实际问题，偶尔出错，但能及时纠正（4.6~5.6分）；③责任感一般，工作必须跟进才得以完成（3.5~4.5分）；④责任感差，常难以独立完成工作任务，经常找借口推卸责任（0~3.4分）。

（4）敬业心：①非常敬业，工作时间内都在工作，还经常自发加班加点工作（5.6分以上）；②敬业，工作时间内都在工作，偶尔自发加班工作（4.6~5.6分）；③较敬业，工作时间内很少做工作以外的事情，偶尔还自发加班工作（3.5~4.5分）；④不敬业，工作时间内经常做工作以外的事情，也很少自发加班工作（0~3.4分）。

2. 团队建设。

共3个部分，每部分最高分为8分，共24分。请根据个人情况对应的其中某一小点，在参考分值范围内据实评定分值。

（1）协作性：①经常配合协作，协助相关部门或同事工作（7.5分以上）；②基本配合协作（6.1~7.5分）；③偶尔协作配合（4.5~6.0分）；④不配合，不协作，自我为中心（0~4.4分）。

（2）团队认同：①积极参与团队文化建设和团队活动，以团队目标和利益为先（7.5分以上）；②能准时参与团队文化建设和团队活动，认同团队目标，从不损害团队利益（6.1~7.5分）；③基本能参与团队文化建立和团队活动，熟悉团队目标，很少损害团队利益（4.5~6.0分）；④经常不参与团队文化建立和团队活动，不太认同或不熟悉团队目标，经常损害团队利益（0~4.4分）。

（3）团队管理：①团队成员目标清晰，97%以上人员达成既定绩效目标（优，7.5 分以上）；②团队成员目标清晰，90%~97%达成既定绩效目标（良，7.2~7.5 分）；③团队成员目标较清晰，团队成员 75%~89%达成既定目标（中，6.1~7.1 分）；④团队成员目标较清晰，团队成员 65%~74%达成既定目标（可，4.1~6.0 分）；⑤只有 65%以下团队成员达成既定目标（差，0~4.0 分）。

3. 部属培养。

共 2 个部分，第一部分最高分为 8 分，第二部分最高分为 6 分，共 14 分。请根据个人情况对应的其中某一小点，在参考分值范围内据实评定分值。

（1）培训情况：①完全能按照公司的培训控制程序的要求及时参与部门及公司组织的培训，同时很好地督导或组织小组同事及时达成公司的培训要求甚至有所超越（优，7.5 分以上）；②能按照公司培训控制程序的要求及时参与部门及公司组织的培训，同时也能督导或组织小组同事及时达成公司的培训要求（良，7.2~7.5 分）；③基本能按照公司的培训控制程序的要求及时参与部门及公司组织的培训（课时达成率 85%以上），同时基本能督导或组织小组同事达成公司的培训要求（达成 80%以上，中，6.1~7.1 分）；④部分能按照公司的培训控制程序的要求及时参与部门及公司组织的培训（课时达成率 60%及以上），部分督导或组织小组同事及时达成公司的培训要求（60%及以上，有考试；可，4.1~6.0 分）；⑤基本未按照公司的培训控制程序的要求保质保量及时组织部门同事培训（课时达成率少于 60%），也很少组织小组同事进行培训结果评估（60%以下，未有考试，差，0~4.0 分）。

（2）下属的发展和指导：①定期与成员进行绩效面谈，经常指导下属工作，并协助成员制定《个人职业发展规划》（优，5.6 分以上）；②定期与成员进行绩效面谈，偶尔指导下属工作，协助部分成员制定《个人职业发展规划》（良，5.4~5.6 分）；③有时与成员进行绩效面谈，偶尔指导下属工作，有个别成员粗略制订《个人职业发展规划》（中，4.6~5.3 分）；④个别时候与个别成员进行绩效面谈，或偶尔指导下属（可，3.1~4.5 分）；⑤基本没有进行绩效面谈和指导下属工作（0~3.0 分）。

4. 工作能力。

共 4 个部分，第一部分最高分为 10 分，第二、第三、第四部分最高分为 6 分，共 28 分。请根据个人情况对应的其中某一小点，在参考分值范围内据实评定分值。

（1）专业技能：①具有丰富的专业知识和较高的技术水平，精通业务内容（9.4分以上）；②具有较好的专业知识和技能，熟悉业务内容（7.6~9.4分）；③专业水平一般，基本了解相关业务内容（5.1~7.5分）；④专业知识不足，不了解相关业务内容（0~5分）。

（2）沟通能力——内、外部沟通顺畅，信息传递达到管理沟通之目标：①沟通通路很顺畅，通路维护佳，具良好的沟通技巧（优，5.6分以上）；②沟通通路顺畅，具一定的沟通技巧（良，5.4~5.6分）；③沟通通路较顺畅，具基本的沟通技巧（中，4.6~5.3分）；④沟通通路不太顺畅，沟通技巧较差（可，3.1~4.5分）；⑤沟通通路不顺畅，沟通态度和技巧差（差，0~3分）。

（3）改善能力：①善于发现问题，积极主动改进，提高工作效率和质量（5.6分以上）；②基本能发现问题，并妥善处理解决（4.6~5.6分）；③本职工作需上级指导才得以改进工作（3.1~4.5分）；④无改进工作的能力（0~3分）。

（4）解决问题能力——对产生的问题及困难能快速准确提出方案；执行后的结果能达到管理要求：①能前瞻性地进行问题的危机管理，并有相应的流程方案支持（优，5.6分以上）；②能前瞻性地进行问题的危机管理，相应的流程方案支持还不够精细（良，5.4~5.6分）；③基本能利用自己的能力解决问题（中，4.6~5.3分）；④能利用自己的能力解决大部分问题（可，3.1~4.5分）；能利用自己的能力解决个别问题（差，0~3分）。

5. 执行力。

共1个部分，最高分为10分。请根据个人情况对应的其中某一小点，在参考分值范围内据实评定分值。

执行力：①全面落实有关工作计划和工作任务，还经常超越目标和预期（9.4分以上）；②能理解和按时完成工作任务及相关工作计划（7.6~9.4分）；③时有督导才得以完成工作任务和相关工作计划（5.1~7.5分）；④经常督导也无法完成工作任务和工作计划（0~5分）。

（二）评分规则

根据个人情况所对应的5大方面14个部分共60点现象其中各部分的某一小点，在参考分值范围内据实评定分值。然后汇总计算出总得分。

（三）结果分析

你所得分的总分值，即代表你的行为绩效高低程度。如果总得分低于60分，则必须严肃反思、认真检讨，并采取改变态度、提高能力、创造条件等措施努力提高。

第二节　启智案例

绩效建设是一个团队或组织在既定的战略目标下，运用特定的标准和指标对成员行为进行引导、激励，对取得的工作业绩进行评估、强化，并运用评估的结果对员工将来的工作行为和工作业绩产生正面引导的过程和方法。

"联想"的绩效方案

联想集团的考核体系结构围绕"静态的职责＋动态的目标"两条主线展开，建立起目标与职责协调一致的岗位责任考核体系。其考核实施体系的框架包括职责分解、目标分解、目标与职责结合、考核实施四个部分。

1. 静态职责分解。

静态职责分解是以职责和目标为两条主线，建立以"工作流程"和"目标管理"为核心，适应新的组织结构和管理模式的大岗位责任体系。

其一，确立部门职责。部门职责主要是确定各部门在公司增值流程中的工作范围和职责边界。部门职责能起到明确工作职责边界、减少部门之间工作职责交叉、确定部门岗位设置、制定工作流程的作用。

其二，建立工作流程。工作流程包括工作本身的过程、信息与管理控制过程。它在部门内部、在独立的部门与部门之间建立职责的联系、规章和规范。如一台电脑从开发到最终消费要经过：需求调研→产品规划→产品定义→产品开发→测试鉴定→工程转化→采购→生产准备→生产制造→品质测试→产品运输→市场准备→代理分销→用户服务→信息反馈诸多环节。电脑公司就是通过与这些环节建立同步的、覆盖各个工作环节的流程，并在全员范围内培训制定工作流程的方法，为部门协调、运作规范、揭示问题、持续改进、提升效率打下坚实的基础。

其三，制定岗位职责。在厘清了公司宗旨、部门职责以及部门为履行职责而应遵循的工作流程后，需要将具体职责最终落实到每个岗位上。岗位职责具体明确一个标准岗位应承担的职责、岗位素质、工作条件、岗位考核等具体规定。它是以《岗位指导书》的形式出现的。岗位职责来源于部门职责的细化和工作流程的分解。比如，一个部门经理的职责由三部分组成：一是由本人具体完成的；二是将一部分职责分解为下属承担的；三是由本部门牵头，并由几个部门共同承担的。

2. 动态目标分解。

一个岗位仅仅知道"做什么"、"怎么做"还不够，还要知道什么时间要做到什么程度、达成什么目标。动态目标分解就是按照职责这条横线，与时间、目标这条纵线的有机整合，使各部门、各岗位之间的职责和工作关系有机地协调起来。

动态目标分解的首要过程是战略规划。联想的战略规划分为三个层次：集团战略发展纲要、子公司战略规划、业务部门战略规划。子公司层次的战略规划是业务部门年度业务规划的重要指导；业务规划的结果落实到每年的经营预算；各业务模块的预算都必须与业务规划相联系。在"能量化的量化、不能量化的细化"的原则指导下，业务规划按责任中心和时间进度，分解落实成具体的成本、利润、销量、时间、满意度等指标。业务规划要求首先确立宗旨、职责，根据宗旨和职责，在非常详细的环境分析基础上得出全年的目标。之后，进行经营预算、业务规划、管理规划。

3. 将目标落到实处。

为保证各项规划的实施，各牵头部门在与相关部门进行沟通与交流的基础上，将目标按职责分解到相关部门。各部门根据《年度发展规划与目标》，按职责、时间分解为部门内各处的年度目标、各季度的工作目标和实施计划，形成《部门季度计划》。处级经理以上干部，要按季度分解季度目标，并列入处级经理以上干部的考核之中，形成《处季度（月）工作计划》。对重要干部或岗位，要按月分解，制订月工作计划。

具体到员工要落实到与岗位责任书对应，比如电脑公司采用了"目标任务书"进行方针目标管理，其要点是：针对部门目标和薄弱环节，重点抓关键环节和重要步骤，对重点工作制订改进措施和计划，并重点推进监控实施，以保证最终实现目标。

4. 考核评价。

设定职责和目标后，联想利用制度化的手段对各层员工进行考核评价。①定期检查评议。以干部考核评价为例：联想集团干部每季度要对照上季度工作目标写出述职报告，进行自我评价，并做出下季度工作计划。述职报告和下季度工作计划都要与直接上级商议，双方认可。②量化考核、细化到人。比如，电脑公司的综合考核评价体系分部门业绩考核、员工绩效考核两部分。部门业绩考核的目的是通过检查各部门中心工作和主要目标完成情况，加强公司对各部门工作的导向性作用，增强公司整体团队意识，促进员工业绩与部门业绩的有机结合；员工绩效考核是将个人表现与组织目标紧密结合，客观评价员工，建立有效沟通反馈渠道，不断改进绩效，运用考核结果实现有效激励，帮助组织进行人事决策。

联想的考核形式是多视角、全方位的，包括上级对下级的考核，平级之间和下级对上级的评议，以及部门互评等。部门互评的目的是对各部门在"客户意识、沟通合作、工作效率"等软性工作指标方面进行评价，评价结果作为对部门负责人年度绩效考核的参考依据。通过部门互评，发现组织在工作关系方面存在的问题。民主评议的目的是为了考察干部管理业绩，为干部选拔提供参考依据，并为培养干部及干部的自我发展提供参考，以建立干部提升的透明、健康发展机制。

员工绩效考核和部门业绩考核每季度进行；部门互评和民主评议每年综合考评一次。部门业绩考核均围绕"利润中心"进行考核，同时要体现各自的主题业务。

员工绩效考核的内容分两部分：一是工作业绩，以结果导向。主要针对员工根据直接上级与员工预先商定的目标业绩工作计划进行；针对各级管理者则主要是：围绕"管理三要素"并分解成"目标计划、激励指导、公正考评"等管理业绩进行。二是行为表现及能力，这部分为过程导向。主要按普通员工、各级管理人员分别制定不同的考核标准和权重。

案例分析

在联想，其实绩效管理是一系列的企业行为，不只是平常所说的设立一个绩效目标，然后给绩效打分。这个绩效管理实际上体现在整个的管理流程的方方面面。

联想绩效管理是由公司管理者、人力资源干部和员工共同完成的，在公司这个级别上，他们在制订战略的时候就非常清楚有一个明确的战略目标，同时按照这个战略目标去设定清晰的每个业务的业务目标，之后再有整个公司的企业文化。

联想的绩效管理给人们的启示：

（1）一定要把公司的战略、绩效管理和薪酬奖金联系在一起，而且一定要相互关联；

（2）要有"透明度"，要"简化"，员工不明白的东西没有任何激励意义；

（3）一定要使管理人员能够管理他的员工的绩效，使他成为绩效管理的主人；

（4）绩效体现的是组织文化的导向结果，要使得每一个人知道，我们在这样的组织该有什么样的一些行为。

第三节　应用演练

团队活动是有特定目标的活动，一切活动的目的，都在于多、快、好、省地实现团队使命，达成组织目标。因此，团队活动的有效性，最终必须体现于好的绩效。

策划年终奖考评方案

团队理想的绩效，有赖于有效的团队激励。团队有效的激励，有赖于事先制订的既科学合理又广为团队成员接受的绩效指标。因此，绩效考评指标的制订对于团队绩效建设具有直接的牵引作用。

（一）综合项目

继续将第一章虚拟的项目（如创建"高效能团队建设研习所"）或确定的某个真实项目（如自己所在的班级）作为实训项目。

（二）单元任务

根据项目特点，策划该项目年终奖考评方案，并对众多方案分别进行讨论，然后从中优选出全体成员公认的方案。

（三）演练目标

素质目标：认识团队绩效建设的战略意义，培育个人和团队的目标导向意识，培养以绩效考评体系引领团队绩效建设的习惯，形成团队绩效建设的基本思路。

知识目标：了解团队绩效建设的基本方面，知晓团队绩效建设的基本流程；理解团队绩效建设的基本方法。

能力目标：能够掌握团队绩效建设的基本指标，熟悉团队绩效建设的基本模型，熟练团队绩效建设的考评方法，会初步制订团队绩效建设的考评体系。

（四）演练形式

全体参与，单个策划或分组合作策划。提倡在保证全体参与的前提下，以小组为单位调动组员个人积极性，充分发挥各自特长，实现分工协作。

第四节　理论升华

团队绩效是团队及其成员的工作成果，也是团队工作效率、效益、效能的综合体现。绩效建设是团队建设的重要环节之一，通过绩效建设的系列措施，能够及时、准确地引领、掌握、监控、评估，并采取措施提高团队成员及团队整体的工作绩效，为进一步改进绩效与提高绩效决策、计划水平提供依据。

一、团队绩效建设的含义

所谓绩效，简单地说就是事物运动过程中表现出来的状态或结果，可通过客观的考核和主观评估等评价表现出来。从管理学的角度看，绩效是组织期望的结果，是组织为实现其目标而展现在不同层面上的有效输出，它包括个人绩效和组织绩效两个方面。

绩效是组织中个人（群体）在特定时间内的可描述的工作行为和可测量的工作结果，以及组织结合个人（群体）在过去工作中的素质和能力，指导其改进完善，从而预计该人（群体）在未来特定时间内所能取得的工作成效的总和。

学者用公式表示绩效：绩效＝能力×意愿×环境。

团队绩效是指团队实现预定目标的实际结果，是团队及其成员在一定时期内的投入产出情况。投入指人力、物力、时间等物质资源，或个人的情感、情绪等精神资源；产出指工作任务在数量、质量及效率方面的完成情况。

团队绩效体现于团队对组织既定目标的达成情况、团队成员的满意感、团队成员继续协作的能力。主要包括三个方面：①团队生产的产量（数量、质量、速度、顾客满意度等）；②团队对其成员的影响（结果）；③提高团队工作能力，以便将来更有效地工作。

从字面意思分析，绩效是"绩"与"效"的组合。"绩"就是业绩，体现团队目标的执行结果，如营销团队所实现的销售利润率目标。包括两部分：目标管理（MBO）和职责要求。团队要有团队的目标，个人要有个人的目标。目标管理能保证团队向着希望的方向前进，实现目标或者超额完成目标可以给予奖励，比如奖金、提成、效益工资等。职责要求是对员工日常工作的要求，比如，业务员除了完成销售目标外，还要做新客户开发、市场分析报告等工作，对这些职责工作也有要求，这个要求在经济上的体现形式就是工资。"效"就是效率、效果、效能、态度、品行、行为、方法、方式。效是一种行为，体现的是团队的管理成熟度目标。效又包括纪律和品行两方面，纪律包括团队的规章制度、规范等，纪律严明的员工可以得到荣誉和肯定，比如表彰、发奖状与奖杯等；品行指个人的行为，"小用看业绩，大用看品行"，只有业绩突出且品行优秀的人员才能够得到晋升和重用。

绩效具有多因性、多维性和动态性。多因性是指团队或个人的绩效优劣取决于多个因素的影响，包括外部的环境、机遇，个人的智商、情商和它所拥有的技能和知识结构，以及团队的激励因素。多维性就是说团队或个人绩效的优劣应从多个方面、多个角度去分析，才能取得比较合理的、客观的、易接受的结果。动态性即团队及其成员的绩效会随着时间、职位情况的变化而变化。

绩效建设，就是要通过科学的机制，创造理想的绩效。这是一种流程，日常表现最突出的是绩效管理。所以，要理解团队绩效建设的内涵，就必须理解绩效建设是什么，不是什么。

（1）绩效建设是战略实施的重要组成，不是人力资源管理的一个手段。目前，国内各类组织，特别是中小民营企业，在实际运营中缺乏明晰的战略。而且，战略往往在老板脑袋里，高管团队甚至没有达成共识，更谈不上怎样将战略目标分解到部门和个人。因此,经典的平衡计分卡、OGSM等常常会变成理论而不是实用的工具,以至于绩效管理无法体现战略目标价值,只能沦为考核的工具,甚至在很多企业单纯成为压缩成本的武器。

(2)绩效建设是团队全员必须重视的问题,而不仅仅是管理层的头疼事。作为一个贯穿团队运营周期的管控过程,绩效建设能够帮助团队成员就目标在哪里达成共识,并形成怎么达成目标的路径规划;同时,它又是一套完整的方法与工具,能将个人业绩及职业发展目标与组织目标有机结合,帮助管理者在运营过程中了解整体及个人达成目标的情况,并通过一定的手段保障目标的实现。直白地表述:绩效管理单凭领导拍脑袋、拍桌子没用,单凭员工拍胸脯、拍大腿说了也不算,必须上下一致,将兵同心,方能达到最佳效果。

(3)绩效建设是一个全过程的管理,绝非只有考核这样一个步骤、一个阶段。绩效建设包含几个关键过程:①共识的探讨过程,即绩效指标与目标设定;②共识的跟进,即绩效监控和指导;③共识的达成检验,即绩效考核与反馈;④共识的承诺兑现,即绩效结果应用。

在现行一些组织实际操作过程中,整个绩效管理往往简化为"三板斧":指标设定、考核、奖惩。这其中的危害在于:没有战略的导入,指标的设计往往缺乏系统性和科学性;没有理念的宣贯,员工配合程度低;没有监控和指导,部门、个人在前进过程中不断走弯路,甚至陷入迷茫;没有绩效沟通反馈,个人提升无从说起,结果应用将陷入争议。

可见,团队绩效建设是一个系统对一个团队或员工所具有的价值进行评价,并给予奖惩,以促进系统自身价值实现的动态过程。组织战略目标的实现,有赖于每个团队的每个年度经营目标的实现。团队则需要根据其战略目标设定每个年度的经营目标,年度经营目标经过分解变成具体的任务和目标,然后落实到各个岗位上。团队战略目标实现的基础是各岗位、各职能绩效目标的实现。通过团队内各个岗位的绩效建设,就能保证团队战略目标的最终"落地"。

二、团队绩效建设的主要环节

从本章启智案例——"联想的绩效方案"中不难发现,现代组织的绩效建设早已不再是单纯的绩效考核与评估。一般来说,现代团队绩效建设是团队成功运作、良性发展的必要保证,也是一个组织人力资源战略得以完善的重要组成部分。在一定程度上,团队绩效建设直接影响着组织战略的发展。因此,现代团队绩效建设至少应该包括绩效计划、绩效实施、绩效考核、绩效反馈与面谈，以及绩效改进与导入几个环节。

（1）绩效计划。这是绩效建设的起点，内容包括绩效任务和绩效标准。在这个环节上，传统的绩效计划是由上级主管制订的，员工只能单纯地接受任务，缺乏员工的参与，在实现绩效目标的过程中员工缺乏主动性、积极性。因此，在现代团队绩效建设中，必须强调员工的参与，由管理者和员工共同投入和参与员工的绩效计划制订，使员工容易接受绩效计划，并增加员工的满意感。

（2）绩效实施。在制订了计划之后，团队及其成员都要积极投身于绩效计划的贯彻落实，即团队各方面、各岗位、各成员要开始按照计划进行工作。在工作的过程中，管理者要与执行者进行持续的沟通，要对计划执行者的工作进行指导和监督。对于发现的问题要及时予以解决，并随实际情况的变化实事求是地对计划适当调整。

（3）绩效考核。绩效考核是按事先制订的工作目标和绩效标准对员工的工作完成情况进行考察的过程。考核期的长短可以根据工作的种类、考核的目的等情况来具体分析后确定。例如：对一个项目团队的评估以一个项目的完成为一个周期会比较合适；对一些简单的基层工作，可以以一个星期、一个月、一个季度等为一个周期。

（4）绩效反馈与面谈。绩效建设的过程不是为绩效考核打出一个分数就结束了，主管人员还需要与员工进行一次甚至多次面对面的交谈。通过绩效反馈面谈，使员工了解主管对自己的期望，了解自己的绩效，认识自己有待改进的方面；并且，员工也可以提出自己在完成绩效目标中遇到的困难，请求上级指导。

（5）绩效改进与导入。传统的绩效考核的目的是通过对员工的工作业绩进行评估，将评估结果作为确定员工薪酬、奖惩、晋升或降级的标准。而现代的绩效建设是以员工的能力不断提高为目的，并且根据绩效考核的结果分析来对员工进行量身定制的培训。现代团队的绩效建设是以团队的战略目标为导向，以不断提高组织绩效和员工能力，不断提升团队核心能力为目标的，是一个系统的、通过持续不断的沟通来实现绩效目标的动态过程。

三、影响团队绩效的主要因素

团队成员的活动、相互影响以及情绪并不是各自孤立存在的，它们密切相关、相互联系。其中一项变动，会使其他要素也随之变化。因此，在团队绩效建设中，要把团队成员的活动、相互影响以及情绪这三要素综合看待、综合调整。只有三要素同步运动，才可以保障团队成员的绩效合理化、高效化。

团队成员的活动：人们的活动一般是指人们在日常工作、生活中的一切行为；因此，团队成员的活动就是指团队成员在团队运行中的所有行为。

团队成员的相互影响：相互影响是指在组织中相互发生作用的行为。团队成员的相互影响也是其发生作用的行为。

团队成员的情绪：情绪是指人们内在的、看不见的心理活动。团队成员的情绪可以在一定程度上影响团队士气。

不过，当一个团队缺乏团队精神时，就会直接影响到团队的绩效和项目的成功。在这种情况下，即使每个项目团队成员都有潜力去完成项目任务，但是由于整个团队缺乏团队精神，也会使得大家难以达到其应有的绩效水平。所以，团队精神是影响团队绩效的首要因素。

除团队精神外，实践中还有一些影响团队绩效的因素，这些影响因素以及克服它们的具体办法如下。

（1）团队领导不力。这是因为团队领导不能够充分发挥影响力去影响团队成员行为的现象。如果团队领导不能够充分发挥领导作用去带领和指挥团队为实现项目目标而奋斗，团队的合力必然发挥不充分。这是影响团队绩效的根本因素之一。作为团队领导者与管理者，一定要不时地检讨自己的领导工作和领导效果，不时地征询团队成员对于自己领导工作的意见，并努力去改进和做好团队的领导工作。要看到，团队领导不力不但会影响团队的绩效，而且可能会导致整个项目的失败。

（2）团队目标不明。这是指团队领导、项目管理人员和全体团队成员未能充分了解团队的各项目标，以及相应项目的工作范围、质量标准、预算和进度计划等方面的信息。这也是影响团队绩效的一个重要因素。所以，一个团队的领导及管理人员不但要清楚团队的目标，而且要向团队成员宣传相应项目的目标和计划，向团队成员描述项目的未来远景及其将产生的意义。团队领导人不但需要在各种会议上讲述这些目标，而且要认真回答团队成员提出的各种疑问，如有可能还要把这些情况以书面形式提供给团队中的每位成员。团队领导人及管理人员一定要努力使自己和团队成员、项目相关执行者清楚地知道团队的整体目标与分阶段目标。

（3）成员职责不清。团队成员的职责不清，是指团队成员们对自己的角色和责任的认识含糊不清，或者存在职责重复、角色冲突等问题。团队领导和管理人

高效能团队建设

员在项目开始时就应该使团队的每位成员明确自己的角色和职责，明确各个人与其他团队成员之间的角色联系和职责关系。每个团队成员也可以积极要求团队领导和管理人员界定和解决团队成员职责不清的地方和问题。在制订项目计划时，要利用工作分解结构、职责矩阵、甘特图或网络图等工具去明确每个成员的具体职责，使每个团队成员不仅知道自己的职责，还能了解其他成员的职责，以及它们如何有机地构成一个整体。

（4）协作沟通缺乏。团队协作需要沟通，缺乏沟通必然导致团队成员对团队工作中发生的事情缺乏足够的了解，以致团队内部和团队与外部之间的信息交流严重不足。这不但会影响一个团队的绩效，而且会造成团队决策错误，甚至导致团队及其项目的失败。因此，一个团队的领导和管理人员必须采用各种信息、思想、情感的沟通手段，使团队成员及时地了解团队及其工作项目的各种情况，使团队与外界的沟通保持畅通和有效。团队领导和管理人员需要采用会议、面谈、问卷、报表和报告等沟通形式，及时公告各种信息给团队成员，同时还要鼓励团队成员之间积极交流信息，努力进行合作。

（5）工作激励不足。团队激励不足是指团队领导与管理人员所采用的各种激励措施不当或力度不够，或者缺乏科学的激励机制。这会使团队成员出现消极思想和情绪，转而影响一个团队的绩效。通常，激励不足会使团队成员对团队目标的追求力度不够，对项目工作不够投入。要解决这一问题，团队领导和管理人员需要积极建立激励机制，采取各种激励措施，包括目标激励、工作挑战性激励、薪酬激励、个人职业生涯激励等措施。团队领导者应该知道每个团队成员的激励因素，并创造出充分的激励机制和环境。

（6）规章约束无力。这是指一个团队没有合适的规章制度去规范和约束团队及其成员的行为和工作。这同样是造成团队绩效低下的因素之一。一个团队在项目开始时，项目经理和管理人员要制定基本的管理规章制度，这些规章制度及其制定的必要性都要征求大家的意见，尽可能调动团队成员积极参与。规章制度制定后，要反复向全体团队成员做出解释和说明，并把规章制度以书面形式传达给所有团队成员。同时，团队要发挥规章制度的效力，以约束团队成员的不良与错误行为。例如，对于不积极不努力工作、效率低下、制造矛盾、挑起冲突，或诽谤贬低别人等行为，团队都需要采取措施进行约束和惩处。团队领导者要适时采用各种负强化措施，努力做好约束工作，从而使团队的绩效不断提高。

四、团队绩效建设的常用方法

团队绩效建设是指为了达成组织的目标，实现组织目标所预期的利益和产出，并推动团队及其成员做出有利于组织目标达成的行为。作为组织和员工之间绩效管理承上启下的关键层面，团队绩效建设已成为组织培育竞争优势、获取核心竞争力的战略性举措。

搞好团队绩效建设，常用的方法有外部导向法、关键成功因素法、综合平衡计分卡、360度绩效考核法。

（一）标杆基准法

标杆基准法（Benchmarking）也称外部导向法，是把一个组织或团队中最强的竞争对手或同行业领先的最有名望单位的关键业绩行为作为对照分析基准，进行评价与比较，建立可持续发展的关键绩效指针体系以及最优的持续改进方法。

标杆基准法包括两个层次的含义：一是如何寻找标杆，二是如何基准化。比如，航空公司要成为世界一流的企业，就应该明确世界一流航空公司的行业标杆是什么？业绩标准是什么？与此相适应的管理措施是什么？本企业与世界一流的差距在哪里？如何缩小差距或如何赶上？明确了以上问题，才能正确地建立本企业的绩效标准，实现绩效目标。

（二）关键成功因素法

关键成功因素法是基于组织远景、战略与核心价值观，对组织运营过程中的若干关键成功要素进行提炼与归纳，从而建立组织关键业绩评价指标体系和绩效管理系统的程序和方法，其重点是提取关键业绩指标。

关键业绩指标（Key Performance Indicator，KPI）是对组织、团队及其组织运作过程中关键成功要素的提炼和归纳，是通过对组织内部某一流程的输入端、输出端的关键参数进行设置、取样、计算、分析，衡量流程绩效的一种目标式量化管理指标，是把组织战略目标分解为可运作的远景目标的工具。

团队 KPI 分为两个层次：团队级 KPI——运用头脑风暴法和鱼骨分析法找出业务重点，即团队价值评估重点，并用头脑风暴法找出这些关键业务领域的关键业绩指标；岗位级 KPI——将团队级 KPI 分解到岗位，同时确定评价指标体系，并对相应岗位 KPI 进行分解，确定相关要素目标，分析绩效驱动因素（技术、组织、人），确定实现目标。岗位 KPI 体系的建立和测评过程本身，就是统一各岗位朝着团队战略目标努力的过程。KPI 法符合一个重要的管理原理——"二八原

第九章 高效能团队绩效建设

理"，即抓住 20% 的关键行为，进行分析和衡量，就能抓住业绩评价的重心。

（三）综合平衡计分卡

综合平衡计分卡（The Balanced-scorecard，BSC）是从财务、客户、内部运营、学习与成长四个角度，将组织的战略落实为可操作的衡量指标和目标值的一种新型绩效管理体系。其指标的确定必须包含财务性和非财务性的，并强调对非财务性指标的管理，因此有"平衡计分"之说。其原理及深层原因是：财务性指标为结果性指标（Result Indicator），非财务性指标是决定结果性指标的驱动指标（Driver Indicator）。财务性指标和非财务性指标均来源于团队的战略，所以在战略与目标之间需要形成一个双向的绩效改进循环。

平衡计分卡的框架体系包括：①组织学习与成长性；②内部经营过程；③客户满意度；④财务结果。核心思想是通过四个指标之间相互驱动的因果关系（学习与成长解决组织长期生命力问题；是提高企业内部战略管理素质与能力的基础；企业组织通过管理能力提升为客户提供更大的价值；客户的满意导致组织良好的财务效益）展现组织战略轨迹，实现绩效考核、绩效改进和战略实施、战略修正的目标。

平衡计分卡的优点是，它既强调了绩效管理与组织战略之间的紧密关系，又提出了一套具体的指标框架体系，能够将局部绩效与整体绩效很好地联系起来，使团队各方面工作的努力方向同团队战略目标的实现联系起来。

（四）360 度绩效考核法

360 度绩效考核，也称为全方位反馈评价或多源反馈评价，是绩效考核方法之一，其特点是评价维度多元化（通常是 4 个或 4 个以上），适用于对中层以上的人员进行考核。

360 度绩效考核法的内容主要有：① 自我评价，是指让团队成员针对自己在工作期间的绩效表现，或根据绩效表现评估其能力并据此设定未来的目标。②同事评价，是指由同事互评绩效的方式，来达到绩效评估的目的，并可以让彼此知道自己在人际沟通这方面的能力。③下属评价，即让员工评估其上级主管的绩效，使管理者通过下属的反馈，清楚地知道自己的管理能力有什么地方需要加强。④主管评价，即绩效评估的工作由主管来执行。主管必须善用绩效评估的结果作为指导部属、发展部属潜能的重要工具。

360 度反馈评价一般采用问卷法。问卷的形式分为两种：一种是给评价单位提供 5 分等级，或者 7 分等级的量表（称之为等级量表），让评价单位选择相应的分值；另一种是让评价单位写出自己的评价意见（称之为开放式问题）。二者也可以综合采用。

五、团队绩效的建设循环与提升

团队绩效的建设循环与提升包括团队整体绩效的建设循环与提升以及团队成员个体绩效的建设循环与提升。团队整体绩效的建设循环与提升是针对团队的绩效建设活动，主体是团队组织；个人绩效建设循环是针对个人的绩效建设提升活动，主体是个人，可以是各方面领导人、主管，也可以是普通成员等。

团队绩效建设循环由绩效契约的制定和签订、环境资源分析、绩效评估、绩效结果应用四个环节组成。绩效评估是绩效管理的核心环节，但团队目标管理、核算管理等基础管理水平对团队的绩效建设有非常重要的影响。

绩效契约的制定和签订：这是团队绩效建设循环的重要环节，做好这个环节的工作对团队绩效建设的成功具有非常重要的意义。因此在制订绩效计划时，一定要让计划执行者充分发表自己的意见和建议，参与整个绩效计划的制订，使绩效计划更加符合实际，同时，绩效计划执行者应该对自己参与制订的绩效计划进行表态，承诺完成当期的绩效计划。

环境资源分析：在绩效契约签订后，团队管理者应密切关注外部环境和内部条件的变化，及时协调相关资源给予绩效计划执行者足够支持，以保证目标的达成。如果由于外部环境变化导致目标实现难度增大，应及时进行目标资源匹配分析，对有关责任岗位及时增加人、财、物等资源的支持；若由于外部环境变化导致已定绩效目标过高或过低，那么就要根据实际情况实事求是地对原目标责任进行调整，制定新的目标。

绩效评估：这个环节包括目标责任考核以及阶段关键业绩考核两个方面。由于目标责任周期一般比较长，是年度或项目周期，因此在期间进行阶段关键业绩考核是非常关键的。阶段关键业绩考核要将年度目标（项目目标）按阶段进行分解，主要目的是监控目标责任完成情况，及时发现存在的问题及隐患，避免重大损失的发生。年度（项目）考核是根据目标责任完成情况进行的考核，有关业绩数据一般要经过有关部门审计以保证公正公平性。

绩效结果应用：可以根据阶段绩效考核结果发放员工绩效工资，实现过程激励约束；要根据目标责任实现情况对有关人员进行奖惩兑现。

PDCA循环作为全面质量管理体系运转的基本方法，可以直接移植于团队绩效建设循环与提升。其实施需要搜集大量数据资料，并综合运用各种管理技术和

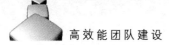
方法。

P（计划 Plan）：明确问题并对可能的原因及解决方案进行假设。

D（实施 Do）：实施行动计划。

C（检查 Check）：评估结果。

A（处理 Act）：如果对结果不满意就返回到计划阶段，或者如果结果满意就对解决方案进行标准化。

PDCA 循环可以使我们的思想方法和工作步骤更加条理化、系统化、图像化和科学化。它具有大环套小环，小环保大环，环环相促进，推动大循环等特点。这是爬楼梯上升式的循环，每转动一周，质量就提高一步。

将 PDCA 循环应用于团队绩效建设循环与提升，一般需要遵循八个步骤。

步骤一：分析现状，找出问题。这一步强调的是对现状的把握和发现问题的意识、能力。发掘问题是解决问题的第一步，是分析问题的条件。

步骤二：分析产生问题的原因。找准问题后分析产生问题的原因至关重要，可以运用头脑风暴法等多种集思广益的科学方法，把导致问题产生的所有原因统统找出来。

步骤三：要因确认。这一步主要是区分主因和次因，这是最有效解决问题的关键。

步骤四：拟订措施、制订计划（5W1H）。即：为什么制订该措施（Why）？达到什么目标（What）？在何处执行（Where）？由谁负责完成（Who）？什么时间完成（When）？如何完成（How）？措施和计划是执行力的基础，应尽可能使其具有可操作性。

步骤五：执行措施、执行计划。高效能的执行力是团队完成目标的重要一环，否则，任何计划、目标如果不加以实施，则永远只能停留于愿望状态。这一步在实践中就是对计划付诸行动，即把正确的事情做正确。

步骤六：检查验证、评估效果。管理界有一种说法：下属只做要检查的工作，不做所希望的工作。这句话略看有些偏颇，但实质在于强调检查与评估的重要性。事实上，检查验证、评估效果是"抓落实"的有效机制，一般情况下，检查评估工作会对团队绩效及其水平起导向作用。

步骤七：标准化，固定成绩。标准化是维持组织治理现状不下滑，积累、沉淀经验的最好方法，也是组织治理水平不断提升的基础。可以这样说，标准化是组织治理系统的动力。没有标准化，组织就不会进步，业绩甚至会下滑。

步骤八：处理遗留问题。所有问题不可能在一个 PDCA 循环中被全部解决，遗留的问题会自动转入下一个 PDCA 循环，如此，周而复始，螺旋上升。

六、确定团队绩效测评维度的四大方法

如何确定团队层面的绩效测评维度是团队绩效建设的关键点，同时也是难点。对团队绩效测评维度的确定通常可以采用四种方法：

(一) 利用客户关系图确定团队绩效的测评维度

描述团队的客户，以及说明团队能够为他们做什么的最好方法就是画一张客户关系图。这种图能够显示出自己的团队、提供服务的内外客户类型，以及客户需要从团队获得的产品和服务。该图完成以后，它就可以显示出团队及其客户之间的"连接"。

当团队的存在主要是为了要满足客户的需求时，最理想的方法是采用客户关系图法。客户是那些需要团队为其提供产品和服务并帮助他们工作的人，可以是组织内部的同事，也可能是组织外部的顾客。客户的需求是团队绩效测评维度的一个主要来源，团队必须要考虑客户对团队的需求。

(二) 利用组织绩效目标确定团队绩效测评维度

这种方法最适用于那些为帮助组织改进绩效目标而组建的团队。组织的绩效目标体现在压缩运转周期、降低成本、增加收入、提高客户的忠诚度等方面。通过以下步骤可以确定能够支持组织目标实现的团队业绩：①我们首先要界定几项团队可以影响的组织绩效目标水平。②如果团队能够影响这些组织绩效目标，接下来就要回答这样一个问题："团队要做出什么样的业绩才能有助于组织达到其目标？"③把这些成果作为考核维度并把它们添加到业绩考核表内。

(三) 利用业绩金字塔确定团队绩效测评维度

业绩金字塔的出发点首先是要明确业绩的层次。组织必须创建这些绩效维度并选择那些能够把团队和组织目标紧密联系起来的绩效维度。因此，把团队业绩和组织绩效紧密联系起来，就能保证团队的成功并将会有利于整个组织。

建立一个工作业绩金字塔，可以通过回答以下有关工作成果的问题来实现：①什么是整个组织的宗旨或功能？组织要创建什么样的业绩？②要什么业绩来产生组织绩效？③这些业绩中的哪几项是团队负责创建的？

如果创建的业绩金字塔是为整个组织而建立的，那么，只有金字塔内的某些部分才是需要团队对此负责的。通过对金字塔的观察，团队可以确定应当对此负责的几项成果。

（四）利用工作流程图确定团队绩效测评维度

工作流程图是描述工作流程的示意图。工作流程贯穿于各部门之间，是向客户提供产品或服务的一系列步骤。用工作流程图的形式来计划工作流程，并把它作为确定团队业绩测评维度的工具，其好处：一是把质量与流程改良计划和绩效管理联系起来；二是那些有清晰工作流程的团队能够对它们在工作流程方面的有效性进行评估；三是对工作流程进行计划，可以确定简化和重新设计流程的机会，从而形成更好的工作流程。

工作流程图内含有三个测评维度：①向客户提供的最终产品；②整个团队应负责的重要的工作移交；③整个团队应负责的重要的工作步骤。

总之，当客户满意度是团队的主要驱动力时，最常采用的方法是客户关系图方法；当重要的组织绩效目标必须得到团队支持时，最常采用的方法是支持组织绩效的业绩方法；当团队和组织之间的联系很重要，但团队和组织之间的关系却不甚明了时，最常采用的方法是团队业绩金字塔方法；当团队的工作具有清楚明确的工作流程时，最常采用的方法是工作流程图方法。

值得说明的是，我国现实中的企业管理者和团队领导者在实施团队绩效测评时，还应当注意六个方面：

（1）必须要赢得团队成员的关注与认可，团队成员需要充分理解他们的测评系统；

（2）确保团队的战略与组织战略相一致；

（3）确保团队绩效测评的目的是问题得到解决，从而提高团队的工作业绩；

（4）选取最重要的几个方面来测量；

（5）在开发绩效测评系统时，应充分考虑顾客的意见；

（6）测评系统应详细描述每一位团队成员的工作。

第五节　游戏感悟

"绩效最能衡量你信心、能力和勇气，所以一个管理者就是能带来绩效的人。"世界著名跨国公司 ITT 公司缔造者哈罗德·杰宁曾如此感悟，并感叹："我相信商业世界中有一条亘古不变的真理，文字只是文字，解释只是解释，承诺只是承诺，唯有绩效，才是现实……"

横竖——绩效管理游戏

活动前提醒每人准备一张白纸和一支笔。

第一步：请所有人在纸上分别画上"—"、"丨"、"—"、"丨"，然后让大家四周看一下其他人画的。

问题1：看到了什么？

一般结果："—丨—丨"、"井"形、"口"形等，结果千差万别。

讨论1：为什么？

核心：目的不清楚。

例子：前台考核把接电话次数当指标等。

第二步：告诉所有人，我们这次要画一个正方形。然后再让大家四周看一下其他人画的。

问题2：看到了什么？

一般结果：虽然都是正方形，但是大小千差万别。

讨论2：为什么？

核心：目标不明确。

例子：广告版块对招聘人员考核方式的讨论。

第三步：告诉所有人，我们这次要画一个边长2厘米大小的正方形。继续让大家四周看一下其他人画的。

问题3：看到了什么？

一般结果：都是正方形，但是很少是"边长2厘米"的正方形。

讨论3：为什么？

核心：没有标准。

例子：很多人设置标准时，喜欢用"准确性"、"及时性"之类的模糊概念，而到底准确、及时到哪个程度自己都不知道。

第四步：假设某人的工作就是画"边长2厘米的正方形"，绩效管理怎么做？

问题核心：教师一般事先应准备一个边长2厘米的正方形的模子和一个印泥。讨论过程中如果有人提出用模子画，那OK，表扬他，然后请一个人上来使用给大家看；如果没有，自己使用给大家看。

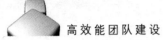

核心：绩效管理培训的过程：目的→目标→指标（标准）→管理。

注意事项：问题的答案可能不在预期中，如前两步很多人会说是沟通的问题。记住我们的核心，不要给牵扯过去。

第六节　知识扩展

许多企业都在实施绩效管理，希望以此让企业取得更理想的绩效。但是，实施绩效管理的多数企业都比较失望，因为他们深切体会到，要想让绩效管理获得成功实在不易！

绩效建设的十大困扰

绩效管理为什么难？是什么因素导致我们的绩效管理工作搞不好？又是什么东西在困扰着我们？

（一）绩效考评不考评绩效

有的单位所有人的考评项目都是"德、勤、能、绩"四大方面，细想：德、勤、能三项并非绩效内容，怎能牵强附会和"绩"搅在一起？又如，许多单位把"工作态度"这类不是员工应该做而是领导希望做的事情搅入绩效考评，其实都是绩效考评没有集中考评绩效的表现。

其实，绩效考评应该考评岗位的职责履行得如何？对各自任务完成得如何？其余不是绩效的内容，就不应该放在绩效考核中。

总之三句话：员工干什么就考评什么；组织重视什么就考评什么；不要把不是绩效的内容纳入绩效考评。

（二）领导人不参与绩效考核

第一，领导人不参与，各级干部以及广大员工在实施绩效考评时，往往就敷衍了事，导致绩效管理的实施效果大打折扣。同时，各个部门经理的考核指标和考核标准由谁来定？人力资源部门定不出来，各个部门自己也无法给自己定指标。

第二，绩效考核指标有三个层次：领导层的考核指标、部门主管的考核指标、各个岗位的考核指标。各个岗位的指标往往由部门的指标分解而来，部门主管的指标往往由领导层的指标分解而来。领导人的指标承载了组织的战略目标，是绩效管理的关键所在，如果不考核，可能导致抓小放大。

（三）管理人员不管理人员

一些部门经理觉得，绩效管理是人力资源管理工作，与自己无关。许多管理者不履行管理职责，反把自己当成业务专才。其实，管理者要给下属们分配任务；要能够识别、辨别谁干得如何；要评价他们的表现，评价他们的贡献度；当然还要激励下属，让他们更高效地工作。管理人员要管理人、管理员工，如此才是管理者的本分之举。

（四）HR 制订绩效指标

人力资源部门不是万金油，所以让他们来代替组织各部门制订指标，必然达不到专业水准。人力资源部门在绩效建设中，应该选好能出绩效的人、做好提高绩效的培训、检查好绩效计划执行情况等。收集人力资源管理的各种信息，出方案、出表格、出工具，这才是人力资源部该干的。

（五）绩效指标混乱复杂

面面俱到等于消灭重点；什么都重要等于什么都不重要。所以绩效管理指标应该精简，应该做 KPI 管理指标。要给指标归类，除了绩效考核指标体系之外，所设立的指标还可以分为不同的专门体系，如干部任用考评体系、奖金体系等。只有分开来做，变成几套系统，一步一步去落实，才能做得好。否则，把绩效考核指标做得太复杂，大家会把绩效考核作为额外的负担而无法落实，最后会以失败告终。

（六）考评标准难统一制定

对于具体的一些任务，完成情况总是千差万别的。因此，一个组织不要总想订出一个放之四海而皆准的统一的指标。合理的指标其制订，一是要靠多年的基础数据的积累，二是要靠管理者的经验。另外，在指标设计出来后，不要一开始就正式实行，而应该试运行。就像改革开放先设个经济特区，等有成效了再推广。

（七）考评者的主观影响

考评者的主观影响常常表现为不公正、厚此薄彼。实际上，这其中的核心问题是指标问题。指标要尽量避免或减弱考评者的主观影响。

（八）考评结果运用不良

这体现在两个方面：一是根本不运用，为考评而考评，考评完了绩效管理工作就告终；二是运用单一，只做简单的单项运用，比如仅仅只用在加薪、减薪，或是奖励、惩罚，或是升职、降职等单一方面。所以，考评结果不但要与薪酬、晋升挂钩，还要和对员工能力的评定结合起来。

（九）缺少绩效分析

绩效建设，首先应该明确目的是什么。要知道，考评的根本目的是为了改善——改善员工的能力、员工的工作态度，从而改善整个团队的绩效。所以考核下来一定要分析，通过面谈等方式得出员工能出色完成任务的原因是什么？员工的工作失误又是什么原因导致的？要把原因找到，做得好的加以继承和推广，做得差的及时改善。整个分析结果最后要作为组织的基础数据加以存档。然后改善，这样才能达到绩效建设的目的。

（十）迷信

不少人在绩效建设的过程中相当迷信：第一，迷信自己过去成功的经验；第二，迷信明星组织；第三，迷信商学院、教科书。

管理具有环境依赖性，借鉴时一定要根据具体的情况、具体的条件，不可照搬。管理没有什么绝招，只有把组织的任务、目标理清楚，把各个岗位的 SOP（标准作业流程）做出来，像建一栋大厦一样，踏踏实实地把地基打好。

归根到底，绩效建设最大的误区是目标不明确，结果不公平，过程不公开，奖惩不分明。

课外练习

1. 结合应用演练项目，试述团队绩效建设的作用。

2. 以应用演练项目为基础，联系实际试述现行团队绩效建设方面所存在的问题。

3. 结合应用演练项目，撰写团队绩效建设方案。

第十章
高效能团队文化建设

"三流企业经营产品，二流企业经营品牌，一流企业经营文化。"如果从无数失败与成功案例反观，这话确实不无道理。如今，社会已经进入文化制胜的时代，用团队文化打造和提升团队核心竞争力已成为团队的最佳选择。

第一节 入胜测试

良好的团队文化可以使团队成员在轻松愉快的环境中工作，这样，团队成员会彼此信任，且有共同目标。在这样的氛围下，团队的创造性和潜力会得到极大的激发，绩效当然也会显著提高。

个人与组织文化匹配度测评

本测试共包括 24 道题，每道题有 A、B 两个选项，请在答题表上写出你的答案，并在 10 分钟内完成所有题目。

（一）测试题目

1. 你正在准备明天的考试，朋友求你帮忙陪他买电脑，你会：

A. 对朋友说明你正在复习，没有时间，请他谅解；

B. 经不起朋友的请求，最终答应，却又很懊恼。

2. 毕业 10 年了，大学同学组织聚会，你会：

A. 积极参与组织策划；

B. 等待组织者通知时间、地点。

3. 对于许多通过财富进入上流社会的人士，你认为：

A. 拥有财富就可以了，盲目追求社会等级是没有必要的；

B. 上流社会是社会等级的象征，是体现个人价值的因素。

4. 你的交友原则是：

A. 朋友不可滥交；

B. 朋友不嫌多。

5. 你更喜欢下列哪种工作环境：

A. 安静、可以独处；

B. 热闹、可以讨论。

6. 在部门会议中，上司对你的方案提出质疑，你通常会：

A. 在会议结束后，找机会单独与上司交流自己的想法；

B. 在会上据理力争，阐述该方案的优点。

7. 你更喜欢下面哪种场合：

A. 酒吧；

B. 茶馆。

8. 公司准备进行一次市场推广活动，领导打算由你负责这次活动，你会：

A. 勉为其难，不愿承担责任；

B. 欣然接受，乐于承担责任。

9. 在聚会中，你通常：

A. 侃侃而谈，成为谈话中心；

B. 愿意充当忠实听众。

10. 第一次独立完成一个项目，结果却不尽如人意，你的反应是：

A. 总结经验教训，为下一个项目做好准备；

B. 情绪会保持很长时间的低落，难以全身心投入新的任务。

11. 工作中你更看重：

A. 个人成就；

B. 组织权力。

12. 你的工作进度受到技术部门的拖延，你会：

A. 等待技术部门主动配合完成你的工作；

B. 不断催促技术部门，全力推动工作的顺利进行。

13. 对于公司新来的员工，你通常：

A. 主动与他们聊天以增进相互了解；

B. 除非有工作上的接触，否则不会主动接近他们。

14. 对于团队合作方式，你更赞成下列哪种方式：

A. 应该是单纯的合作，不应该存在竞争；

B. 不仅仅是合作，竞争也是必要的。

15. 同事几天没来上班了，今天早晨看到他，你会：

A. 非常关心地问他这两天怎么没来；

B. 像往常那样打个招呼。

16. 公司举行运动会，你在自己最拿手的比赛项目中输了，你会：

A. 不服气，认为自己不应该输；

B. 自我安慰，胜败乃兵家常事。

17. 你研发的新产品就要面世了，你更关注它的：

A. 社会价值；

B. 经济收益。

18. 你的上司不拘小节，与下属打成一片，你认为他：

A. 富有亲和力，是你喜欢的类型；

B. 亲和力过多，不是你喜欢的类型。

19. 在工作中，同事之间往往会有争论，你通常是：

A. 参与辩论的某一方；

B. 做旁观者。

20. 如果你在电梯里看到一个熟人，你通常会：

A. 微笑，并询问对方近来可好；

B. 打完招呼后保持沉默。

21. 餐厅服务员态度不好，你通常会：

A. 息事宁人，尽量避免冲突；

B. 找经理投诉，要求改善。

22. 你对同事提出的见解，第一反应是：

A. 怀疑；

B. 肯定。

23. 你刚刚加入某个拓展俱乐部，今天是第一次活动，你希望：

A. 成员之间能够互相帮助，互相支持；

B. 成员之间能够开诚布公地交流，争论。

24. 你的项目组新加入两个成员，你更喜欢下列哪一个：

A. 坦率直接的小王；

B. 友好温顺的小李。

（二）答题要求

表 10-1　统计结果

题 1	题 2	题 3	题 4	题 5	题 6	题 7	题 8	题 9	题 10	题 11	题 12
题 13	题 14	题 15	题 16	题 17	题 18	题 19	题 20	题 21	题 22	题 23	题 24

分别在组织文化的工作方式（S，个人—群体）和工作氛围（C，竞争—和谐）两个维度上为测试者计分：

1、2、6、7、9、10 题选 A，3、4、5、8、11、12 题选 B，在 S 维度上每题计 1 分；

13、14、15、17、18、20、21、23 题选 A，16、19、22、24 题选 B，在 C 维度上每题计 1 分。

测试者个人行为风格测试最后得分：

S_____，　　　　　　C_____。

（三）结果分析

1≤S≤4：表明你倾向于保持缄默和独立，比较适合以个人工作方式为主流的组织文化，或者说你更喜欢在一种推崇个人成就而非广泛社会关系的组织中。你需要一个能够不受干扰专心工作的环境，否则会觉得与很多人不停打交道是在浪费时间。另外，你认为自己不是奋力进取的人，所以可能不会去那些以吸引该类人才出名的公司。

5≤S≤8：表明你对组织工作方式的要求比较灵活。如果你所在的组织在这个维度上没有形成一定的模式，即有时需要高水平的活动和社交，有时允许更独立、更集中的思考和分析，你会在这样的组织中游刃有余。当然，你也能够很好地适应在这个维度上已经具有明显倾向性的组织文化，即崇尚个人工作方式或者崇尚群体工作方式的组织文化。但是，对你而言，去一个具有极端的个人或群体工作取向的公司则是一个错误。

$9 \leqslant S \leqslant 12$：表明你倾向于进取和社交，比较适合以群体工作方式为主流的组织文化，或者说你更喜欢以讨论和互动为主要工作方式的组织。你需要在一个大的群体中工作，而且希望成为社交圈中的核心人物。另外，你会主动去推动事情的进展，因此你希望组织中每一个员工都像自己一样奋力进取。

$1 \leqslant C \leqslant 4$：表明你倾向于竞争和冲突，比较适合以竞争的工作氛围为主流的组织文化，或者说你更喜欢一个充满辩论和坦诚交流的组织，因为你认为只有这样才能激发创造力和成功动力。你需要大声说出自己的意见，因此也希望组织其他成员能够像自己一样开诚布公、坚持己见。你更喜欢与同事保持较远的距离，所以成员之间关系密切的组织是你不太想去的。

$5 \leqslant C \leqslant 8$：表明你重视友好和支持的组织氛围，而鼓励直接表达的氛围也是你比较喜欢的。因此，存在一定冲突的组织比较适合你，但是你可能也会努力避免极端冲突情形的出现。虽然你也能够适应崇尚竞争工作氛围或者和谐工作氛围的组织文化，但是充斥着对抗性的残酷竞争的组织以及完全不允许辩论的组织都不适合你。

$9 \leqslant C \leqslant 12$：表明你倾向于友善和合作，因此以和谐和温暖为主流的组织气氛比较适合你，或者说你更喜欢在一个利他取向的环境中，至少有一些同事与你观点一致。你希望尽量减少争论，避免冲突。因此，相互尊重、为他人着想、相互支持和人人平等是你理想中的工作氛围。组织内部存在竞争、对抗的组织文化不是你适宜发展的环境。

第二节　启智案例

优秀的团队文化，对于一个团队发展的影响到底有多大？现实组织中，只要看看"海尔"这家中国本土的世界著名企业，我们就会明白。

海尔是海

海尔集团是全球领先的整套家电解决方案提供商和虚实融合通路商。张瑞敏领军以来，海尔坚持以用户需求为中心的创新体系驱动企业持续健康发展，从一家资不抵债、濒临倒闭的集体小厂发展成为全球最大的家用电器制造商之一。

提起海尔的发展，我们不妨通过"自砸冰箱"与"6S 大脚印"这两个文化现象，来看看团队文化在组织发展中的作用。

20 世纪 80 年代，正值改革开放初期，很多企业引进国外先进的电冰箱技术和设备，包括海尔。那时，家电供不应求，很多企业努力上规模，只注重产量而不注重质量。海尔没有盲目上产量，而是严抓质量，实施全面质量管理，提出了"要么不干，要干就干第一"。

那时候，产品是按照一等品、二等品、三等品、等外品进行分类的。短缺经济时代，只要产品还能用，就可以堂而皇之地送出厂门，而且绝对有市场。

1984 年末，张瑞敏到任，开始在班上班后反复给大家上质量课，学习日本质量管理知识，成立质量管理小组。虽然质量管理方法员工容易学会，但是，质量意识的提高却并非一日之功。员工头脑里的一等品、二等品、三等品、等外品等固有的质量观念禁锢着员工的思想，影响着企业发展。

1985 年 4 月，张瑞敏收到一封用户的投诉信，投诉海尔冰箱的质量问题。于是，张瑞敏到仓库把 400 多台冰箱全部检查之后，发现有 76 台冰箱不合格。当时冰箱在市场上非常紧俏，而且大多数员工家里都没有冰箱，于是对于不合格冰箱，多数人主张内部处理。张瑞敏认为，如果这样的话，就等于还允许以后再生产这样的不合格冰箱。他决定搞一个劣质工作、劣质产品展览会，在展室里面摆放上那些劣质零部件和劣质的 76 台冰箱，通知全厂职工都来参观。参观完以后，张瑞敏把生产这些冰箱的责任者和中层领导留下，要求把这些冰箱就地销毁。他顺手拿了一把大锤，照着一只冰箱，"咣咣"就砸了过去，然后把大锤依次传给各责任者。转眼之间，价值60800 元的 76 台冰箱全部被销毁。当时，员工每个月的工资才 40 元左右，一台冰箱相当于他们两年的工资。正值大家心疼之际，张瑞敏向大家解释：今天不砸了这些冰箱，明天就可能有人会砸了工厂。并宣布：从现在开始，有缺陷的产品就是废品。以后的产品只分合格品、非合格产品。市场只有合格品，非合格品就不能进入市场。

由此，大家开始明白，海尔的前途与有没有严格的质量管理是息息相关的，一定要重视产品的质量。冰箱总厂的老职工胡秀英后来回忆说："忘不了那沉重的铁锤，高高举起又狠狠落下，76 台质量不合格的冰箱顷刻间成了一堆废铁。它砸碎的是我们陈旧的质量意识，唤醒了我们去努力提高自身素质的意识。有了质量，我们才有了现在的一切。"

4 年之后的 1988 年 12 月，海尔获得了中国电冰箱市场的第一枚国内金牌，把冰箱做到了全国第一。

"6S 大脚印"是海尔在加强生产现场管理方面独创的一种方法。6S 含义是：整理，留下必要的，其他都清除掉；整顿，有必要留下的，依规定摆整齐，加以标识；清扫，工作场所看得见看不见的地方全清扫干净；清洁，维持整理、清扫的结果，保持干净亮丽；素养，每位员工养成良好习惯，遵守规则，有美誉度；安全，一切工作均以安全为前提。

"6S 大脚印"设在生产现场，当天工作小结时，有突出成绩的可以站在"6S大脚印"上，把自己的体会与大家分享；有失误的地方，也站在"6S 大脚印"上与大家沟通。"6S 大脚印"的最终目的是提升人的品质，这些品质包括：革除马虎之心，养成凡事认真的习惯（认认真真地对待工作中的每一件"小事"）、遵守规定的习惯、自觉维护工作环境整洁明了的良好习惯、文明礼貌的习惯。个人品质提升了，生产管理的目的也就达到了。

在海尔的美国南卡工厂现场，每天都举行 6S 班前会。按照 6S 要求，企业要对现场进行清理。每天，工作表现优异的员工要站在 6S 大脚印前，面向同事们介绍经验。一名海尔美国南卡工厂女工感叹："今天站到这个地方我非常激动。我注意保持安全、卫生、质量，在这方面我尽了最大的努力。对我的表扬是工厂对我的工作的认可，我非常高兴。在今后的日子里我会继续努力，为海尔贡献我的力量。"

案例分析

应该说砸冰箱这件事，给海尔全体员工思想上造成的是强烈的震撼：一把有形的锤子，砸醒了全体员工的质量意识，形成了争创一流的观念。同时，海尔的这一锤也告诫全体海尔员工：谁生产了不合格的产品，谁就是不合格的员工。事实上，这种观念一经树立，员工们的生产责任心随即迅速增强，每一个生产环节不再马虎。精细化、零缺陷变成了全体员工发自内心的心愿和行动，从而形成和丰富了海尔企业文化，为企业后来的发展奠定了扎实的质量管理基础。

除质量文化外，在海尔，"6S 大脚印"形式上是一种生产管理方法，实质更是独特的海尔文化。因为"6S 大脚印"方法已经深入到了海尔每一个员工的血液中。做到了 6S，就给别人做好了榜样，为此他们感到骄傲；做不到 6S，海尔人会感到耻辱，进而修正自己的行为，直到完成 6S 的要求。

当然总体上看，海尔文化的核心是创新。海尔文化以观念创新为先导、以战略创新为方向、以组织创新为保障、以技术创新为手段、以市场创新为目标，伴随着海尔从无到有、从小到大、从大到强、从中国走向世界。海尔文化本身也在不断创新、发展。员工普遍认同：主动参与是海尔文化的最大特色。

人的成熟，在于思想上的成熟。团队的成熟，在于实践经验基础上形成的理念体系。海尔企业精神、工作作风诠释：求变创新，是海尔始终不变的企业语言；更高目标，是海尔一以贯之的企业追求。

第三节　应用演练

团队文化包括视觉（VI）、行为（BI）、理念（MI）三大系统，其中视觉识别系统（VI）一般为图形标识、中英文字体形、标准色彩、团队象征图案及其组合形式。

项目 LOGO 策划

VI 从根本上规范团队的视觉基本要素。而 LOGO 作为 VI 的基础和重要组成部分，其精美、独特程度，是否与团队整体风格相融，能否体现团队项目的类型、内容和风格等，将决定其战略作用的发挥。

（一）综合项目

继续将第一章虚拟的项目（如创建"高效能团队建设研习所"）或确定

的某个真实项目（如自己所在的班级）作为实训项目。

　　（二）单元任务

　　根据项目特点，策划该项目 LOGO。要求对各个方案的各个细节进行讨论，最后优选出最佳方案。

　　（三）演练目标

　　素质目标：认识团队文化的实质；理解团队文化对于团队建设的意义与作用；培育以文化引领团队行为的意识。

　　知识目标：知晓团队文化类型和团队文化建设的基本内容，熟知团队文化建设的基本模型和方法。

　　能力目标：熟悉 CI 设计基础，掌握团队文化建设流程和团队文化优化的路径与策略。

　　（四）演练形式

　　全体参与，单个策划或分组合作策划。提倡在保证全体参与的前提下，以小组为单位调动组员个人积极性，充分发挥各自特长，实现分工协作。

第四节　理论升华

　　优秀的团队文化，是团队制胜的前提，也是一支团队战无不胜、攻无不克的内因，是可以传承和沿袭的内在精神和气质。

　　那么，作为一支想有所发展的团队，其基本功课就是要能有效打造优秀的团队文化。

一、团队文化的含义与特征

　　团队文化，是一个团队由其价值观、信念、仪式、符号、处事方式等组成的特有的文化形象。

　　团队文化是在一定的条件下，团队生产经营、执行任务，以及管理活动中所创造的具有该团队特色的精神财富和物质形态。它包括文化观念、价值观念、组织精神、道德规范、行为准则、历史传统、团队制度、文化环境、企业产品等。

其中，价值观是团队文化的核心。

团队文化是团队的灵魂，是推动团队发展的不竭动力。它包含着非常丰富的内容，其核心是团队的精神和价值观。这里的价值观不是泛指团队管理中的各种文化现象，而是团队或团队中的员工在从事各项活动中所持有的价值观念。

所以，团队文化是指团队成员在相互合作的过程中，为实现各自的人生价值，并为完成团队共同目标而形成的一种潜意识文化。团队文化是社会文化与团队长期形成的传统文化观念的产物，是经营理念、经营目的、经营方针、价值观念、经营行为、社会责任、经营形象等的总和，是团队个性化的根本体现，包含价值观、最高目标、行为准则、管理制度、道德风尚等内容。它以全体成员为工作对象，通过宣传、教育、培训和文化娱乐、交心联谊等方式，以最大限度地统一成员意志，规范成员行为，凝聚成员力量，为团队总目标服务。

团队文化是长期形成、逐步固化下来的，是组织文化的基因。优秀的团队文化在传承过程中，会不断地予以书面化、形象化，即固化下来，并在不断的完善过程中，形成大家潜意识的行为规范和准则。

优秀团队文化是团队成员共同形成的。在所属组织、社会环境等大文化的熏陶和渲染下，团队会结合自身的职责与定位，慢慢形成自己独特的指导思想、行为规范、表现形式等。

优秀团队文化形成的前提是领导人。一个团队的性格，往往来自于这个团队的第一领导人。因此，对于团队来讲，选择和调配一个合适的负责人至关重要。

优秀的团队文化是团队成员的约束力。团队制度与团队文化最大的差异为，前者是强制的，后者是自觉的。团队文化是属于道德层面的东西，虽不具有强制性的约束力，但每个团队成员都须认真遵守。只有如此，团队文化才能深入每个人的骨髓，才能在潜意识里发挥作用。所以，团队文化在团队建设中的作用越大，就越能替代那些强制性的管理。

团队文化是团队体制的一个非常重要的组成部分。如果把治理结构、管理制度看作团队体制中的"硬件"，那么团队文化就是"软件"，它会增强团队内聚力、向心力和持久力，并最大限度地激发团队成员的积极性和创造性，从而确保团队工作取得巨大成效，最终促进团队成长和发展。因此，要想成为高效能团队，必须要有自身的团队文化。

事实上，一个团队有了自己的文化，才具有了真正的核心竞争力，才不至于成为一盘散沙；一个团队只有在优秀团队文化的指引下，才能有前行的力量，每个成员才能找到在团队中的地位和价值。

团队文化具有鲜明的个性和特色，具有相对独立性。每个团队都有其独特的文化积淀，这是由团队的生产经营管理特色、团队传统、团队目标、团队成员素质以及内外环境不同所决定的。团队文化的特性，表现在五大方面：

（1）继承性。团队在一定的时空条件下产生、生存和发展，因此团队文化便是历史的产物，其继承性体现在三个方面：一是继承优秀的民族文化精华；二是继承组织的文化传统；三是继承外来的团队文化实践和研究成果。

（2）相融性。团队文化的相融性体现在与组织环境的协调和适应性方面。团队文化反映了时代精神，因而必然要与团队的经济环境、政治环境、文化环境以及社区环境相融合。

（3）人本性。团队文化是一种以人为本的文化，其最本质的内容，强调人的理想、道德、价值观、行为规范在团队管理中的核心作用，强调在团队管理中要注重人、理解人、尊重人、关心人、发展人，并用愿景鼓舞人、用精神凝聚人、用机制激励人、用环境培育人。

（4）整体性。团队文化是一个有机的统一整体。人的发展和团队的发展密不可分，团队文化引导团队成员把个人奋斗目标融于团队整体目标之中，追求团队的整体优势和整体意志的实现。

（5）创新性。创新既是时代的呼唤，又是团队文化自身的内在要求。优秀的团队文化往往在继承中创新，并随着组织环境和国内外市场的变化而改革发展，引导大家追求卓越，追求成效，追求创新。

二、团队文化建设的主要内容与类型

团队文化建设是指团队文化相关的理念的形成、塑造、传播等过程，突出在"建"字上。其建设内容主要包括物质层、行为层、制度层和精神层四个层次。

（一）物质层文化

这是物品和各种物质设施等构成的器物文化，是一种以物质形态加以表现的表层文化。

团队创造的社会效用（价值）或生产的产品和提供的服务是团队的工作成果，是物质文化的首要内容。此外，团队的工作环境、团队容貌、团队建筑、团队广告、产品包装与设计等也构成了团队物质文化的重要内容。

（二）行为层文化

行为层文化是指团队及其成员在创造社会价值及学习、娱乐活动中产生的活

动文化，指团队经营、教育宣传、人际关系活动、文娱体育活动中产生的文化现象，包括团队行为的规范、团队人际关系的规范和公共关系的规范。

团队行为包括团队成员与成员之间、团队成员与团队之间、团队及其成员与其他团队及其成员之间、团队及其成员与服务对象之间、团队及其成员与组织之间、团队及其成员与政府之间、团队及其成员与社会之间的各种行为。

（三）制度层文化

主要包括团队领导体制、团队组织机构和团队管理制度三个方面。团队制度文化是团队为实现自身目标对员工的行为给予一定限制的文化，它具有共性和强有力的行为规范的要求。它规范着团队的每一个人。例如：工艺操作流程、厂纪厂规、经济责任制、考核奖惩等都是企业中团队制度文化的内容。团队的制度文化是团队行为文化得以贯彻的保证。

（四）精神层文化

这是团队的核心层文化，是指团队在创造社会价值或生产经营过程中，受一定的社会文化背景、意识形态影响而长期形成的一种精神成果和文化观念，包括团队精神、团队经营哲学、团队道德、团队价值观念、团队风貌等内容，是团队组织意识形态的总和。

从任务和经营角度，团队文化的类型一般可分为四种：即强人型文化；努力工作、尽情享受型文化；攻坚型文化；过程型文化。

（1）强人型文化。这是硬汉型文化，鼓励内部竞争和创新，鼓励冒险。这是竞争性较强、产品更新快的团队的文化特点。

（2）努力工作、尽情享受型文化。这种文化把工作与娱乐并重，鼓励成员拼命干、尽情玩。这是完成风险较小的工作，竞争性不强、产品比较稳定的团队的文化特点。

（3）攻坚型文化。这种文化也是赌注型文化，它具有在周密分析基础上而孤注一掷的特点。这是一般投资大、见效慢的组织及其团队的文化特点。

（4）过程型文化。这种文化着眼于如何做，基本没有工作的反馈，职工难以衡量他们所做的工作。这是机关性较强、按部就班就可以完成任务的团队的文化特点。

从状态和作风角度，团队文化一般可分为：

（1）有活力的团队文化。特点是重组织，追求革新，有明确的目标，面向外部，上下左右沟通良好，责任心强。

（2）停滞型的团队文化。特点是急功近利，无远大目标，带有利己倾向，自我保全，面向内部，行动迟缓，不负责任。

（3）官僚型的团队文化。特点是例行公事，官样文章。

从性质和规模角度，团队文化一般可分为：

（1）温室型。这是传统国有企业所特有的。温室型文化下，团队对外部环境不感兴趣，缺乏冒险精神，缺乏激励和约束。

（2）拾穗型。这是中小型企业所特有的。拾穗型文化下，团队战略随环境变动而转移，其组织结构缺乏秩序，职能比较分散。价值体系的基础是尊重领导人。

（3）菜园型。这类文化力图维护在传统市场的统治地位，家长式经营，工作人员的激励处于较低水平。

（4）种植型。这是大企业所特有的，特点是团队不断适应环境变化，工作人员的主动性、积极性受到激励。

从价值取向角度，团队文化一般可分为：

（1）民族文化型。这种文化下，个体与团队的关系：①亲情关系；②互有长期承诺；③对相互利害关系依赖紧密；④对本团队有认同感；⑤等级制的结构关系。团队成员之间的关系：①以具有团队成员身份而自豪；②具有相互依存的意识；③广泛的同事关系网；④一致性压力较大；⑤强调集体而非个体的首创性。对组织文化的适应性：①长期的适应性过程；②上级人员均为辅导、教育、榜样角色；③金字塔式组织。

（2）市场文化型。这种文化下，个体与组织的关系：①合作关系；②相互短期承诺；③对个人利益的依赖，功利主义；④按组织成员与组织的交换条件形成相互关系。团队成员之间的关系：①对同事保持独立性；②有限的相互交往；③有限的一致性压力；④强调个体的首创性。对组织文化的适应性：①社会化程度低；②上下级关系疏远，但工作中却是磋商者和资源分配者；③"扁平"型组织。

三、团队文化建设的误区与着力点

近年来，团队文化建设已经成为社会普遍的共识。然而，探索中却常常重形式轻内涵、重务虚轻务实、重学习轻创新。突出表现在：

（1）注重形式而忽略内涵。在中国组织文化建设过程中，最突出的问题就是盲目追求文化的形式，而忽略了文化的内涵。团队文化活动和团队 CI 形象设计都是团队文化表层的表现方式。实质上，团队文化建设需要将团队在创业和发展

过程中的基本价值观灌输给全体员工，通过教育、整合而形成一套独特的价值体系。团队文化建设需要创建影响团队适应市场的策略和处理团队内部矛盾冲突的一系列准则和行为方式，这其中渗透着团队创立者个人在社会化过程中形成的对人性的基本假设、价值观和世界观，也凝结了在团队工作过程中团队成员集体形成的经营理念。将这些理念和价值观通过各种活动和形式表现出来，才是比较完整的团队文化。如果只有表层的形式而未表现出内在价值与理念，这样的团队文化是没有意义和难以持续的，也不能形成文化推动力，对团队的发展产生不了深远的影响。

（2）注重务虚而忽略效用。有些团队领导者认为，团队文化就是要塑造团队精神或团队的圣经，而与团队管理没有多大关系。这种理解是很片面的。实质上，团队文化应该以文化为手段，以管理为目的。因为企业组织和事业性组织都属于实体性组织，它们不同于教会等信念共同体。团队要依据生产经营状况和一定的业绩来进行评价，以体现价值。精神因素对团队内部的凝聚力、团队生产效率及团队长期发展固然有着重要的作用，但这种影响不是单独发挥作用的，它渗透于团队管理的体制、激励机制、经营策略之中，并协同起作用。团队的经营理念和价值观贯穿于经营活动和管理的每一个环节，并与变化相适应，因此不能脱离管理目标。

（3）重视学习而忽视创新。团队文化是某一特定文化背景下团队独具特色的综合现象，是团队的个性化表现。现实中许多组织却热衷于照抄照搬标准统一的模式，对迎合时尚的标语更是情有独钟，缺乏鲜明的个性特色和独特的风格。其实，每一个团队的发展历程不同，构成成分不同，面对的竞争压力也不同，所以其对环境做出反应的策略和处理内部冲突的方式都应有自己的特色。作为团队文化，应在某一文化背景下将团队自身发展阶段、发展目标、经营策略、内外环境等多种因素综合考虑，确定出独特的文化管理模式。因此，哪怕形式可以是标准化的，但其侧重点则应各不相同，其价值内涵和基本假设应该各不相同。而且，团队文化的类型和强度也都不同，所以，团队文化必须具有个性化特色。

现代组织越来越重视人在团队发展中的重要作用，所以，打造独特的团队文化，牢牢坚持以人为本的管理哲学，把握团队文化建设的着力点，对增强团队的向心力和凝聚力具有十分重要的意义。

（1）重视战略文化。团队要实现可持续发展，必须有一个长远的发展目标和发展规划。团队今后朝什么方向发展、如何发展等问题都应让全体成员尽快了解。发展战略只有得到全体成员的认同，才能发挥出应有的导向作用，才能成为全体成员的行动纲领。在团队文化建设中，要充分利用网络等载体，采取灵活多样的形式，搞好团队发展战略的宣传和落实。要通过积极开展团队战略文化建设，进一步厘清工作思路，明确团队的发展方向，激发成员的工作热情。

（2）建设人本文化。人才是组织发展的宝贵资源，也是组织文化的承载者、实践者。在新形势下，任何组织都需要一大批不同层次、不同专业的人才。团队必须把人才队伍建设作为文化建设的一部分，通过在内部营造尊重人、塑造人、发展人的文化氛围，增强成员的归属感，激发员工的积极性和创造性。随着科技的不断发展，更新成员知识结构的课题也亟待破解。所以，团队应努力营造良好的学习氛围，搭建人才成长的平台，使全体成员增强主人翁意识，与团队同呼吸、共成长。应通过对成员进行目标教育，使他们把个人目标同团队发展目标紧密结合在一起，自觉参与到团队的各项建设中。

（3）规范制度文化。团队文化与团队制度之间是相互支撑、相互辅助的关系；制度文化是团队文化的重要组成部分。在制度文化建设中，要突出创新、严于落实，建立科学的决策机制和人力资源开发机制，制定完善的运行规则和经营管理制度，构建精干高效的组织架构，使各项工作衔接紧密，保证团队目标顺利实现。实践证明，员工参与民主管理的程度越高，越有利于调动他们的积极性。团队建立开放的沟通制度，可以及时了解员工的思想动态。同时，要强化监督，规范管理行为，营造和谐的文化氛围，促进团队管理水平的提高。

（4）打造和谐文化。团队发展目标的实现，离不开成员之间的相互协作。只有通过培养团队精神，团队才能不断创造新业绩，才能在激烈的市场竞争中立于不败之地。团队文化建设的重要任务，就是在团队内部营造有利于团队发展的良好氛围，使领导与领导、领导与成员、员工与员工之间精诚合作，促进团队目标顺利实现。同时，要在坚持原则的前提下，恰当处理团队外部各方面的关系，尽可能地减少摩擦和矛盾，争取方方面面的理解和支持。

（5）增强创新意识。创新可以为团队文化注入活力，提升团队文化建设水平。要通过创新，促进团队不断发展。团队文化创新的关键是对团队旧的经营哲学、管理理念等进行创新，让团队文化建设迈上一个新台阶。要创造可以容忍不同思维的环境——如果创新只许成功不许失败，那么团队很难保持旺盛的创造力和生命力。作为市场竞争主体，企业应具备与现代市场经济相适应的能力，其团队文化建设也应反映市场经济的要求。市场竞争形成了新的竞争理念和模式，在团队文化建设过程中，必须充分理解这种理念和模式，以确保团队持续健康发展。

四、团队文化建设的重点与原则

团队文化是全息性、多方位、全过程的系统概念——团队中的任何事情、任何活动都折射出之前的团队文化，并同时影响或形成未来的团队文化。由于团队文化内涵过于庞大，因此，为便于指导团队建设实践，我们在此强调抓好以下重点：

（1）培育共同价值观念。作为团队文化核心，团队价值观念的培养是团队文化建设的一项基础工作。团队中的每个成员都有自己的价值观念，但由于资历不同、生活环境不一样、受教育的程度也不相同等原因，使得他们的价值观念千差万别。团队价值观念的培育是通过教育、倡导和模范人物的宣传感召等方式，使团队成员扬弃传统落后的价值观念，树立正确的、有利于团队发展的价值观念，并形成共识，成为全体团队成员思想和行为的准则。

（2）构塑先进团队精神。团队精神构塑是在团队领导者或团队成员的倡导下，根据团队的特点、任务和发展走向，使建立在团队价值观念基础上的内在的信念和追求，通过团队群体行为和外部表象而外化，形成团队的精神状态。团队精神是团队价值观的集中体现，是比较外露、容易被人们所感觉的现象。团队价值观和团队精神共同构成了团队文化的核心。团队精神的形成具有人为性，这就需要团队的领导者根据团队的目标、任务、发展走向有意识地倡导、培育而成。在构塑团队精神的过程中，特别应将个别的、分散的好人好事从整体上进行概括、提炼、推广和培育，使之形成具有代表性的团队精神。

（3）确立正确经营哲学。作为团队经营管理方法论原则的团队经营哲学，是团队一切行为的逻辑起点。因此，确立正确的经营哲学，是团队文化建设的一项重要任务。经营哲学的确立，关键在于创建有个异性的经营思想和方法。英国盈利能力最强的零售集团——马狮百货公司的经营哲学，正是创立了"没有工厂的制造商"，按自己的要求让别人生产产品，并打上自己的"圣米高"牌商标，取得了成功。

（4）倡导创新创业思想。不断创新是团队文化建设的特点和生命力所在，是团队价值观的内在核心。没有创新的文化就没有创新的思想和员工，也就没有技术的创新、管理的创新、服务的创新等，团队就会丧失其社会价值的依据。要把创新创业思想的内核植入团队价值观，全方面融入团队文化的要素和建设团队文化的全过程，使之转化成为一种动力和依托，从而提高团队的核心竞争力和团队发展的效能。

由于团队文化具有战略性、全面性、复杂性、实践性等特点，因此在团队文化建设过程中，有必要遵循以下基本原则：

（1）先进领导的原则。团队文化在很大程度上表现为领导者思想与精神，如此，领导者作为团队文化的主要倡导者、缔造者、推行者，不仅个人的理念要领先于他人，更重要的是能把领先的理念转化为团队的理念、团队的体制、团队的规则。另外，团队文化建设需要领导的支持才能实施。因此，领导者要明确自己的角色定位，承担起应负的责任，充分调动起全体成员的积极性、创造性，依靠全员的力量投身团队文化建设。

（2）系统运作的原则。团队文化建设作为一项战略性、长期性的工作，它是一项庞大的、复杂的系统工程，是团队的"铸基"和"铸魂"工程，绝不能凭空想象一蹴而就。要树立"打持久战"的理念，坚持不懈，努力不止。同时，要循序渐进，运用系统论的方法，搞好整体设计，分步推进，分层次落实。

（3）以人为本的原则。一方面，团队文化作为一种管理文化，它需要强调对人的管理，并把强调"人"的重要性有机地融合到追求团队的目标中去；另一方面，团队成员不仅是团队的主体，而且还是团队的主人。所以，以人为本就是把人视为建设的主要对象和团队建设最重要的资源。团队文化模式必须以人为中心，充分反映人的思想文化意识，通过团队全体人员的积极参与，发挥首创精神，团队才能有生命力，团队文化才能健康发展。

（4）讲求实效的原则。进行团队文化建设，要切合团队实际，符合团队定位，一切从实际出发，不搞形式主义。必须制订切实可行的团队文化建设方案，借助必要的载体和抓手，建立规范的内部管控体系和相应的激励约束机制，逐步建立起完善的团队文化体系。

要以科学的态度，实事求是地进行团队文化的塑造，在实施中要力求同国际接轨、同市场接轨；要求精求好，搞精品工程，做到重点突出，稳步推进；要使物质、行为、制度、精神四大要素协调发展、务求实效，真正使团队文化建设能够为团队的科学管理和团队发展目标的实现服务。

（5）追求卓越的原则。建塑团队文化，要表现出 21 世纪新时代水平，使团队成员都欣赏这一模式，并在这种体现卓越的团队文化模式中与团队产生共鸣。在卓越的团队文化模式里，人人都追求卓越，个个都表现出卓越的绩效。要使团队和成员始终感到总有一股追求卓越的激情在激励着他们，激动人心的目标一个接一个地出现，即使是其他团队都感到满足的时候，自己的团队仍能保持创新上

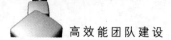

的不满足，崇尚革新，与时俱进，不懈地追求完美和第一。

（6）突出特色的原则。团队文化建设是一门应用性、实践性很强的科学，是在一定社会文化背景下的管理文化。工作中必须运用创新的方法去思考、去实践。搞好团队文化建设关键在于突出团队的鲜明个性，追求与众不同的特色、优势和差别性，培育出适应知识经济新时代要求的，能够促进团队整体素质提高、健康发展、具有自身鲜明特色的团队文化。

因此，在团队文化建设过程中，必须牢牢把握团队历史、现状、未来的实际情况，重视挖掘提炼和整理出具有团队鲜明特色的文化内涵来，走出一条具有本团队特色的团队文化建设之路。

五、团队文化建设的步骤与路径

从文化的宏观角度来分析，团队文化建设大致可以分为四个相互影响与提升的螺旋阶段。

（1）不自觉的（无意识）的文化创造。团队在创立和发展过程中逐渐形成一套行之有效，组织内部广泛认可的一些运营理念或者思想。这一阶段的基本特点是具有鲜活的个性特征，零散的而非系统的，在团队内部可能是"未经正式发布的或声明的规则"。在这样一个过程中，团队关注的是发展进程中那些难忘的、重大的事件或者案例背后所体现出的文化气质或者精神价值。这些事件或者案例往往是在团队面临着巨大的利益的冲突和矛盾的情境下发生的，这种冲突和矛盾下的团队选择，正是团队价值观的具体体现。

（2）自觉的文化提炼与总结。团队经过一段时间的发展，在取得一定的市场进步或者成功的时候，需要及时地总结和提炼团队成功的核心要素。这些成功要素是团队在一定时期内的成功的工具和方法，具有可参考或者复制的一般性意义。更加重要的是，团队往往在取得成功的同时，吸引了更大范围、更多数量的相关者关注。各种管理理念与工作方法交汇冲突，如果缺乏共同的价值共识，团队往往就可能发生内部离散效应。这一阶段对团队而言最重要的是亟待自觉地进行一次文化的梳理与总结，通过集体的系统思考进行价值观的发掘与讨论，并在共同的使命和愿景的引领下确定共同的价值共识。

（3）文化落地执行与冲突管理。多元化的成员结构，为文化的传播和价值理念的共享提出了新的挑战，前期总结和提炼的价值理念体系如何得到更大范围内组织成员的认同成了这一阶段最为重要的事情。文化落地与传播的手段和工具不计其数，从实践来看，团队在文化落地阶段应该遵循"从易到难、由内而外、循序渐进"的原则。团队首先要建设一个打通内外、联系上下的传播平台。要做好人才输入时的价值观甄选、组织内部日常的价值观检测以及员工的价值观培养与矫正三项工作。

（4）文化的再造与重塑。文化建设对团队而言是一个没有终极答案的建设过程，是关乎团队生存与发展的核心命题，对团队的领导者而言更是一个需要不断思考、不断总结、不断否定与肯定的过程。任何一个阶段性的总结和提炼并不代表着团队掌握了全部真相或绝对真理，因此，一个健康的团队一定是有一个"活的"文化体系与之相伴相生。这需要团队持续不断地进行系统思考，并根据团队内外的环境与组织发展的需要进行文化的更新、进化甚至是再造。文化建设进程是团队主动进行的一次从实践到理论，进而理论指导实践的一个过程，文化落地阶段正是理论（总结提炼了的文化思想体系）指导实践的过程。只有牢牢把握价值观管理这个核心，团队文化的建设才不会出现大的偏差或者失误。

在具体实施团队文化建设工作中，我们不妨从眼、脑、心、行 4R 路径上循序渐进。

（一）入眼

入眼（R1），是指团队文化的认知、梳理，凝练团队文化的核心：愿景、使命、核心价值观，写成体系（手册），让全员认识、感知自己的团队文化。

团队文化是团队具有的，需要全体成员共同认知的、达成共识的文化，需要：①氛围营造，包括团队文化手册设计、印刷和策划；②考核，即组织全员采取自下而上的团队文化考核。

（二）入脑

入脑（R2），是指团队文化的认可。通过培训、研讨团队文化核心，让全体成员认可、感觉自己的团队文化。

入脑的主要步骤与方法：①宣讲与培训，包括为所有团队成员提供团队文化基本知识的宣讲和团队文化核心理念的培训；②考试，包括借助一些活动，如知识竞赛、诗歌朗诵、看板等方式，以及组织团队文化考试等。

（三）入心

入心（R3），是指对团队文化的认同，通过讨论、研讨团队文化核心，让全体成员认同、感受自己的团队文化。

具体形式可以是：①讨论与研讨，包括分专题进行讨论和分层级进行研讨；②征文、演讲等比赛；③故事征集；④成果汇报。

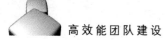

（四）入行

入行（R4），是指团队文化的践行。通过讨论、公开承诺，让理念变成行为，让全体成员践行、体验自己的团队文化。

具体工作有：①汇总讨论成果，形成行为规范；②汇总故事案例，形成故事集；③对照行为准则、规范，修正自己的行为；④理念变为行为；⑤长期坚持，慢慢形成习惯。

六、团队文化建设中的 CIS 设计

CIS，是英文 Corporate Identity System 的缩写，目前一般译为"企业视觉形象识别系统"。

CI 系统（Corporate Identity System）即企业形象识别系统，是企业大规模化经营而引发的企业对内对外管理行为的体现。由理念识别（Mind Identity，MI）、行为识别（Behaviour Identity，BI）和视觉识别（Visual Identity，VI）三方面所构成。

理念识别（MI），它是企业独具特色的经营理念，是企业生产经营过程中设计、科研、生产、营销、服务、管理等经营理念的识别系统。它是企业对当前和对未来一个时期的经营目标、经营思想、营销方式和营销形态所作的总体规划及界定，主要包括：企业精神、企业价值观、企业信条、经营宗旨、经营方针、市场定位、产业构成、组织体制、社会责任和发展规划等，属于企业文化的意识形态范畴。

行为识别（BI），这是企业实际经营理念与创造企业文化的准则，是对企业运作方式所作的统一规划而形成的动态识别形态。它以经营理念为基本出发点，对内建立完善的组织制度、管理规范、职员教育、行为规范和福利制度；对外则开拓市场、开发产品，通过社会公益文化活动、公共关系、营销活动等方式来传达企业理念，以获得社会公众对企业识别认同的形式。

视觉识别（VI），这是以企业标志（LOGO）、标准字体、标准色彩为核心展开的完整、系统的视觉传达体系，是将企业理念、文化特质、服务内容、企业规范等抽象语意转换为具体符号的概念，塑造出独特的企业形象。视觉识别系统分为基本要素系统和应用要素系统两方面。基本要素系统主要包括：企业名称、企业标志（LOGO）、标准字、标准色、象征图案、宣传口语、市场行销报告书等；应用要素系统主要包括：办公事务用品、生产设备、建筑环境、产品包装、广告媒体、交通工具、衣着制服、旗帜、招牌、标识牌、橱窗、陈列展示等。视觉识别（VI）在 CI 系统中最具有传播力和感染力，最容易被社会大众所接受，据有主导的地位。

团队文化建设中的 CIS 设计，就是以团队定位或团队经营理念为核心的，对包括团队内部管理、对外关系活动、广告宣传以及其他以视觉和音响为手段的宣传活动在内的各个方面，进行组织化、系统化、统一性的综合设计，力求使团队所有方面以一种统一的形态显现于社会大众面前，产生出良好的企业形象。

团队的 CI 设计，即有关团队形象识别的设计，其规划与实施导入是一种循序渐进的计划性作业，包括整个计划的进行与推展。综合国内外各类组织导入 CI 的经验，团队 CI 作业流程大约可分为五阶段：

（1）实态调查阶段。这个阶段主要是把握团队的现况、外界认知和设计现况，并从中确认团队实际给人的形象认知状况，发现团队存在的问题和目前的优势，完善团队的不足，发扬团队的优势。

（2）形象概念确立阶段。以调查结果为基础，分析团队内部、外界认知，市场环境与各种设计系统的问题，确定团队的定位与应有形象的基本概念，以作为 CI 设计规划的原则依据。

（3）设计作业展开阶段。这个阶段主要是把团队的基本形象概念转变成具体可见的信息符号，并经过精致作业、测试调查，确定出完整的并符合团队特性的识别系统。

（4）完成导入阶段。重点在于排定导入实施项目的优先顺序，策划团队的宣传活动，以及筹组 CI 管理组织。

（5）控制与管理阶段。这个阶段主要是要监控 CI 实施中的动态情况，及时发现相关问题，并采取措施解决各种问题，纠正各种偏差，以建设性、创造性地保证 CI 战略目标的实现。

在 CI 设计系统中，视觉识别（VI）设计是最外在、最直接、最具有传播力和感染力的部分。这是将团队标志的基本要素，以强力方针及管理系统有效地展开，形成团队固有的视觉形象，通过视觉符号的设计统一化来传达精神与经营理念，有效地推广团队及其产品形象。因此，团队识别系统是以视觉识别系统为基础的，并将团队识别的基本精神充分地体现出来，使团队名牌化，同时对提高团队及其产品知名度，推进产品进入市场起着直接的作用。VI 设计从视觉上表现了团队的经营理念和精神文化，从而形成独特的团队形象，而其本身又具有形象的价值。

第五节　游戏感悟

"要办大事，就得有很多人；人多了，就要有组织；要维系这个组织，就要有信仰。"这是小说《曾国藩》中描述杨秀清内心的一段话。我们虽然没必要对杨秀清作更多研究，但这段话本身却是非常耐人寻味的。

输赢与共赢

任务：所有小组达成一致。

将之前所有项目小组集合到一起，形成统一的团队。如果集合后的团队规模较大，可以将其再分成4个小组。让4个小组以教师为中心，围成一个正方形。然后教师宣布：每个小组代表一家公司里的不同部门，公司的董事长要给各部门下达一个任务：达成一致。

"一致"的定义：4个小组在同一时间展示同一个姿势。每个小组有几分钟时间在小组范围内商量向其他小组展示什么姿势。当教师给出信号，各小组就同时展示他们的姿势。所有小组的一次共同展示算为一轮。需要几轮才能达成一致，完全取决于整个团队的表现。

（一）规则和程序

1. 在讨论和展示阶段，小组与小组之间不得交谈。

2. 当所有小组展示同一动作时，视为达成一致。

3. 每轮展示之间有 1 分钟的讨论时间。

如果一直不能达成一致。那么究竟要做几轮就取决于教师的耐心和另类因势利导。

（二）相关讨论

如果团队不能达成一致，尤其是在某些固执己见者表现出傲慢和不愿妥协的时候，教师就需要花费更多的时间，并引导大家反思相关问题：

1. 是什么情况影响"达成一致"？

2. 傲慢和不愿妥协者他们是否获得了成功？

3. 其他小组成员是否获得了成功？

4. 对其他小组成员完成这个任务中的做法，傲慢和不愿妥协者做出了什么反应？

5. 大家是如何诠释其他小组的非语言行为的？

6. 发出的信息是否与收到的信息一致？

7. 大家的目标是什么，是否有更改？

说明：在团队建设活动的不同阶段做这个游戏的效果不尽相同，而团队建设活动的结尾阶段这个游戏收效最大。在小组或整个团队全面总结了团队建设活动中的收获之后，引入这个游戏，能秉承体检式学习的原则，同时又为学员提供了一个检验他们学习所得的机会，能引导大家融会贯通。

第六节　知识扩展

所有杰出团队的一个共同特色是每一个团队都有一个强有力的团队文化系统。而团队文化之所以能够促进团队协作，在效率和效能上提高获得结果的能力和速度，并降低团队成员间的内耗，主要在于它是在团队成员共同遵守的价值观念上形成的，是所有团队成员都心悦诚服接受的行事准则。所以，从这个角度我们不难发现，构成团队文化的核心在于共同的价值观。

先进团队文化要素

团队文化是组织文化的一个重要组成部分，是团队在建设、发展过程中形成的，为团队成员所共有的工作态度、价值观念、行为规范。

团队文化的要素主要包括以下几个方面。

（一）平等和民主

团队建设的目的是齐心协力提高效能。团队是一个交流学习的平台、发挥创造力的平台，同时也是一个使人们更加相互理解、支持，使工作充满乐趣且更有效率的平台。美国著名领导力专家、组织发展理论创始人沃伦·本尼斯说过："最激动人心的团队，那些震撼世界的团队，是有能力的领导者与非凡人群的相互尊重的团队。"只有当团队的每个人——领导和成员能够自由地将潜能发挥到极致的时候，团队才能变得强大。

（二）协作

团队的基本特征是要进行协作。协作作为团队的基本文化，要落实到工作流程、操作分工、管理制度等方面，也要反映在对于团队整体和团队成员的绩效考核上面，而且要在组织和团队领导活动、资源配置和日常工作中给予关注和支持。

进一步说，团队文化建设必须着眼于更好地解决好团队成员的协作问题。

（三）创新

拥有创新意识会让团队更好地应对外部环境变化。而团队这种组织形式，经常用于高新技术行业和挑战性的工作。创新文化能让每一位团队成员都深刻理解，在激烈的市场竞争中，需要有"人无我有，人有我优，人优我特，人特我新，人新我转"的理念，从而做出创造性反应，准确找到自己的定位而不断发展。

（四）速度

现代信息技术尤其是互联网的快速发展，使得各类组织之间的竞争越来越激烈。这主要表现在人才、技术和时间等方面。而且，新产品更新换代的周期越来越短，顾客不但要求产品具有良好的性价比，还期望得到"零交货期"或瞬时实时服务。团队这种形式本身非常有利于以较快的速度进行反应，适应市场需求及变化。戴尔公司的电脑产品零库存和 8 小时送货上门的模式，就是企业速度极好的范例。

（五）学习

有人说，在当今知识爆炸的时代，大学生在毕业离校的那一刻 75% 的知识已经过时。另外，从企业平均寿命看：世界 500 强企业的平均寿命是 40~50 年，而美国新生企业存活 10 年的仅有 4%；即使是日本，其企业存活 10 年的比例也不过 18.3%。在这种形势下，任何人和组织如果没有学习意识和行为上的与时俱进，不注意培训和知识更新，将不可能拥有持久的生命力。团队本身就是与学习型组织有一定契合的组织形式，所以在团队里面，学习往往是自觉的、迅速的、实用的和有效的。

（六）融合

团队是由不同技能和文化背景的个体所构成的，因而团队文化的特征也表现为多元性、共享性，如此才能实现资源互补。发挥团队成员个体的优势，并尽量使成员们互相接受彼此优势，以实现"双赢"和"多赢"，这是团队的基本功能，也是团队的目标之一。在当代，企业要以顾客为中心，要满足世界市场的需要和进行跨国经营，更要求建立具有多元文化的团队，并促进不同文化的融合，这恰好正是团队文化的发展趋势和特征。

值得强调的是，组织文化的内外贯通，实质上是连接组织成员的观念与社会公众的观念的机制。文化的最内层和最外层本质上都是精神层面、价值层面的。所以，良性的文化运行机制必须保持组织内外精神上的和谐。

课外练习

1. 结合应用演练项目试述团队文化建设的重点与原则。
2. 以应用演练项目为基础，联系实际试述团队文化建设的着力点与内容。
3. 结合应用演练项目，练习团队文化建设中的 CIS 设计。

参考文献

[1] 曾仕强. 中国式团队 [M]. 北京：北京大学出版社，2010.

[2] 李慧波. 高效能团队 [M]. 北京：中国城市出版社，2008.

[3] 张贵平. 创业实招 [M]. 北京：清华大学出版社，北京交通大学出版社，2011.

[4] 唐秋玲. 个人与团队管理 [M]. 北京：北京交通大学出版社，2010.

[5] 张周圆. 人格创新人生——高效能人士的 11 项锤炼 [M]. 北京：国防大学出版社，2015.

[6] 阿尔伯特·哈伯德. 把信送给加西亚 [M]. 路军译. 北京：企业管理出版社，2002.

[7] 陈代兴. 国防人力资源开发与管理 [M]. 北京：海潮出版社，2006.

[8] 闫岩. 人力资源管理 [M]. 北京：北京师范大学出版社，2011.

[9] 总参谋部军务部、军事科学院军制研究部. 新时期军队管理特点规律探讨 [M]. 北京：军事科学出版社，2001.

[10] 理查德·L.达夫特. 组织理论与设计 [M]. 王凤彬等译. 北京：清华大学出版社，2010.

[11] 朱坚民，王道成. 军事变革中的领导科学与艺术 [M]. 北京：海潮出版社，2008.

[12] 戴尔·卡耐基. 人性的弱点 [M]. 赵娜译. 北京：中国青年出版社，2013.

[13] 彼得·圣吉. 第五项修炼 [M]. 郭进隆译. 上海：上海三联书店，2003.

图书在版编目（CIP）数据

高效能团队建设/张周圆编著. —北京：经济管理出版社，2015.5
ISBN 978-7-5096-3716-6

Ⅰ.①高… Ⅱ.①张… Ⅲ.①组织管理学 Ⅳ.①C936

中国版本图书馆 CIP 数据核字（2015）第 071515 号

组稿编辑：杨国强
责任编辑：杨国强　张瑞军
责任印制：黄章平
责任校对：赵天宇

出版发行：经济管理出版社
　　　　　（北京市海淀区北蜂窝 8 号中雅大厦 A 座 11 层　100038）
网　　址：www. E-mp. com. cn
电　　话：(010) 51915602
印　　刷：三河市延风印装厂
经　　销：新华书店
开　　本：710mm×1000mm/16
印　　张：16.5
字　　数：296 千字
版　　次：2015 年 5 月第 1 版　2015 年 5 月第 1 次印刷
书　　号：ISBN 978-7-5096-3716-6
定　　价：48.00 元